本书由
中央高校建设世界一流大学（学科）
和特色发展引导专项资金
资助

中南财经政法大学“双一流”建设文库

创｜新｜治｜理｜系｜列｜

企业战略转型理论与案例研究

李克克　著

中国财经出版传媒集团
中国财政经济出版社

图书在版编目（CIP）数据

企业战略转型理论与案例研究／李克克著．—北京：中国财政经济出版社，2019.12

（中南财经政法大学“双一流”建设文库．创新治理系列）

ISBN 978－7－5095－9375－2

Ⅰ.①企…　Ⅱ.①李…　Ⅲ.①企业战略－战略管理　Ⅳ.①F272.1

中国版本图书馆 CIP 数据核字（2019）第 246430 号

责任编辑：高　波　　　　责任校对：徐艳丽

封面设计：陈宇琰

企业战略转型理论与案例研究

QIYE ZHANLUE ZHUANXING LILUN YU ANLI YANJIU

中国财政经济出版社 出版

URL：http：//www.cfeph.cn

E－mail：cfeph@cfemg.cn

社址：北京市海淀区阜成路甲 28 号　邮政编码：100142

营销中心电话：010－88191537

北京财经印刷厂印装　各地新华书店经销

787×1092 毫米　16 开　14.75 印张　236 000 字

2019 年 12 月第 1 版　2019 年 12 月北京第 1 次印刷

定价：67.00 元

ISBN 978－7－5095－9375－2

（图书出现印装问题，本社负责调换）

本社质量投诉电话：010－88190744

打击盗版举报热线：010－88191661　QQ：2242791300

总 序

“中南财经政法大学‘双一流’建设文库”是中南财经政法大学组织出版的系列学术丛书，是学校“双一流”建设的特色项目和重要学术成果的展现。

中南财经政法大学源起于1948年以邓小平为第一书记的中共中央中原局在挺进中原、解放全中国的革命烽烟中创建的中原大学。1953年，以中原大学财经学院、政法学院为基础，荟萃中南地区多所高等院校的财经、政法系科与学术精英，成立中南财经学院和中南政法学院。之后学校历经湖北大学、湖北财经专科学校、湖北财经学院、复建中南政法学院、中南财经大学的发展时期。2000年5月26日，同根同源的中南财经大学与中南政法学院合并组建“中南财经政法大学”，成为一所财经、政法“强强联合”的人文社科类高校。2005年，学校入选国家“211工程”重点建设高校；2011年，学校入选国家“985工程优势学科创新平台”项目重点建设高校；2017年，学校入选世界一流大学和一流学科（简称“双一流”）建设高校。70年来，中南财经政法大学与新中国同呼吸、共命运，奋勇投身于中华民族从自强独立走向民主富强的复兴征程，参与缔造了新中国高等财经、政法教育从创立到繁荣的学科历史。

“板凳要坐十年冷，文章不写一句空”，作为一所传承红色基因的人文社科大学，中南财经政法大学将范文澜和潘梓年等前贤们坚守的马克思主义革命学风和严谨务实的学术品格内化为学术文化基因。学校继承优良学术传统，深入推进师德师风建设，改革完善人才引育机制，营造风清气正的学术氛围，为人才辈出提供良好的学术环境。入选“双一流”建设高校，是党和国家对学校70年办学历史、办学成就和办学特色的充分认可。“中南大”人不忘初心，牢记使命，以立德树人为根本，以“中国特色、世界一流”为核心，坚持内涵发展，“双一流”建设取得显著进步：学科体系不断健全，人才体系初步成型，师资队伍不断壮大，研究水平和创新能力不断提高，现代大学治理体系不断完善，国际交流合作优化升级，综合实力和核心竞争力显著提升，为在2048年建校百年时，实现主干学科跻身世界一流学科行列的发展愿景打下了坚实根基。

“当代中国正经历着我国历史上最为广泛而深刻的社会变革，也正在进行着人类历史上最为宏大而独特的实践创新”，“这是一个需要理论而且一定能够产生理论的时代，这是一个需要思想而且一定能够产生思想的时代”①。坚持和发展中国特色社会主义，统筹推进“五位一体”总体布局和协调推进“四个全面”战略布局，实现“两个一百年”奋斗目标、实现中华民族伟大复兴的中国梦，需要构建中国特色哲学社会科学体系。市场经济就是法治经济，法学和经济学是哲学社会科学的重要支撑学科，是新时代构建中国特色哲学社会科学体系的着力点、着重点。法学与经济学交叉融合成为哲学社会科学创新发展的重要动力，也为塑造中国学术自主性提供了重大机遇。学校坚持财经政法融通的办学定位和学科学术发展战略，“双一流”建设以来，以“法与经济学科群”为引领，以构建中国特色法学和经济学学科、学术、话语体系为己任，立足新时代中国特色社会主义伟大实践，发掘中国传统经济思想、法律文化智慧，提炼中国经济发展与法治实践经验，推动马克思主义法学和经济学中国化、现代化、国际化，产出了一批高质量的研究成果，“中南财经政法大学‘双一流’建设文库”即为其中部分学术成果的展现。

文库首批遴选、出版二百余册专著，以区域发展、长江经济带、“一带一路”、创新治理、中国经济发展、贸易冲突、全球治理、数字经济、文化传承、生态文明等十个主题系列呈现，通过问题导向、概念共享，探寻中华文明生生不息的内在复杂性与合理性，阐释新时代中国经济、法治成就与自信，展望人类命运共同体构建过程中所呈现的新生态体系，为解决全球经济、法治问题提供创新性思路和方案，进一步促进财经政法融合发展、范式更新。本文库的著者有德高望重的学科开拓者、奠基人，有风华正茂的学术带头人和领军人物，亦有崭露头角的青年一代，老中青学者秉持家国情怀，述学立论、建言献策，彰显“中南大”经世济民的学术底蕴和薪火相传的人才体系。放眼未来、走向世界，我们以习近平新时代中国特色社会主义思想为指导，砥砺前行，凝心聚

① 习近平：《在哲学社会科学工作座谈会上的讲话》，2016年5月17日。

力推进“双一流”加快建设、特色建设、高质量建设，开创“中南学派”，以中国理论、中国实践引领法学和经济学研究的国际前沿，为世界经济发展、法治建设做出卓越贡献。为此，我们将积极回应社会发展出现的新问题、新趋势，不断推出新的主题系列，以增强文库的开放性和丰富性。

“中南财经政法大学‘双一流’建设文库”的出版工作是一个系统工程，它的推进得到相关学院和出版单位的鼎力支持，学者们精益求精、数易其稿，付出极大辛劳。在此，我们向所有作者以及参与编纂工作的同志们致以诚挚的谢意！

因时间所囿，不妥之处还恳请广大读者和同行包涵、指正！

中南财经政法大学校长

前　言

企业转型是一个永恒的话题，每一个时期的企业转型都伴随着经济的变迁、产业结构的调整和新技术的冲击。无论是企业转型动因还是转型内容，都体现出明显的时代烙印。我国经济经过数十年的高速发展，经济结构、市场结构以及需求结构都发生了显著变化。近年来，国内经济下行压力加大，市场由爆发性增长逐渐变为缓慢增长，增量竞争逐渐转变为存量竞争，企业过去单纯依靠规模和低成本的传统增长模式已经难以为继。此外，以5G、人工智能、云计算和大数据等为代表的新科技浪潮逐渐兴起，在新的商业模式冲击之下，传统企业更是举步维艰。为了实现持续成长，越来越多的企业主动或被迫走上了转型之路。

企业战略转型是指企业利用外部力量（如市场、技术和环境）与内部力量（如内在生产、工艺技术和组织结构）推动企业战略调整与变革，为克服企业在原有经营格局中所遇到的种种困难并获得新的竞争优势，对企业的发展目标、达成目标的途径和手段进行重新设计，并由此形成新的技术、产品和市场的过程。尽管近十年来学术界（尤其是国内）对于战略转型的研究逐渐增多，但是由于战略转型的动因多种多样，转型企业的资源和能力呈异质性特征，转型所包含的要素又涉及个体、群体和组织的不同层面，所以在战略转型机理的认识上学者们有较大分歧，至今未形成一个成熟的分析框架。这就使得现实中企业的战略转型缺乏理论的指导，试错的成本较高。

在此背景下，我们系统地梳理了战略转型的相关研究，在综合运用战略管理理论、动态能力理论、行为理论以及价值链理论基础上，对战略转型动因、转型决策、转型动态能力、转型路径，和转型策略等方面进行了深入的研究，并且选取了三个代表性企业进行转型案例分析，提供了一系列可操作的实践方案。希望本书能够进一步丰富和发展现有的战略转型理论，并为企业实践中的战略转型提供一定的理论指导和借鉴。

本书分为上下两篇，共九章。上篇含第一章至第六章，为理论研究部分；下篇含第七章至第九章，为不同层次的战略转型案例研究。

第一章　主要介绍了企业战略转型的相关概念和类型，从企业外部环境和内部两个方面分析了企业战略转型的各种动因，然后梳理了战略转型理论的三种核心观点：环境决定论、唯意志论和辩证的观点。

第二章　分析了战略转型决策。首先基于决策过程的视角，对企业“该不该转、往哪里转、怎么转、什么时候转”这四个转型关键问题进行系统性回答。其次，基于行为的视角，对转型决策中的一些非理性因素进行分析。最后，从对绩效的满意程度、自信、自我效能感、目标、信息搜索的数量和类型等方面，对环境不连续变化条件下企业为何坚守先前战略的原因进行探究。

第三章　对业绩期望对企业跨行业转型的影响进行实证研究。这部分主要回答两个问题：一是企业的绩效期望落差是否会影响企业的跨行业转型决策。二是战略决策主体高管团队的异质性特征如何影响期望落差下企业的跨行业转型决策。本书的检验结果表明：期望落差与企业跨行业转型具有正相关关系，在期望落差情境下，高管团队的任期异质性和职能背景异质性加强了期望落差对企业跨行业转型的正向影响，而高管团队的教育水平异质性削弱了期望落差对企业跨行业转型的正向影响。

第四章　对企业转型导向的动态能力和组织学习机制进行研究。首先在梳理动态能力理论的相关文献基础上探寻动态能力的本质，分析了动态能力对战略转型的影响，并构建了以知识、诀窍、态度为核心轴的动态能力整合性分析框架，并进一步剖析了基于企业转型的组织学习机制。

第五章　分析了基于价值链重构的战略转型路径。首先，分析了价值链和价值链重构的概念和内涵；其次，分析了四种价值链重构方式：价值链再定位，价值链纵向延伸，价值链横向延伸，价值链跃变；最后，分析了价值链重构与外部和内部的协同机制，并指出价值链跃变可能产生的风险。

第六章　分析了传统企业的互联网转型策略。首先介绍了互联网转型的主要内容，包括产品模式、生产模式、商业模式和营销模式的转型；然后重点分析了传统企业向平台型企业转型的策略；最后分析了传统企业转型过程中基于IT的匹配路径以及组织结构变革。

第七章　对半导体设备耗材行业的代理商A公司在面临危机时如何采取战

略性核心业务模式转型进行了全面剖析。首先研究了转型背景和公司现状；然后基于核心竞争力和价值链分析了转型方向，然后对A公司转型的目标、实施路径以及转型的保障措施进行了研究。

第八章　随着新兴的“互联网+”对各行业的逐渐渗透，多家电商推出“互联网+汽车销售”服务，传统汽车销售商如何运用O2O战略成为一大现实的挑战。本章基于长尾理论以及LBS服务理论的视角，对汽车经销商D公司实施O2O战略提出了相关解决方案。

第九章　新医改政策下整个制药行业的营销环境发生了巨大的变化，M制药企业的渠道模式受到巨大冲击，其渠道战略转型迫在眉睫。本章深入分析了X制药企业的渠道转型环境、转型方法和方向的选择，并提出了创新性的渠道转型方案。为企业应对政策变化进行相关业务模式转型提供一些思路。

本书在撰写过程中，得到了本人研究团队的大力支持和帮助，特别要感谢谭佩荣（第七章）、马新云（第八章）、喻菲（第九章）对本书下篇案例研究的贡献，以及李安利、陈琪芬在文档编辑工作中的辛勤付出。

目　录

上篇　理论篇

下篇　案例篇

上　篇
理　论　篇

第一章　战略转型的相关概念和理论基础

第一节　战略转型的相关概念和内涵

一、企业转型的概念

转型是一个外来词，最早于20世纪80年代引入经济管理领域，本义是“转变”，是对事物进行一种较为彻底的革命性变革，即通过改变某事物的形态或性质使其更好地满足新的需要。根据宏观、中观、微观三个层次，转型可分为经济转型、产业转型和企业转型。

作为经济和产业的微观主体，企业的转型行为直接支撑了经济层面与产业层面的转型。为了谋求生存或者重新建构竞争优势，企业往往通过对组织进行战略再设计和资源的重新配置，改变组织运行的逻辑，从而更好地与环境相适应。这是一个涉及组织使命、目标、结构及企业文化等多层次、多方面、不连续的现况变革（Lavy 和 Merry 1988）。其中，大部分企业转型表现为战略转型。

二、战略转型的概念

（一）战略转型

战略转型是指企业基于产业特质，审视外在竞争环境变化以及企业自身所具备的特征，通过对企业发展目标、达成目标的途径和手段进行重新设计，并形成新的技术、产品和市场的过程，其主要表现为对企业的关键技术、产品结构、目标市场以及经营模式进行重新调整与选择，以克服企业原有的经营困境并获得新的竞争优势。Snow 和 Hambrikc （1980） 认为，战略转型是重新确立一个企业和它所处的环境之间的关系的行为，也是协调企业当下现状和所处环境之间关系的行为。企业战略要从本质上发生改变，不仅需要改变战略的内容，还需要和企业战略的各种构成要素进行匹配，重新构建并规划影响其战略内容的要素及特征，使得企业可以从根本上改变既定的战略，从底层转变企业的战略行为。

战略转型是一个过程，包括改革的力量分析、确定战略变革的需要、判断分析问题、变革阻力分析、变革策略的选择、变革计划的实施、变革的评价和控制等七个方面。

（二）核心业务转型

核心业务是公司发展的基石，也是战略转型的重要内容。因此，大部分战略转型依赖于核心业务变迁。核心业务的转换有两种模式，一种是在原有核心业务上进行重新调整，即新旧业务为一个共同的产业区域，没有进行跨领域飞跃。这样做的优势是可以利用原来业务、资源和要素的根基，在短期内完成核心业务升级更新，具有时间较短、基础较好、转制成本较低、成功率较高的特点。缺点是在信息高速发展的大背景下，很容易遭到其他公司的效仿，导致公司在转型时缺乏与外部竞争的差异化特色，难以确保公司长期可持续发展。同时，利用既有业务拓展新的核心业务时，要求外部环境变化幅度较小，能够承载原有核心业务的优势，然而这一点企业很难自我控制。另一种核心业务转型模式是完全的脱胎换骨式的改变，新核心业务和原有业务之间关联度小，企业进行不同行业或产业之间的跃变。优点是能够捕捉新的机会，把资源集中利用在新的、有前景的业务领域中，抢先占领市场，或是重新构建竞争优势。缺点则是风险较大，对企业动态转型能力有较高的要求。对于这两种模式的选择，不仅取决于外部环境的变化情况，也取决于企业整合内外资源的能力以及经营状况。

（三）战略调整、战略变革、战略转型三者之间的关系

战略调整、战略变革、战略转型这三个词在文献中使用频率很高，学者们对这三个概念内涵的理解有一定差异。转型/转轨/转制（transform or transition）常被用来描述为变革行为，在英文中一般多用于经济和产业层面，或者针对新兴发展中国家经济转轨过程中的企业变革。这也是为什么西方学者在战略管理研究中采用战略转型这样的表述较少，更多是采用战略变革（strategic change）一词的原因。英文中 change 是改变、变革的意思，所以从广义上来说，战略变

革包含了战略调整和战略转型，战略调整是指由于企业所处的内、外部环境发生变化而导致其实际效果与预期目标产生偏差时，对企业原定战略进行修正或重新制定，它并不改变企业的原定目标，属于一种渐进的、较小程度的战略改变。企业战略转型则是企业战略调整与变革过程的最高形式。

目前在国内文献的表述中，提转型的比较多，这与中国经济发展的特定历史阶段有关，但在学术意义上并未超越战略变革的研究范式和范畴。所以本书认为，并不需要对战略转型和战略变革做语义上的严格区分。

三、战略转型的类型

战略转型从不同的角度看有不同的类型，具体有以下几种分法：

（一）按照组织层次划分

企业战略一般是由公司层、经营层和职能层三个不同层次的战略构成的一个系统，因此，战略转型可分为公司层、经营层和职能层三个层次的转型。首先从公司层面看，其战略转型的内容可以从四个维度来界定，即公司资源配置模式变化、经营范围或经营地域重新组合、对自身战略方向的调整或重置、企业经营理念或使命变化等，公司层的战略转型通常与企业外部环境的变化相关，企业希望通过调整或重新制定公司战略来实现与变化的外部环境相匹配的目标。其次，从经营层面看，经营层面的战略转型反映的是企业具体某一业务的发展方向、经营水平、竞争方向等经营目标的变化，包括企业产品与市场竞争性行为的变化、企业竞争战略的改变等。最后，从职能层面来看，职能层面的战略转型主要是由公司职能部门做出的相应的职能性战略转型，如为配合新的业务领域或竞争战略，职能部门需要调整自身的战略，可采用企业内部职能性资源配置的变化来衡量职能层面的战略转型。

总的说来，三个层次的战略决策由企业不同层次的组织负责，公司战略的决策和实施由企业集团总部进行，业务战略由企业总部和业务部（或事业部）共同决定、业务部执行，职能战略基本上由业务战略决定、职能部门贯彻执行。蓝海林（2013）认为企业战略转型不是单一维度、单一层次战略的变化，而是不同维度、不同层次的企业战略发生的系统性变化。当高一级层次的战略发生变化时，会对低一级层次的战略形成新的约束，并需要低一级层次的战略进行相应的调整以支持高一级层次战略变化的要求。

（二）按照战略转型程度划分

从战略转型程度，可分为渐进式战略转型和剧烈的战略转型。渐进式战略转型，是指一个企业在维持目前现有的企业机制体制不发生变化的前提下所进行的循序渐进的改变，往往伴随现有企业的规章、产品、文化等的持续变革。剧烈的战略转型，是指企业开展全面的、整体的、由头到尾的、较为重大的颠覆性变革，往往伴随着出现新的企业结构形态，通常在企业结构及企业系统重组等重大革新。渐进式的战略转型相对来说比较平缓温和，通常发生在相对平稳的外部环境中，企业领导者、管理者能预见将来外部环境发生变化的情况；后者是一种较为激进的，通常发生在不连续、巨变的环境下由全球科技、经济的快速发展引发的企业结构性的根本变革。

（三）按照战略转型状态划分

从战略转型状态，可分为非危机状态下的转型和危机状态下的转型两种。非危机状态下的转型，是指因行业技术的进步、产业结构的调整等，企业虽能正常运转，但前景黯淡、危机潜伏，企业需提前进行战略转型。危机状态下的转型，表现为企业的财务岌岌可危，或在市场竞争中处于明显劣势，此时企业已经存在有形的可感觉到的严重危机，企业必须通过战略转型摆脱危机，重建竞争优势。前者是主动变革，宏观环境变化对企业的发展产生影响，但这种影响并未危及企业生存，企业是先于隐患和危机的爆发进行主动转型；后者是被动转型，是外部环境的变化导致企业亏损、业绩严重下滑，企业出于求生存的紧迫感被迫发起战略转型。

理论上来说，企业在非危机状态下比危机状态下拥有更多的资源调配能力和风险承担能力，主动转型似乎更好一些。然而现实中，大多数企业的战略转型都属于迫于压力的危机性转型。因为转型本身属于高风险行为，充满不确定性，所以制定前瞻性的转型战略难度巨大，需要领导者具有卓越的见识、宽阔的眼界、成熟的心智等特性。另外，企业出现危机并非是一朝一夕的事，往往都有一段“潜伏期”。因此，关键的问题便是如何正确判断和把握转型时机，这是决定转型成败的重要因素。

（四）按照新旧核心业务所在产业之间的关系划分

按照新旧核心业务所在产业之间的关系，战略转型可以划分为产业内转型和跨产业转型（俗称“跨界”转型），也称相关行业转型和不相关行业转型。例如 IBM 由 PC 制造商转型为 IT 服务商就属于产业内转型或相关行业转型，而一家制造企业转为房地产企业就属于跨产业转型或者不相关行业转型。

产业内转型的优势在于通过价值链上的拓展或再定位，利用新、旧业务之间的协同效应形成新的竞争优势。由于战略转型涉及业务之间的调整和转换，因此与多元化经营有一定的联系，其区别在于：战略转型是企业为了适应外部环境的变化，重塑竞争优势，打破原有生命周期发展规律，在对自身能力和外部环境综合考量的前提下所采取的重大性变革行动。这是一种面向企业未来的重大决策，所带来的结果往往是企业主营业务的彻底改变，这种改变可以是进入新的经营领域，并使其成为企业今后的发展方向，而原有的经营业务要么被剥离，要么退出主营的地位。而多元化经营是在企业自身资源充足的前提下，通过合理地配置资源、降低经营风险，进入高成长性的市场，培育新的增长点，从而扩大公司的资产、规模，增加企业的盈利水平，一般原有的经营业务不会逐渐退出，新产业也不一定是企业未来的主要发展方向，多元化经营仅仅作为企业实现范围规模经济的手段，不会为企业带来根本性的变革。

如果企业进入一个新的产业，其新业务和原有业务在价值链上不存在任何关联和协同关系，则称这家企业实施的是跨产业或不相关行业转型。其实质是企业的经营领域转移至新的产业，以此来克服原来所在产业的衰退，构建新的竞争优势，获取持续增长能力。企业跨产业转型是转型中最剧烈的形式，也是一项难度和风险较大的重大战略行动，但转型一旦成功，将会使企业获得新的成长机会和更大的发展空间。企业进行跨产业转型是企业核心能力的跃迁过程。企业通过放弃在原产业中的竞争，把资源集中用于新的产业来抢先建立竞争优势，并为企业长期持续发展创造条件。

（五）按照战略转型路径来划分

企业战略转型的动因决定了战略转型的可选择的实施路径，战略转型的推进要素、战略决策过程研究认为“自上而下”与“自下而上”是企业战略转型的两种典型路径。因此，“谁推动了战略转型的实施?”对该问题的回答在本质上反映了战略转型的实施路径。如何打破战略刚性、推进战略转型的实施，是理论界与实践界普遍关注的问题。

当初始战略的主导地位很强，权力和影响力主要集中于高层管理者手中，且组织的所有权结构为管理者控制型时，企业转型往往是以高层管理者为主要推动者，通过打破组织刚性，实现“自上而下”的引导与控制；反之，如果中低层管理者或员工可以积极有效地参与到战略转型之中时，就会对转型形成“自下而上”的推动与扩散。

1. 自上而下的战略转型

根据内外部环境的变化，打破现有战略类型、实施新的战略计划是高层管理者的职责，自上而下的推动是战略转型的重要路径之一。Dutton 和 Duncan（2010）认为公司层面的管理者是自上而下实施路径的主要推动者，从战略转型的内容上，由“自上而下”的路径所引导的战略转型形式更倾向于公司层面的战略转变，即改变公司的经营范围与边界；从战略转型的过程上，更倾于由价值观和战略目标转变所引导的战略转型，即价值观和管理者利益改变后，新的价值观导入组织内部，或引入新的利益相关者。

2. 自下而上的战略转型

尽管凭借着管理者所拥有的决策权，“自上而下”的战略转型实施路径可以较为容易在组织内推动，然而，在有些时候，自上而下的战略转型通常会失效，因为高层管理者更加倾向稳定的组织结构，从而抑制了公司的变革能力，Tushman 和 Romanelli（1985）认为此时借助员工的力量可以更好地突破战略刚性，战略的“变化”通常会由高管团队以外的利益主体所触发。“自下而上”模式，即中层管理者或员工作为战略转型实施的主要推动者或参与者也是公司实施战略转型的可选路径。例如，英特尔公司在面临竞争对手的介入、市场份额不断被瓜分的压力下，高层管理者却无从下手，而一个生产微处理器的事业部识别出市场机会扩大规模，成功实现了战略转型。

第二节　战略转型的影响因素

一、战略转型的外部影响因素

（一）外部环境的变化

企业与环境是一种同生共塑、相互依存之间的关系。自 20 世纪 90 年代以来，企业的外部环境发生了巨大的改变。政府管制的放松，全球经济一体化的冲击，产业之间边界的模糊，信息革命的到来使得市场环境呈现出复杂、动态、多变等不确定和混沌性的现象。外部环境使得企业若想保持持续的竞争优势变得越来越难。正是这种压力逼迫企业管理者不停地对其发展战略重新定位。环境是系统维系自身能力、差异性和多样性的根源，基于组织的外部环境视角的企业战略转型研究强调外部环境在组织战略中的驱动作用与约束作用（Zajac，2000）。

外部环境主要包括以下因素：

（1）经济转型与产业结构的调整。近几年，随着经济开始步入新常态，经济开始转向中低速增长，经济发展质量、效率、动力都在变革。在这种情况下，企业必须在市场竞争中找到自己合适的定位，使生产结构能够与不断变化的市场需求结构相适应，并在企业竞争中实现产业升级和层次飞跃。因此，经济转型和产业结构调整促进了企业的战略转型，也决定了企业战略转型的方向；反过来，企业的战略转型又推动了经济转型和产业结构升级。

（2）信息革命与技术创新。信息革命的到来使得人们的距离越来越近，信息沟通越来越简便，产业边界越来越模糊，这导致了顾客的消费观念、价值观不断地发生着变化，企业不能单一地靠实现某一种战略来取得竞争优势。此外，企业价值链上所形成的每个环节都与技术创新有关，企业的产品设计、工艺流程、生产控制、市场开发与产品销售都与技术创新活动息息相关。技术创新活动使得企业能够合理有效地配置资源，同时，外部的技术创新程度的提高，也会促使企业向高技术企业转变，从而增加其不断发展、不断再生和与环境相适应的能力。因此，企业的战略转型也会由信息革命和技术创新所推动。

（二）各产业要素结构的异质性

企业的竞争优势很大程度上来源于一般要素市场上通过交易获得特殊资源的能力，即异质性资源要素，异质性资源在企业之间不能完全流动。因此，异质性要素分布的结构必然成为企业战略转型的重要影响因素。比如各行业之间的资产回报率有很大不同，这就驱使企业为了获取更高的盈利水平而进入这些领域。近年来，有大量的制造企业进入高回报的房地产行业就是一例。此外，产业的兴衰也使得资源要素结构发生改变。随着衰退行业的竞争不断加剧，盈利水平日益降低，很多企业做出退出的选择，转而进入新兴行业。在新兴行业领域里，国家还未进行政策性干预，具有很大的市场空白，没有激烈的企业竞争，整体就是开放性行业，并给企业提供了高收益的机遇。因此，为获取产业初期的高额利润和发展机会，企业往往会选择战略转型。

二、战略转型的内部影响因素

企业通常被视为各种资源的集合体，在经营管理面临关键转折的情况下，企业通常会对自身战略进行方向性调整，并通过组织构成要素及要素间关系的变动，来适应环境的变化或克服经营危机。转型的内部影响包括管理者特征和动机、企业所处的发展阶段、企业资源与能力、企业绩效、企业管理层、组织学习和组织文化等。

（一）管理者特征和动机

在不同组织或环境要素情境下，具有不同特征和动机的管理者会对外部环境变化作出差异性反应。在管理者理性决策模型中，战略转型被认为是企业对既定的转型目标而进行的一种连续的、有计划的搜寻最优解决方案的过程。为了实现企业利润的最大化，管理者可以通过采取与环境相匹配的适应性行为来实现经济绩效的最优。但在现实中，管理者并非是完全理性的，高层梯队理论认为，基于管理者特征和动机差异的认知结构和价值观会影响其对相关信息的理解和处理能力，进而会对战略选择和企业行为产生影响。

（二）企业发展状况

企业经营的结果会成为管理者进行战略决策的重要反馈因素。当企业经营业绩严重下滑时，管理层会面临巨大压力，此时，要么通过对原有经营模式进行优化升级，要么通过对资源重新配置转换核心业务。如果企业盈利水平高，经营绩效符合预期，企业转型的动力往往较小，也就是所谓的“穷则思变，富则思安”。

（三）企业资源和能力

企业资源和能力对企业战略转型的影响主要体现在保障和制约作用两个方面，核心能力是组织中的积累性学识，特别是关于如何协调不同的生产技能和有机结合多种技术流派的学识，它具有独特性和难于模仿性等特性。基于资源基础观、资源依赖理论、动态能力理论等，Carpenter（2000）等学者认为，充分利用企业现有资源能够保障战略转型的顺利进行，帮助企业快速进行自我调整，重新与外部环境相匹配。但另一方面，资源和能力也被看作是一种在组织与环境互动时的“缓冲带”，它不仅会促使组织沿着原有的轨道惯性运行，还会使决策制定者对外部趋势敏感度下降，从而限制了转型。

（四）企业文化

企业文化是企业员工普遍认同的价值观念和行为准则的总和，这些观念和准则的特点可以透过企业及其员工的日常行为而得到表现，在导向、激励和协调功能上对企业经营业绩、战略发展有重要影响，其影响员工特别是高层管理者的行为选择，从而影响着企业战略调整方向的选择及其组织实施。

第三节　战略变革理论的三种核心观点

学者们运用各种理论和方法来研究与战略变革相关的各种现象，现有的战略变革研究建立在两种截然相反的观点之上，即环境和管理者在决定组织命运方面所扮演的不同角色。环境决定论的观点认为，在战略变化的背景下，管理者的作用相当有限；唯意志论的观点则认为，管理者对战略转型具有相当大的影响力。此外，还有一种辩证的观点，试图在这两种传统的、对立的观点之间架起桥梁，将战略变革视为环境决定论和管理选择的结果。这三种观点都假定战略变革是困难的，但是通过变革能够带来有益的结果。

一、环境决定论

战略变革的决定论观点在 20 世纪 80 年代到 90 年代尤为突出，其基本假定是组织惯性是预先形成的，其主要围绕着企业能否克服组织惯性、如何克服惯性及其潜在后果展开讨论。

决定论观点认为，战略变革是一个由制度和环境压力决定的外部驱动的过程，Aldrich（1979）认为组织行动者的作用仅限于对环境中的外部变化作出反应。决定论理论家强调战略变革的难度和稀缺性，他们认为其受到资源稀缺、结构惰性和行业规范趋同的制约，具体而言：第一，由于组织无法在内部生产所需的所有资源，它们的生存依赖于外部资源；第二，组织保持惰性的倾向是战略变革的主要障碍之一，这种惰性限制了它们对不断变化的环境的适应，降低了它们的生存机会；第三，当公司不得不改变时，他们倾向于模仿或模仿其他他们认为合法的公司，这种行业规范和共享逻辑的同化增强了组织的合法性，并导致更高的存活率。

学者们主要从环境、组织背景和决策者行为特征这三方面，探讨其对战略的影响。第一，间断均衡理论的支持者认为，环境条件的重大转变会导致革命性的战略变化，但目前在商业层面的实证研究暂无定论。第二，在组织情境上，其与组织年龄、先前的绩效、先前的经验以及策略与结构的关系有关。Boeker（1989）认为，当绩效较差时，被认为是必要的或对组织有益的战略变革就会启动，而当绩效良好或得到改善时，组织倾向于维持其既定的活动模式；Amburgey 等（1993）认为以往的战略由于受制于组织惯性，其变化往往导致未来相同类型的变化；结构的变化先于和紧随战略的变化。第三，决定论认为组织行动者也可以在克服组织惯性方面发挥作用，它并不完全否定管理者的选择，但它在很大程度上假定管理者扮演着一种过时的角色。战略变革通常需要组织参与者的变更，CEO 的继任增加了随后的战略变化的可能性，他们往往不遵守即将离任的 CEO 制定的战略和政策，且具有改革的授权。

决定论视角的研究将战略转型理解为企业对环境变化的响应，或者他们关注在组织子单元相互依赖的背景下的战略变革。而关于战略变革的含义，决定论的观点关注不同的组织结果，包括中间结果、绩效结果和组织生存，与其他观点相反，战略变革对组织生存或失败的影响是一个中心主题。

二、唯意志论

从 20 世纪 90 年代到 21 世纪初，学者们对组织参与者，尤其是高层管理者，在战略变革中所扮演的角色越来越感兴趣，其主要探讨组织参与者在战略变革的前因、过程和结果方面所扮演的角色。他们认为，战略变革是一个由管理决定的过程，管理者不仅能显著地影响战略决策，而且还能积极地塑造环境和组织结构，战略变革源于组织中领导者和主导联盟的决策和行动，组织可以以多种方式对环境条件作出反应。Miles 等（1994）认为管理能够克服组织的僵化，从而可以通过管理的意向性来实现战略变革。

首先，组织高层管理者是至关重要的，现有研究表明，CEO 继任与企业战略变革之间的关系取决于诸多因素。如 Karaevli 等（2013）研究表明，外部人士比内部人士更有可能发起战略变革；Barron 等（2011）认为如果前任和高管中其他成员离开公司，那么 CEO 继任后的战略变更的可能性就会增加；在动荡的行业中 CEO 继任比在稳定的行业中更有可能导致随后的战略变革。其次，TMT 的构成及其成员的薪酬水平与战略变革有关。TMT 较低的平均年龄、组织任期短、更高的教育水平、更高的异质性和更多的学术培训，更容易启动战略变革。再者，董事会对企业的战略变革具有重要意义，Golden 和 Zajac（2001）研究认为，实力强大的董事会或拥有更多外部成员的董事会更有可能推动战略变革。董事会任期、董事会任期异质性等因素对董事会决策的影响不一，而来自组织外部的董事会成员应该更符合股东的利益，并更关注财务结果。最后，已有研究关于战略变革对绩效影响的结论不一致，一些研究表明，重新聚焦公告与显著的、正的、异常的回报之间存在正相关关系，减少多样化和等级混合有助于提高效率。Zhang 和 Rajagopalan（2010）揭示了进行适当程度的战略变革似乎是创造和保持竞争优势的关键。

总的来说，唯意志论研究阐明了组织参与者的角色，强调了企业所有权和政府结构的重要性，对战略变革过程进行了洞察，揭示了阻碍或推动成功组织和实施战略的组织因素和参与者特征，并为组织或组织参与者如何参与战略变更提供了更广泛的前因和模式变量的图景。与确定性观点相比，它考虑了更多调节变量，使得它能够解决一些混合的结果。但不足在于，唯意志论的观点主要关注生存下来的公司。因此，这些研究既不分析组织生存或失败的可能性，也不分析幸存企业和失败企业之间的差异，对战略变革的长期结果知之甚少。

三、辩证的观点

学者们采用辩证的观点，认为管理选择和环境共同决定战略变革。根据这一观点，企业可以根据决定论和唯意志论两种对立力量的强度，对环境压力作出主动和被动的反应，它的目的是连接两个基本的不同观点，环境决定论和管理选择的两个方面都是理解战略变革所必需的。

第一，对于环境语境中的因素，辩证视角强调的是市场语境，环境变化或市场波动加剧被认为会刺激战略变革。第二，关于组织行为者对战略变革的影响，辩证的研究为 CEO 继任和变革主体的定位提供了更多的见解，分析 CEO 继任对战略变革影响的研究结果喜忧参半。Gordon 等（2000）研究发现，TMT 营业额与战略变革之间存在负相关关系，因为新的高层管理团队在实施战略变革之前可能需要时间来建立信任和达成共识，这样的人员流动可能会阻碍快速的战略变革。第三，由于管理选择与环境或组织约束之间的相互作用，辩证观点发生了变化。他们认为，即使战略变革在一定程度上是由环境或组织结构决定的，Bohman 等（1998）认为组织行为仍然影响着变革过程，即组织的战略结构和组织参与者的核心结构之间的相互作用决定了战略变革过程。第四，辩证观点从战略变革的结果角度提供了不同的发现。Dawley 等（2002）在分析困境下的战略变革时发现，只有战略选择水平相对较高或环境约束相对较低的企业才能从重新聚焦中受益，所以战略变革对绩效的影响取决于选择时的情况。Ndofor 等（2013）分析了 20 世纪 90 年代美国预包装软件公司变革过程中战略变革（新产品引进、新联盟和收购）的后果，发现战略变革与绩效的提高正相关。

综上所述，辩证的战略变革观通过整合环境决定论和唯意志论的一些观点，增加了一些重要的见解。采用这一观点的研究人员为了解决研究结果不一致的问题，更多地关注各种权变因素的影响，如组织资源或规模，而不是各种代理人的特征。但不足之处在于，现有的研究集中在战略变革的前因、单一的变化事件，且大多在微观层面，而对中间结果影响的研究、宏观层面的研究较少。

第二章　战略转型决策

自 Simon 提出“管理就是决策”的理论观点之后，大量研究聚焦到决策领域，对于战略变革形成的研究，实质上成为了战略变革决策形成的研究。本章首先基于管理者理性的视角，梳理出战略转型决策的一般过程。然后基于有限理性的视角，把决策者的行为动因纳入到战略转型决策过程之中，弥补和修正理性模型在解释现实转型实践中遇到的问题，继而形成更具一般性的转型决策框架。

第一节　战略转型决策过程

企业战略转型决策一般会面临以下几个关键问题：该不该转，往哪里转，怎么转，什么时候转。对上述每一个问题的回答对企业实施战略性变革的结果都有重要影响。同时，这四个问题间存在上下衔接的内在联系，任何一个问题没有解决好就盲目变革都将导致变革的失败进而直接威胁企业的生存。因此，如何针对上面这四个问题进行科学决策，成为企业有效实施战略转型的关键（李烨、李传昭、陈升，2004）。

下面我们将基于理性的决策模式阐述战略转型决策过程。

一、判别转型的必要性和可能性

这是回答该不该转型的问题，也是变革决策中首先要回答的最为重要的问题。

我们经常会听到企业人士说“不变革等死，变革找死”，这句话的确是现实中做变革决策时面临两难抉择的真实写照。因为变革是有成本和代价的，近年来有很多传统制造企业想变革成为互联网企业，但是在花费大量资金购置 IT 设备之后却落的竹篮打水一场空。面对行业衰退或是业绩下滑的压力，企业到底是应该在原有业务的基础上进行技术升级，改善服务，提升管理水平，调整组织结构，还是说完全进入一个全新的业务领域，或者采用一个新的商业模式？

要想回答这样的问题，企业首先要自问：企业必须要转型吗？有没有能力转型？

通常，我们可以按照以下步骤进行思考。首先，我们需要重新审视企业的总体战略，考察企业目前的经营和理想状态是否存在问题；其次，根据问题的严重性，判断这一问题是否需要解决，然后通过深入调查，来明确真正的问题及其产生的原因；再次，通过环境扫描探寻是否具有产业价值链转移的机会；最后，依据自身资源和能力对企业变革的可能性进行评估。

对变革的诱因进行分析时，需要对外部环境和内部环境进行扫描。变革的诱因一般分为外部环境因素和组织内部因素。外部环境因素，包括政治、法律、经济、技术和社会文化，对企业变革最重要的环境影响因素主要来自于国际环境、国家政策和产业环境及技术。比如，在进行供给侧改革和环保风暴之后，受制于法律规定，一些不合规的中小企业只能被迫选择关停企业或是转行做其他业务。还有中美贸易战提高关税的影响，使得一些企业的盈利能力大幅下降甚至亏损，如果不能开拓新的盈利业务，长期下去企业自然难以为继。还有一些企业由于所在行业处于生命周期的衰退阶段，加上企业自身缺乏竞争力，继续经营非常困难。还有一种情况，就是技术出现了颠覆性的变化，原有的业务已经没有了市场。那么在上述情况发生的条件下，企业被迫做出两种选择，要么关门，要么变革。

虽然大多数的变革来自外部的各种威胁和危机，但是也有一部分企业变革的诱因来自于企业内部，比如一些企业感知到了环境中的危机，居安思危，或是发现了重大的新产业的机遇，主动地进行战略转型。这类企业往往实力雄厚，在原产业具有领导地位，在资源和能力上都具有一定优势，企业业务和收入流呈现多元化特征，因此变革的抗风险能力也较强。

二、明确转型方向

当我们决定变革之后，就需要进入到第二步，确定变革方向——这是回答往哪里转的问题，即选择进入什么行业或新的业务领域，如何处理新业务和原有业务之间的关系，以及是否应该退出当前所处的业务领域、退出哪些业务领域等。

企业转型过程中的市场选择应该根据企业的实际情况，选择适合企业进入的、能够为企业带来经营利润的市场，应对市场具有全面的了解，在市场满足企业发展的前提下进入该市场，具体应满足以下几点：

（1）应尽量选择国家政策支持的行业中的市场进入。

（2）应尽量选择符合企业发展背景的，能够获得其他外部支撑的市场，以便获得企业转型所需资源。

（3）该市场应该能够为企业带来应有的利润，还要具有一定的发展前景。并且企业能够从该市场中找到为企业创造价值的机会，能够发掘出市场中的潜力。

有时企业发掘的机会往往不只一个，即存在着多个可以变革的“方向”，但是对于具体的企业来说，由于资源和能力等限制，企业必须在多个备选方向中进行优选。根据决策理论，选择方案的时候必须要确定决策目标，决策标准及其相应的权重。由此对每一个变革的方案进行分析和评估，然后才能得出一个优选方案。

在“企业要实现未来价值最大化”这一主体目标的约束下，我们可分以下几种情况并按相应原则进行决策。

第一种情况：只进行新业务创建而不退出现有业务（也称作扩张式变革）。在这种情况下，可按照以下原则对新进领域（新创业务）进行决策：①与现有业务具有显著的协同效应；②具有高成长性和可拓展性（可拓展性是指可为企业进入新的领域建立机会平台，此时，也常称该业务具有战略期权价值）；③进入障碍和退出障碍，回报率高的行业往往进入障碍比较高，进入成本也较高；进入障碍低的行业往往回报率较低，进入成本也低，所以需要在二者之间进行权衡；④具有高盈利能力；⑤符合政府产业发展政策；⑥能提高企业的社会声誉。当然，在商业实践中，对不同企业上述原则（其实也是对新业务进行评价的指标）会有所侧重，具体进行决策时，可以采用权重法（即对上述各项指标分别给以相应权重，最后进行加权）来对各被选领域（变革方向）进行综合对比分析以找出最优变革方向。

第二种情况：进入新业务领域同时退出部分现存业务领域（依据变革程度不同，又可分为跨越式变革、一般性变革和收缩性变革三种类型）。大部分企业战略性业务变革都属于这种情况，与第一种情况相比，这种类型的变革要复杂一些，因为它必须同时对拟进入何种新业务领域和退出现存的哪些业务进行决策。具体来讲，除了与第一种情况所述的六种原则相同外，还要遵循下面几条原则：①新进入的业务与拟退出的业务之间应具有较大的协同效应，这样既可以减少进入成本，也可以降低退出成本；②拟退出业务与新进入业务彼此应具有较强的可替代性；③剥离拟退出业务比保留该业务的净收益大；④拟退出业务对企业运行的稳定性影响不大。

最后需要注意的是，企业转型并非等同于转行，尤其是对不相关行业的变革，更需要格外谨慎。

三、确定转型方式和路径

这是回答怎么转型的问题，即选择以什么方式以及何种路径进行变革。

其主要决策内容为：①采取什么方式进入所选择的新业务领域；②怎么退出已经决定需退出的现有业务领域。为此，需要明晰拟进入新业务领域以及拟退出旧业务领域的内在特性及其对企业可能造成的影响；同时还得分析拟进入的新业务领域、拟退出的旧业务领域以及还留存的业务领域三者的关系；另外，还需评估企业自身资源和能力现状、资源的获取途径和企业所处环境的特性。只有综合分析上述因素后，企业才能科学地决策新业务领域的进入方式（采取渐进式还是快速式，是完全凭自身力量进入还是与其他企业采取合资、合作等方式进入，是通过内部培育还是通过并购等）和退出现存旧业务领域的方式（是一次性退出还是逐渐退出等）。

在思考战略转型方式和路径时有两种视角，一个是机会导向，一个是用户导向。

机会导向型是指根据外部环境分析，寻找与企业自身资源能力匹配的商业模式，进行战略定位。企业需要自问——以现有的资源和能力，有哪些外部机会是企业可以抓住的？然而机会导向的思维方式也会存在一些陷阱。因为一些机会窗口可能同时被很多企业识别出来，尤其是政府产业政策引导的情况下，“风口”成为显性的、容易识别的机会，这会导致大量企业蜂拥进入同一个领域，过度投资产生恶性竞争，于是蓝海瞬间变成了红海。这也是一些新兴产业很快变为过剩产业的原因之一。举例来说，2015—2018 年，新能源中下游各个环节之间经历了一轮自下而上的产能扩张驱动，全产业链利润水平都大幅下降，价格持续走低，供给层面却持续放量。由于 2016—2017 年大量锂矿项目上马，随后的两三年将是全球低成本盐湖和锂辉石产能大规模投放的时间，供给增进将显著高于需求增速。2018 年之后，供需差值持续扩大，据估计，到 2022 年，供给增进几乎要达到需求的两倍。在竞争强度如此之高的行业，没有真正核心竞争力的企业很难走得很远。所以面对机遇，企业需要理性地评估该产业中长期的供求状况和竞争环境的动态演变。

机会导向型可能产生的另一个陷阱就是对自身的资源识别错误。比如有些企业即便对机会做出了正确的识别，但由于企业自身能力和资源的局限，其转型战略并不能有效地执行。

除此之外，机会导向还可能导致对机会认识的“僵化”，当企业对机会的确定一旦转化为战略，就可能会形成惯性。而环境的变化是不确定、非连续性的，如果企业未能跟随环境及时做出适应性改变，转型就会失败。

对战略转型选择的第二个思考视角是用户导向——即根据企业自身资源能力，围绕如何满足客户需要，重新进行价值链重构、战略再定位和资源重置。尽管用户导向的思考方法有助于形成企业独特的竞争力，但是也存在低估价值链重构风险的陷阱。比如某个港口发展集团拟按照顾客的需要——实现安全、便捷、快速的“门到门服务”进行组织变革。为了实现这一目标，集团必须推进服务链的重构和价值再分配，实现更便捷的物流供需匹配、更顺畅的交通运输组织、更自由的贸易流通便利、更优化的商业投资环境。但是接下来的问题是，企业有没有能力做呢？要达到上述目标，该企业必须拥有大数据、云中心和电商平台运行能力，还需要有很强的供应链动态管理能力，以及综合服务能力。对一个传统的港口物流企业来说，短时间内很难构建这样的核心能力，所以这种“完美”的用户导向战略对该企业而言是不切实际的。因此，企业在进行战略调整和转型时，必须充分考虑自身的资源和能力条件，选择切实可行的方案。对于战略方向明确、但转型路径漫长的方案，可以采用渐进调整的方式，而非剧烈的战略转型。

四、确定转型时机

该环节是继上面第三个环节完成之后，企业依据所选择的转型方式和综合相关因素后，对新、旧业务进入及退出的具体时间进行决策，即明确什么时候进入新业务领域和退出旧业务领域。具体来讲，需对以下几个内容进行决策：①进入新业务的时机；②退出旧业务的时机。为此，要求企业必须明晰以下因素：①新业务的进入方式；②拟退出业务的退出方式；③企业资源及能力现状；④外部环境现状；⑤新旧业务间关系；⑥企业文化特点。也即企业必须对上述各因素进行分析并进行综合评估后，在基于变革成本最小化和变革效率最大化的目标约束下，对进入及退出时间进行科学决策。

此外，在什么时机下实现战略转型与企业所处的生命周期密不可分。下面，我们基于生命周期的观点对企业的各状态点分别进行分析。

（一）处于核心能力孕育期的企业

处于核心能力孕育阶段的企业，由于企业核心能力尚未形成，这时企业需要集聚全部的资源和能力，以专业化的方式促进企业的成长，即尽快由产业中较低的地位向较高产业地位方向发展。对于这类企业，自身整合外部资源能力的能力较差，如果处于启蒙产业，企业可以通过战略联盟的变革方式快速进入到产业领先位置；如果处于成长产业，企业应该善修其身，强化自己的核心能力，求得先发优势，完成企业生命周期成长、成熟阶段的转化；如果处于成熟产业，这时行业利润水平较低，应该是选择撤退战略进行跨行业转型；若处于衰退产业，企业的最佳路径在于从该产业退出，开辟新的、更景气的产业寻求发展。

（二）处于核心能力成长期的企业

处于核心能力成长期的企业，企业核心能力基本形成，企业租金迅速增长，此时企业可以充分利用现有的核心能力，强化、扩大企业核心能力，同时利用拥有的核心能力充分整合，适度进行多元化的发展。对于这类企业，如果处于启蒙产业，虽然外部产业环境条件较差，但是可以凭借在业内的较强核心能力，即将进入成长成熟产业，企业应该尽可能进入行业的顶端位置；如果处于成长产业，恰逢企业也处在生命周期的成长阶段，无论从外部还是内部来看，都是企业最好的发展机遇时刻，企业应该充分利用这一独特的机遇，充分利用自身较强的核心能力，结合外部良好的发展环境，获取最大的租金回报；如果处于成熟产业阶段，企业想由此获得更大的提升比较困难，这时企业会沿着横向和纵向并购路径，求得规模上的扩张、寡头垄断，这时候企业的第一要务是，凭借自身的强核心能力，进入行业前端；如果处于衰退产业阶段，应选择跨行业转型。

（三）处于核心能力成熟期的企业

处于核心能力成熟阶段的企业，凸显核心能力的路径依赖作用和惯性，企业往往陷入“核心刚性”，企业核心能力发展受阻，并呈现租金下降的趋势。对于这类企业，企业自身的资源能力使用已经达到极限，企业如果还处在启蒙产业，无论企业是否处在行业前端，显然说明当初企业的行业选择失误，都应该选择撤离战略；如果处于成长、成熟产业阶段，企业可以通过对产业链条内的资源能力转移重组，延长企业进入衰退期的时间；如果处于衰退产业阶段，对于处在行业较低地位的企业应该选择迅速撤退，而对于处在高端行业地位的企业，可以通过跨行业转型实现自我拯救。

（四）处于核心能力衰退期的企业

在衰退期，企业核心能力支持下的核心技术与核心产品逐渐退出市场，其特征是在市场需求萎缩的压力下，企业一切价值活动是一种被动反应，丧失了投入交易成本搜寻知识的动力。此时，若企业处于新兴产业，应从人力资源入手，通过与外部资源能力的交换获得优势提升；若是成熟产业的企业，可以积极孕育以低成本或差异化为目标的新的核心能力，或着手进入新的产业。若是衰退产业的企业，应尽快抽取现金退出此产业，收割眼前租金，寻求发展前景好的产业进入，实施跨行业转型，谋求新的企业核心能力。

企业实施战略转型是一项事关企业发展前途和涉及企业许多层面的复杂系统工程，转型实施前的决策环节中决策质量的高低将直接影响变革成效的大小。因此，企业在做变革决策时，必须运用系统思维对上述各方面的问题进行通盘考虑并根据其内在联系进行科学决策。

第二节　战略转型决策的行为因素

近年来，有关管理层决策的研究，逐渐从理性预期的目标选择导向转向更为全面的有限理性条件下的行为分析（Hoskisson 等，2017），这一理论发展同样适用于变革决策。在上一节的理性模型中，暗含着决策者有能力洞察环境趋势，准确识别机会，选择正确的变革方向和路径，并把握变革时机。在此假定下，只有遵循科学的变革决策程序，才能够做出基于目标导向的理性选择。然而，在现实中情况会复杂得多，变革战略的制定从本质上来讲是决策者的主观认知对客观现实的一个反映，而人具有有限理性，做出所谓最优决策，几乎是不可能的。这一节里，我们主要讨论行为因素对变革决策的影响。

一、决策团队中的政治因素

企业变革过程中势必涉及资源的重新配置、管理团队的调整以及利益的重新分配，企业内部的政治因素，尤其是管理层内部各方面的利益冲突与领导地位的更迭都会对变革战略决策产生影响。

以管理团队内部的联合为例。联合是为了实现共同目标的个人和团体的非正式联盟，这一共同的目标通常是一个有利的方案，例如，股东们经常联合起来迫使董事会作出某个决定，联合的结果可能是正面的，也可能是负面的，他们可以帮助精明的管理者，为组织赢得效益和提高盈利能力，也可能扼杀组织精心制定的战略。因此，决策者必须知道在什么情况下实行联合，联合是否符合组织最大利益以及如何防范起伏的效应。

此外，Romanelli 和 Tush－man（1994）发现，CEO 的变更会增大组织进行变革的可能性。由于新的 CEO 对先前的战略有较低的执行承诺，因此，即使没有绩效方面的压力，他们也很可能推翻前任的政策，对企业进行变革。

二、管理者过度自信

过度自信概念来源于心理学，后来被引入了经济管理领域的相关研究中。传统的经济学、决策学理论往往将管理者视为完全理性的“经济人”，认为管理者行为服从期望效用最大化原则和贝叶斯学习法则。行为经济学突破了传统决策理论将人视为遵循预期收益最大化原则的完全理性决策者的研究思路。Simon（1984）认为，由于知识、信息、经验和能力的有限性，人的感知、记忆、思维、计算能力都存在局限性，这种知识储备空间的有限性约束了人的认识与决策，从而在不确定情境下产生了认知的巨大偏差，决策行为也表现出有限理性特征，并受心理、观念以及外部环境的影响。

在认知偏差的众多表现形式中，过度自信被认为是最经得起考验、最稳健的发现（De Bondt W，Thaler R H.，1995）。管理者过度自信是指管理者高估自身管理才能、所掌握信息的准确性、决策收益而低估决策风险或失败概率的心理偏差。Larwood（1977）指出，人们处于群体当中时会习惯性地认为自身才能高于整体水平，这种“优于平均效应”会影响人们对其自身能力的判断，从而导致过度自信。大量研究证实，人在社会活动中总是容易表现出过度自信的心理倾向，比如总是相信自己会有好的运气。

管理者的过度自信对于战略转型具有双重作用。

从负面作用来看，过度自信的管理者可能对自己过去的成功感到自鸣得意，而低估环境变化带来的威胁，进而选择坚持已有的战略。同时，管理者的过度自信还具有正面作用。过度自信的管理者往往要比非过度自信的管理者更具企业家精神（Forbes，2005），正是基于他们的乐观和对风险的低估，所以他们更容易在企业变革中选择冒险和坚持，不断的尝试和努力有助于取得最后的成功。实证研究表明，以创新和冒险为主要特征的企业家精神会极大地推动企业的技术创新活动（Knight，2012）。此外，过度自信的管理者普遍存在控制幻觉，期望通过推动变革来彰显他们的管理视野和才能，因而相较于非过度自信的管理者，他们更加热衷于企业技术创新和战略转型等冒险活动。

三、管理者过度乐观

虽然基于有限理性假设的行为金融学研究大都未对管理者过度自信与过度乐观进行区分，但两者的确有着显著的区别（Herz et al.，2014）。过度自信是管理者在自身评价中产生的认知偏差，强调管理者对自身管理才能的评定，评价的对象是管理者自身，而过度乐观更多的则是管理者在外部经营环境评价中产生的认知偏差，强调管理者对企业未来经营态势正面结果的预期，评价的对象是企业外部环境，二者分别从内、外两个方面诠释了管理者认知偏差的心理根源。

过度乐观管理者的主要特征就是容易过高估计宏观经济的走势、证券市场的前景和投资的未来收益，这一认知偏差也会对企业业务变革战略决策产生重要影响。建立“私人帝国”是企业家精神的重要组成部分，扩张冲动是企业家最重要的内生性行为特征之一。对于过度乐观的企业家而言，更容易做出盲目扩张的选择。

一般而言，管理者的投资决策和行为都是基于行业和企业自身发展前景做出的。根据现代产业组织理论的观点，如果某一个行业的 Tobin′s Q 值较高，则意味着该行业存在较高的超额收益率，在位企业就能获得较大的市场力量和超额利润，因而企业热衷于从 Tobin′s Q 值较低的产业进入 Tobin′s Q 值较高的产业。对于过度乐观的管理者而言，由于他们往往相信企业盈利水平会比实际状况要好（Heaton，2002；Hackbarth，2008），因而当面对大量的产业投资机会时，他们往往会高估拟进入产业的预期收益，从而乐于调整企业主营业务。尤其在当前中国经济变革加新兴市场的特殊背景下，投资驱动型的经济增长模式、消费者购买力的不断提升以及国企改革、国企退出一般竞争性行业等，都为企业提供了大量的发展空间和投资机会，过度乐观的管理者将更加热衷于实施业务变革（王德鲁和宋学锋，2015）。正常情况下，内部培育的新建业务大约需要7—8 年时间才能取得正的投资报酬率，而采用并购方式则可立即从这项业务中获利（Biggadike，1979）。因此，过度乐观的管理者更愿意采取立竿见影的并购方式来迅速完成业务变革。已有研究也表明，过度乐观的管理者往往偏好于通过并购来实现企业扩张，即使市场并不看好这些并购（Friedman，2007）。而且，当企业进行并购的时候，管理者的过度乐观可能会导致“赢家的诅咒”问题（Roll，1986）。与对外扩张方面的过度投资倾向形成对比的是，过度乐观的管理者在企业内部研发方面往往表现出投资不足的倾向。Jean－Sebastien（2010）以 777 个得到风险资本支持的 IPO 企业为样本，研究了管理者过度乐观对企业研发投资行为的影响。结果表明，过度乐观的管理者倾向于进行较少的研发投资，而且投资规模对现金流较为敏感。

过度乐观的管理者对企业前景更加看好，高估企业盈利能力，相应地，他们也会低估企业面临的市场竞争压力，导致企业缺乏足够的危机意识。市场压力和危机感是企业进行核心能力建设的重要驱动力，因此，当管理者对市场压力的主观感受变小时，企业进行核心能力建设的紧迫感就可能减弱，进而导致企业的内部投资不足。

过度乐观的管理者往往高估公司未来的期望现金流量（Heaton，2002），相信企业不会面临财务危机（Hackbarth，2008），在融资方面愿意支付的资本成本相对较少（Jean－Sebastien，2010）。他们不仅会选择较高的债务融资方式，而且会以更高的频率发行新债，使得企业债务的期限结构更短，从而加大企业陷入财务危机的可能性。

由于过度乐观的管理者对市场压力的主观感受较弱，缺乏足够的动力开展技术创新活动，这必然会削弱企业核心竞争力，不利于企业新主营业务的持续健康发展。更为重要的是，过度乐观的管理者在企业业务变革过程中往往过于重视变革的速度和新业务的规模，而低估变革风险或忽略对变革风险的控制，从而造成企业战略转型的低效性。

四、承诺升级

影响变革决策的另一个重要行为过程是承诺升级。承诺升级是指决策者在过去的某个决定已被事实证明是错误的情况下，仍然过分执著于该决定的现象。例如，人们在购买某公司的股票之后往往不愿意抛售，即便是损失不断增加，他们仍然会说服自己当初的选择是正确的，眼见亏损越来越多，依然选择一味等待。

早在2007年，农夫山泉就决定进军农业，当其董事长第一次来到赣州，看到漫山遍野的纽贺尔脐橙时，他就觉得有优质的脐橙，肯定也能榨出好的橙汁，所以没多考证就决定在这里建厂。这种想当然的心态，让农夫山泉为之付出了巨大的代价。对农业产品经营难度的轻视，导致早期工厂一度陷入停滞，每年的亏损超过2000万元。在这一系列跨界经营决策失误后，董事长认为，“既然错了，就要把错的事情做对。”在此之后的11年里，农夫山泉通过大量研发、改进原有脐橙榨汁技术，并投入智能化生产线，让农夫山泉17.5°NFC果汁成功突破“脐橙不能榨汁”这一禁区。但由于设备技术、原料以及冷链运输成本的居高不下，目前市场规模仍然较为有限，至今仍然难言成功。

做错的事情，一定要坚持把它“做对”吗？对于进行战略转型的企业而言，这样的风险可谓极大。“不撞南墙心不死”的精神固然可贵，但是如果方向错了，付出再多也是枉然。

承诺升级这种认知偏差很大一部分来自于人们惧怕沉没成本的损失。沉没成本，是经济学中的一个概念，是指已经付出并且无法回收的成本，该成本与决策结果无关。比如在变革决策时，有的管理者因为害怕前期已经投入的巨额资金打水漂，即便这些成本（如研发费用、广告费用、员工的培训费用、未折旧完的过时设备等）无法再收回，决策者依然不甘心，仍然继续追加投资，以证明自己当初的决策是正确的，从而陷入一个让人越陷越深的机制。决策，应该是面向未来的选择，做变革决策时，应该尽量避免落入沉没成本陷阱之中。

第三节 "战略坚持"的内在机理

大量研究显示，企业过去的成功，可能会导致企业坚守过去的战略（Lant，Milliken，和 Batra，1992；Miller 和 Chen，1994），即所谓的战略坚持（strategic persistence），也有的学者把这种现象描述为战略刚性（strategic rigid）或者战略惯性（strategic inertia）。从逻辑上来讲，如果企业能够遵从过去正确的战略，不断开发、优化和强化能够导致持续竞争优势的核心竞争力，对先前战略的坚持就是有益的。然而在竞争、技术、社会文化和法律条件等方面出现不连续变化时，原有的战略会失效（Haveman，1992；Smith 和 Crimm，1987）。但是令人遗憾的是，现实中有很多企业因为种种原因未能对环境变化做出合理的判断并做出及时调整，仍然坚持已经失效的战略，最终导致失败。

在这一节中，我们将运用上一节中行为方面的理论框架具体分析为什么在环境剧烈变化的情况下仍有很多企业选择坚持原有的（已失效的）战略。

一、过去的成功对战略坚持的影响

成功会导致战略坚持吗？很多研究经验表明，在成功与坚持之间存在着因果链条，Lant，Milliken 和 Batra（1992）考察了家具行业和软件行业，研究结果发现，绩效在产业平均水平以上的企业比在平均水平以下的企业在后续的两年里，更少有战略变动的情况。其他学者按照此范式对航空业、半导体、无线广播等多个产业进行长期考察，都得出类似的结论，即过去的绩效水平越高，后续战略改变的可能性越低。但是需要指出的是，只有在企业过去持续保持高绩效的情况下，才会导致一段时间的战略坚持。绩效时好时坏，并不必然出现战略坚持的行为。因此我们这里所说的"成功""过去的成功"或是"历史的成功"，都是指过去持续性的高绩效。

那么为什么成功会导致战略坚持呢？以往的研究给出了各种理论解释，一种解释是基于学习的强化期望模型——正向结果会导致重复性行为。还有一种解释认为，如果企业的某种竞争力已经被过去证明是成功的，那么保持这种能力，往往会比开发一种新的能力会更有效率。第三种解释是说，当企业的绩效已经达到、甚至超过他们的期望水平时，企业将没有动力去改变。显然这三种解释有一些共同点，他们都是基于一个假定，即战略坚持来源于战略决策者的思考过程。第四种解释则是强调了结构约束的作用，该观点认为，过去的成功有助于形成稳固的组织结构，并且增加了来自于股东对组织稳定性的要求（Hannan 和 Freeman，1984），这一约束反过来又制约了决策者改变现有战略的能力。

那么战略坚持会导致怎样的绩效结果呢？理论研究认为，战略坚持对组织而言是一把双刃剑，在环境稳定的情况下，战略坚持是非常有益的，实施已被证明是正确的战略能够提高效率，减少试错成本。同时，有助于在利益相关者面前建立合法性（Hannan 和 Freeman，1984）。战略坚持还促进了学习，因为在环境没有变化的情况下，战略与绩效之间的因果关系是比较明确的，那么通过学习能够改进绩效。此外，战略坚持还可以降低来自经济和社会方面的风险和威胁。

尽管如此，在环境发生重要变化时，诸如出现突破性技术，规制政策改变，贸易壁垒变化等，战略坚持很可能会造成自我毁灭。过去一段时间的成功和对战略的坚持，会让企业忽视环境的变化，对变革时机进行误判，只有出现显著的绩效下滑时才会驱动新的战略（Tushman 和 Romanelli，1985）。实证研究表明，战略坚持的企业与非战略坚持的企业相比，在环境出现不连续的重大变化之后，其业绩更容易下滑。

二、企业坚持失效战略的行为影响因素

在上一部分的分析中，我们区分了战略坚持的两种类型，一种是在环境没有发生变化的情况下，对原有成功战略的坚持，另一种是在环境发生显著变化后，对原有（已失效）战略的坚持，下面我们从决策者行为的角度对后面一种情况做进一步分析。

（一）对绩效满意

当达到目标时会让人感到满意，超出目标的程度越高满意的感受就越强烈。满意是令人愉悦的，会让人产生行动的动力，但是负面作用在于，这种感受会减少个体做出新的适应性反应。同时，满意的较强感受会导致个体把一些危险的信号理解为正面的，从而阻碍了他们质疑采取行动的恰当性。

自满是一个和满意相联系的一个概念，过去的成功不仅让管理者感到满意，还可能导致管理者的自满，使得他们安于现状，并抵制变革。

（二）对现有战略有效性的自信

对一个成功的个体而言，即便他们过去的成就来自于某种机遇或运气，他们也可能把成功的原因归于自身的行为，也就是说把所实施的战略和取得的绩效看做是因果关系。正是基于这样的信念，他们会无比自信，于是不断强化过去努力的行为和对现有战略的坚持。如果导致成功的环境因素没有明显改变，那么坚持过去成功战略是有益处的，但是如果环境条件发生了重大变化，战略坚持就会演变为灾难。因为基于对“过去的成功—战略坚持—高绩效”因果关系的笃信会阻碍企业后续的变革（Kiesler 和 Sproull，1982；Prahalad 和 Bettis，1986）。

（三）自我效能感

根据社会认知理论，对完成某一特定任务的自信程度被称为自我效能感，这是对自己有多大能力去完成任务的一种感知，也是工作成熟度的一个自然结果。显然，人们在一段时期里把任务完成得越好，他们对这项工作未来能够取得的成效就越有信心。

自我效能感通常能够带来以下优势：它能够促使人们设置更高的目标和取得更高的绩效，强化组织承诺，同时，它还有助于选择出有效的战略，以及激励对负面的反馈信息做出积极的响应。

自我效能感是否能够导致未来的高绩效，取决于个体能否对不同环境下完成同一任务产生的绩效进行精准的反馈。如果任务环境和任务本身发生了变化，那么基于过去绩效产生的效能信念，就会对未来做出不准确的判断和引导。如果个体能够预期到任务的变化，并根据新任务的需要重新评估自身的能力，那么就可能会避免形成不正确的效能信念。然而做到这一点并不容易，因为随着成功不断积累，过去的成就对于自我效能信念的形成产生重要的影响，并产生强大的行为惯性。由于错误地认为过去采取的行为未来会依然有效，人们会高估在新的情形下去完成任务的能力。

（四）目标

以往的研究表明，人们在成功之后会倾向于提高目标（Locke 和 Latham，1990）。因为人们认为自己能够从过去成功的经验中学习并取得进步。对企业而言，更高的目标会强化企业把过去成功的战略作为“首选”战略，而无论它们是否真的有效。一旦一个战略成为首选战略，就会形成一种特定的心智模式，从而产生惯性。因此，过去曾经有效的战略即便已经失效，管理者仍然会选择坚持这一战略。如果这一战略和任务相匹配，设置较高的目标会比“尽力而为”的低难度目标更有效。但是当战略和任务不匹配时，设置较高的目标结果反而会更糟。当未来较高的目标和不正确的战略相联系，这种致命的组合就会使企业的绩效出现剧烈下滑。

（五）信息搜索的数量和类型

信息是决策的基础，在战略决策中企业对环境信息进行准确评估非常重要。而个体搜索信息的动力取决于他们对获取额外信息的价值评价，也就是说，管理者对于某个目标的重要性以及某种行为能否达成目标的不确定性的评估会影响其对信息的搜索。由于过去的成功会让人产生一种错觉——目前所做的一切都是有效的、正确的，这会导致他们对环境信息的搜索减少，进而降低了对行为进行纠偏调整的动力。

管理者对环境的认知，很大程度上依赖于搜索的信息量①，于是便形成了以下的逻辑链条——过去的成功导致管理者信息搜索的减少，而搜索到的信息越少，他们对环境变化的感知越迟钝，因此，对过去战略的坚持程度也就越高。

除了信息搜索量会影响企业对失效战略的坚持，信息搜索的类型也是重要的影响因素。由于管理者对运用过去有效的战略实现具有挑战性的目标充满信心，他们往往会搜索能够保持他们正面形象的战略，而拒绝那些质疑其竞争力或是战略调整的建议。毕竟很多取得重大商业成功的领导者是通过坚持自己的判断而取得成功的。这类领导者倾向于接受认同他们观点的和支持现有战略的建议。这样的信息搜索范式会减少外部信息监控的质量，进而降低了管理者根据环境变化进行调整的能力。

---

① Daft, R. L., Weick, K. E. 1984. Toward a model of organizations as interpretation systems. *Academy of Management Review*, 9: 284-295.

第三章 业绩期望差距与跨行业转型

纵观企业发展史，其中有不少知名企业是通过跨行业转型才拥有了今天的一席之地，比如格兰仕一开始是做羽绒加工贸易的，后来变革到了家电领域；宝马一开始是做飞机发动机制造的，后来变革到了汽车制造等；IBM 曾经是 PC 制造商，后来变革为 IT 服务商；比亚迪刚成立时只是生产电池，后来转型为汽车制造商。

据统计，我国上千家上市公司中近四成经历了或者正在经历不同程度的变革，有上百家公司跨行业进入房地产行业（吴利华，2007），2018 年有 93 家新三板公司变更了主营业务，其中有 69 家涉及跨行业转型（胡雨，2018）。面对日新月异的技术变化和消费者需求，为了积极探索新的发展方向、培育新的竞争力，构造持续竞争优势，进行跨行业转型已经成为企业或主动或被动的战略选择之一。本章将基于行为理论和前景理论的视角，讨论业绩期望与跨行业转型的关系，并进一步讨论高管异质性的调节作用。

第一节 文献回顾

一、企业行为理论

企业行为理论（Behavioral theory of the firm）最初是由 Cyert 和 March 在 1963 年提出来的，这个理论将企业的组织行为作为研究对象，建立了关于企业回溯性搜索行为的比较系统的理论，该理论认为组织的决策者会将一个心理上的满意值作为决策的参考点，这一参考点在企业层面上也就是企业的经营期望绩效（aspiration level）。企业行为理论表明，组织的决策者会通过比较组织当前的实际绩效水平与期望绩效水平来评估改变现状的必要性。绩效下降（进一步低于期望水平）会促使决策者开始寻求解决方案，这也被称为“有问题的”搜索，以扭转下降趋势并提高未来绩效（Greve，1998，2003a）。如果决策者最开始面临的问题是熟悉的，那么搜索最开始也是局部的，但如果绩效下滑严重或者持续下降，那么搜索就变得更加急迫，并且考虑的解决方案也会越来越新颖或者越来越具有风险（Greve，1998）。因此，当绩效远低于期望值时，就会出现更大范围的搜索，而随着期望落差的下降，搜索活动也会减少（Greve，1998）。企业行为理论为期望落差促进跨行业转型提供了理论支撑。

企业行为理论认为受制于复杂的经营环境以及决策者自身认知，决策者往往能力有限并且是理性的，因此他们在进行战略决策时，不可能考虑到所有的可能性，面面俱到，而是会用各种不同的方法来简化决策问题和决策程序。在目标制定上，他们往往借助经验的力量对形势做出判断，通过将企业现在的绩效水平与历史或者同业相比较，发现问题并判断决策是否可行。如果企业的绩效水平低于历史水平或者行业平均水平，决策者开始展开问题搜寻，往往将问题定位于企业运营不利、生产效率低下等，为了摆脱当下的不利局面，采取一系列积极的应对措施将企业绩效拉回到目标水平上。

二、前景理论

前景理论（prospect theory）是由 Kahneman 和 Amos Tversky 在 1979 年提出来的，该理论探讨了人们在损失（loss）和获得（gain）两种不同状态下的风险偏好。该研究发现人们在获得（gain）状态下，大多是风险规避的，他们享受当下的舒适环境，缺乏变革的动力；而当人们处于损失（loss）状态时，大多数是风险偏好的，他们开始采取一系列的行动来改变当前的状况，人们往往对于损失比获得更加敏感。因此，达到企业经营期望值、业绩良好的企业往往安于现状，不愿意冒险做出变革，而那些未达到企业经营期望值，业绩不佳的企业往往会冒险做出变革。此外，业绩不佳给管理者带来的痛苦会远远大于业绩良好给管理者带来的快乐感。前景理论在组织行为理论的基础上，进一步为决策者在业绩不佳的情况下采取冒险性的战略转型理论提供了支持。

三、经营期望的相关研究

处于经营困境下的企业会倾向于战略转型还是安于现状，学者们并没有得出一致的结论，甚至他们的结论完全相反，并且他们的结论都有相应的理论作为依据。

Stawet 等在 1981 年提出了威胁—刚性理论，该理论认为企业在穷困状态下更可能采取刚性行为，变得更加谨慎保守，而不是变革，这是因为企业在穷困状态下资源更加匮乏，信息处理能力变弱，以至于企业没有能力和资源选择冒险性活动。威胁—刚性理论得到了一些学者的支持，比如 Balcaen 等（2011）研究表明，当企业陷入濒临破产的穷困状态时，企业高管在高度压力下往往会倾向于选择消极的收缩战略，而非对企业资源进行大规模的重新配置，冒险变革。

而与此相对的，大部分国内外学者都倾向于支持企业行为理论。企业行为理论认为企业战略决策受企业当前绩效与期望绩效对比结果的影响，当企业绩效低于期望时，企业的决策者会采取一系列积极措施以期能够扭转绩效（Cyert 和 March，1963）。因为当前关于期望差距与企业跨行业转型的相关研究较少，本节的文献综述部分将其扩展到企业行为的其他方面，这也进一步表明了经营期望落差对企业跨行业转型决策的影响。

现有的研究表明企业的经营期望对企业的战略转型、研发投入、资产重组以及企业绩效均有影响。连燕玲等（2014）认为企业经营期望落差会使企业管理者意识到企业在战略实施、产品布局、生产研发、市场推广等方面存在的问题，且随着期望差距的进一步扩大，企业以及管理者自身的声誉和合法性都将受到威胁，为了规避损失、重拾投资者信心，企业一般会采取一系列的变革向外界表明自己解决问题的积极态度，并且充足的组织资源和丰腴的市场环境会强化决策者在期望落差情境下实施变革的程度，而国企背景和欠发达的区域制度环境会约束管理者在此情境下实施变革的强度（连燕玲等，2015）。Chen（2008）通过对 1980—2001 年间的美国制造业上市公司的实证研究发现当企业实际绩效低于期望值时，企业会增加研发支出，通过探索新的途径来改变现状。我国学者王菁等（2014）也发现企业的负向绩效反馈会加强企业的研发支出以及企业的慈善捐赠行为。Shimizu（2007）将企业行为理论与威胁—刚性理论相结合来研究企业的资产剥离行为，通过实际绩效与期望绩效之间的对比得出企业亏损与盈利的正常点以及濒临破产的损失点，当企业绩效处于正常点范围内时，企业决策者倾向于风险追寻，而企业绩效一旦达到损失点，企业决策者会更倾向于资产剥离。我国学者甘颖琳（2015）通过对2009—2013年在创业板上市的家族企业进行实证研究发现，当企业的实际绩效高于期望绩效水平时，管理者会减少并购行为，相反，当企业绩效低于经营期望时，家族企业并购的可能性会加大。

通过对企业经营期望的有关文献进行研究，不难发现经营期望落差是引起企业战略转型、资产重组、研发投入等一系列企业行为的重要因素。然而，目前关于经营期望与企业跨行业转型的研究并不多，我国上市公司的跨行业转型决策是否同样受到经营期望的影响还需要进一步探讨。

四、跨行业转型相关研究

国外学者在关于企业跨行业转型的研究中主要侧重于概念的界定、跨行业转型前后价值链的变迁、新旧核心竞争力的转变和培育以及变革过程中产品的创新等。Stephen Chen（2000）认为企业转型是以企业的核心竞争力为核心，挑选出适合企业的发展方向、组织架构以及企业文化等，从而进行变革。James Martin（1995）认为企业转型是为了更好地顺应环境的变化，整合企业现有资源，改变价值链条，优化企业组织结构，从而培养新的竞争优势，提高企业竞争力的战略过程。Jonathan D. Day 和 Michael Jung（2001）认为在企业变革过程中，应主动打破之前的固有模式，加快变革速度。Michael Porter（2008）认为如果企业处在一个衰退行业中，即使企业在行业内占据竞争优势，其获利空间也是十分有限的，且无论其如何提高竞争优势也不会有太大的作用，因此，他建议企业采用局部领导或者撤出投资资金等方式，当然，如果企业竞争力不强，即使处在一个新兴行业中也不会取得预期的效果。Richard Foster（2001）通过技术演化S曲线法分析了行业变迁及企业变革，而 Michael L. Tushman（2001）主要从组织、创新方面对企业缺乏竞争力的原因展开分析。

国内学者对于跨行业转型的研究大多从影响公司进行跨行业转型的因素、跨行业转型绩效、跨行业转型特征与风险控制等方向进行研究。以下从三方面对跨行业转型的国内相关文献进行回顾：（1）跨行业转型的风险控制。综合相关研究不难发现，大家对跨行业转型行为是一种高风险活动达成了一致意见，吴利华、李廉水等学者（2014）研究指出，企业在行业选择、变革期间的控制以及转型后的企业管理上都存在风险，这也是企业变革面临的主要困难；刘希宋和曹霞（2006）通过研究发现，企业在跨行业转型时面临的风险主要包括管理风险、技术风险、财务风险以及市场环境风险等。贺小刚（2001）提出原有业务的退出以及新行业的进入有利于充分利用资源、降低企业经营风险，实现可持续发展。（2）影响跨行业转型的因素。王震声和吕涛（1999）通过研究发现，企业的经营目标、行业进出壁垒以及原行业与新行业的关联性都会影响企业的行业选择。钟朋荣（2004）认为企业在跨行业转型决策问题上应着重考虑新旧两个行业的资源相关性，相关变革或者就近变革可以共享变革前的技术、品牌、有形资产等资源，变革也更容易成功。姜勇和修国义（2007）从企业内部和外部环境两个层面出发，分析影响企业战略转型的因素，主要包括国家政策因素，变革前后的关联性以及外部环境变化，这些因素同样也关乎着企业的战略转型是否会取得成功。（3）跨行业转型绩效。雷斌斌（2010）通过实证研究发现，跨行业转型总体上提高了企业绩效，但切不可在不考虑企业实际情况下盲目转型。江艳楠等人（2009）通过对2003—2007年的50多家上市公司进行实证研究，发现企业主营业务转型会给企业绩效带来正向的影响。

回顾之前的研究我们可以发现，跨行业转型是企业摆脱衰退，建立新的竞争优势，获得可持续发展的重要战略途径，不但事关企业自身的生存发展，也涉及到国家及产业的优化升级，因此，对于跨行业转型的研究具有重要的现实意义。以往的研究分析了影响企业变革的众多因素，然而对于企业决策的参考点问题却并未涉及，本书从绩效反馈的角度出发，研究何种程度的绩效压力会影响企业的跨行业转型，并分析这种影响的作用机理，以期能为企业的跨行业转型实践提供一些启示。

第二节　理论分析与研究假设

一、期望落差与企业跨行业转型

企业行为理论（Behavioral theory of the firm）是关于组织绩效评价、搜寻以及决策制定的系统理论（Cyert 和 March，1963），其主要贡献是建立了基于业绩反馈的决策模型（Greve，2003a），即组织的决策者会通过比较组织的当前绩效水平与期望水平（aspiration level）来评估改变现状的必要性，决定后续的行为选择。当企业的实际绩效低于期望水平时，为了促使企业绩效回到期望水平，管理者会积极实施探索行为（Cyert and March，1963），且随着期望落差的扩大，企业探索的解决方案也越来越新颖，风险性也越来越大（Greve，1998）。

因此，当企业实际绩效低于期望业绩的差距越大，企业对风险忍受的程度也会随之提高，实施变革的动机和程度也会越大，此时更倾向于实施冒险变革行为——跨行业转型。具体原因如下：第一，高于期望水平的经营状态往往会使管理者对过去的经营战略和管理经验产生认同感，大多数企业会倾向于维持现状，而实际绩效低于期望水平时，管理者会对组织当前的经营战略、内部管理等产生质疑（Greve，2003a），降低了他们的自负心理，从而更容易接受跨行业转型。第二，当企业的实际绩效低于期望绩效时，组织的利益相关者会对企业的合法性产生质疑，为了重建外部合法性和社会声誉，企业会通过战略转型显示自己应对问题的积极态度，重拾利益相关者信心（Oliver，1992）。第三，根据期望理论，人们对于损失比获得更加敏感（Kahneman 和 Amos Tversky，1979），随着企业期望落差的扩大，组织的风险忍受程度也会随之提高，管理者为了维持自己在劳动市场上的声望，会进行积极的问题搜寻活动，推动战略转型的实施，改善企业绩效。总之，期望落差会使企业管理者或主动或被动地进行问题搜寻，找到解决组织当前问题的最佳方法，并且随着期望落差的增大，企业的风险忍受程度也会随之提高，此时，做出风险程度最高的战略转型——跨行业转型决策的几率也会增加。

企业行为理论（Cyert 和 March，1963）认为决策者在决策过程中会选择一个心理上的满意值作为参考点，在组织层面这一参考点就是企业经营的期望水平（aspiration level）。以往的学者大多将历史期望作为参考点，认为企业更倾向于与过去的自己比较，而忽略了行业环境变化造成的相对困境（周建等，2015），认为除非环境发生剧烈变化，大多数企业不愿接受战略转型。本书借鉴连燕玲等（2012）的研究，将历史期望和行业期望同时纳入研究范畴，认为企业不但关注当前的经营困境，也关注企业的未来发展，历史期望落差和行业期望落差都会导致企业的冒险战略转型。

基于上述分析，笔者认为业绩期望落差是促使企业做出跨行业转型决策的重要动机之一，因此，提出以下假设：

H1：历史期望差距与企业跨行业转型决策正相关，即历史期望越大，企业跨行业转型的可能性越大。

H2：行业期望差距与企业跨行业转型决策正相关，即行业期望越大，企业跨行业转型的可能性越大。

二、高管团队异质性的调节机制

跨行业转型实施以战略决策为起点，作为企业战略决策的直接制定者，高管团队直接关乎决策能否顺利产生和执行。高管团队作为一个团体，拥有单个领导者所没有的知识、资源和眼界，能够促进对经营环境的全面认识和理解，高管团队的战略决策能力是企业应对环境变化，维持可持续发展的重要战略途径。在前期期望落差与企业的战略选择的研究中，都默认 TMT 是同质性的，而忽略了 TMT 异质性的影响，这也有可能是前期研究中得出截然相反结论的原因。

（一）TMT 年龄异质性调节作用的研究假设

一般来说，年龄相近的个体往往处于相近的时代背景，拥有相似的经历，在认识事物的角度和过往经历上更容易产生共鸣，因而比起其他团队成员，有更大的可能性相处融洽，提高彼此间的认同感。这种认同感又使得他们在决策的时候，对于同一事物或者同一问题产生相同或相近的看法，从而很快得出一致结论。Hambric（1984）研究发现，年龄较小的管理者的风险忍受能力也更高，相比于年龄较大的管理者，他们更倾向于进行冒险性决策，而这也有益于促进他们的职业发展，建立独特的合法性和声誉。而年龄较大的管理者由于要维护自身的职务和公司的财务安全（Wu Y，2011），且考虑到面对复杂的经营环境，其信息的收集、分析和处理能力也有所降低，所以其更倾向于规避冒险性决策。由此我们不难看出，不同的年龄对冒险变革决策的理解和承受能力也不同。

虽然较大的年龄异质性可以对企业的期望落差情境提供多元化的视角和观点，加深对企业经营现状的理解，同时也有助于避免在决策时的极端情况，比如极端的风险规避或者极端的风险偏好。但是，由于不同的年龄对风险的承担能力也不同，因此他们对于冒险变革行为的看法差异较大，对于是否要采取冒险变革行为以及采取何种战略转型来应对期望落差不容易达成共识，企业采取冒险变革行为的可能性也因此降低。基于此，我们提出以下假设：

H3a：TMT 年龄异质性削弱了历史期望落差对企业跨行业转型行为的正向影响。

H3b：TMT 年龄异质性削弱了行业期望落差对企业跨行业转型行为的正向影响。

（二）TMT 教育水平异质性的调节作用的研究假设

纵观之前的研究，学者们将 TMT 教育异质性分为教育背景异质性和教育水平异质性。由于之前对教育背景异质性的研究缺乏科学性，且与本书的职能背景存在重合之处，本书只探讨 TMT 教育水平。周建和李小青（2012）认为一个人所受到的教育水平，很大程度上会对一个人的认知结构与知识技能产生重要影响，进而影响其行为处事的方式。部分学者认为高管团队中教育水平差异过大，往往容易出现认知上的显著差别，教育水平较高的高管可能需要花费额外的时间来进行本不需要的解释，而被教育者鉴于其自身的地位又会不同程度对其产生抵触心理，这样的过程不利于形成统一的意见，降低战略转型的效率和效果（Knight，1999）；另一部分学者则认为高管团队成员教育水平的差异并不能否定其通过自身实践所获得的一手经验，教育水平差异化能够为企业的战略决策提供多样化的视角和知识，有助于全面且更为务实地对战略决策进行分析与制定，推进变革的开展与实施（Smith，1994）。Kevin 和 Patrick（2012）通过对选取的上市公司进行研究发现高管团队成员教育水平的差异更容易导致对同一问题产生分歧，难以准确地判断环境中所蕴含的机遇和挑战，引发团队的不和谐氛围，不利于企业的战略转型。立足于中国的国情，魏立群等（2002）选取了 A 股上市公司为研究对象，发现高管团队教育水平异质性越大，企业的绩效呈下降趋势。贺远琼（2010）通过实证检验，发现高管团队教育水平差异性越小，企业更容易实施多元化战略。因此，提出假设：

H4a：TMT 教育水平异质性削弱了历史期望落差对企业跨行业转型行为的正向影响。

H4b：TMT 教育水平异质性削弱了行业期望落差对企业跨行业转型行为的正向影响。

（三）TMT 职能背景异质性的调节作用的研究假设

如果管理者所在的行业不同或者所处的职能部门不同，他们所具备的偏好、知识结构、处事方法以及认知模式也会有很大的不同，这也会进而影响整个企业的战略选择。举例来说，如果一个企业高管是生产职能背景出身，他可能更关注于更新生产设备、引进先进技术，提高技术水平；如果一个企业高管是金融财务背景出身，他可能会更关注于企业财务安全，合理地进行投资融资；如果一个企业高管是管理职能背景出身，他会更加关注工作流程设计等问题。一般而言，面对同一问题或者情境，相同或者类似部门的管理者得出的结论也更加相似（Dearborn and Simon，1958）。因此，如果团队成员之间的职能背景较为单一，那么对同一问题得出的结论也会比较片面，视野也会相对狭隘。而职能背景较高的管理团队对外部经营环境更为敏感，能对同一事件提出更多的认识和看法，所获得的信息量和决策方案要比单一职能背景的团队要多得多（Weick，1987），也会更加适应复杂动态的经营环境（Hambrick 和 D'Aveni，1992）。我国学者杨俊等（2010）通过实证检验发现那些更能设计出差异化交易结构的注重营造对抗式冲突氛围的创业团队，往往职能背景异质性越高。此外，研究发现，团队职能背景异质性越高，采取进攻性战略、创新战略的可能性也越大（Hambrick、Cho 和 Chen，1996；Bantel 和 Jackson，1989）。

在期望落差情形下，差异化的高管职能背景可以提高团队的信息甄别、收集和处理能力，从更广的范围、更深刻的层次来理解企业的经营现状，提供企业需要的多种技能和资源，丰富企业的战略决策，使企业在错综复杂的环境中准确地把握机会，为战略转型的提出与推进带来有益的影响。据此，我们假设：

H5a：TMT 职能背景异质性增强了历史期望落差对企业跨行业转型行为的正向影响。

H5b：TMT 职能背景异质性增强了行业期望落差对企业跨行业转型行为的正向影响。

（四）TMT 任期异质性调节作用的研究假设

高管团队任期也就是团队成员在该公司或者该团队工作时间的长短，它代表了对公司的了解程度、知识积累以及团队默契程度。任期是一种宝贵的无形资产和财富，它可以丰富并且增加人力资本的价值（Cheng，2010）。团队成员在企业中的任期较长，往往对企业的愿景、目标和发展战略理解较为深刻，且长期的共事经历会增强团队成员之间的默契程度，冲突较少，但也会增强组织惯性，使得团队成员对企业现状保持较高的政治承诺，或者害怕危及自身既得利益，往往会抵制变革（Hambrick，1996）。而任期较短的高管团队成员则带有较低的组织承诺，会给企业带来新的视角和想法，俗话说“新官上任三把火”，研究表明新 CEO 的上任会促使企业进行战略转型。综上，任期长的团队成员对企业自身发展的认识比较深刻，而任期较短的成员对外部环境认识比较深刻，因此，当高管团队任期异质性较大时，对组织战略的理解就越全面，也更容易产生多样的观点，推动企业主动进行变革，从而对企业的发展产生积极影响。

当企业实际绩效低于期望绩效水平时，任期异质性较大的高管团队成员具有不同视角和多元化观点，他们在结合自身的工作经验和对公司及外部环境的了解程度后，往往能对期望落差得出更加深刻的理解，响应期望落差、做出战略转型的速度可能会更快。例如，Athanassion（1999）通过实证研究发现团队的任期异质性水平越高，决策水平也越高，其团队成员能为企业的国际化战略提供更多的发展方案。Murmann 和 Tushman（1997）通过实证研究发现团队的任期异质性与企业响应环境冲击的速度呈负相关关系，即 TMT 任期异质性越大，响应时间越短。Wu（2011）和 Tihanyi（2000）等研究发现，任期异质性高的团队更倾向于冒险变革行为。因此，我们假设：

H6a：TMT 任期异质性增强了历史期望落差对企业跨行业转型行为的正向影响。

H6b：TMT 任期异质性增强了行业期望落差对企业跨行业转型行为的正向影响。

第三节 实证研究设计

一、样本选择与数据来源

由于证监会最新的《上市公司行业分类指引》于 2012 年 10 月颁布，为统一行业代码，本书选取 2012—2017 年间持续经营的 A 股上市公司为基础样本。为了保证研究的质量，我们根据以往的研究和本书的研究主题，对样本企业进行了严格的筛选，具体步骤如下：

（1）为了保证企业财务数据的可比性，剔除了样本中的金融类企业。

（2）剔除 ST、＊ST、SST 上市公司。

（3）剔除了一些财务数据缺失，高管团队成员资料不全以及其他所需信息不完整的企业。

由于本书的相关指标的测算需要前 4 年和后 1 年的数据，故最终样本年度区间确定在 2014—2016 年。通过上述步骤筛选并结合研究需要，本书最终获取了 2014—2016 年共 1331 家平衡面板样本，共计 3993 个观测值。

本章实证部分所使用的数据大多来源于国泰安数据库中中国上市公司治理结构数据库、中国上市公司财务报表数据库和上市公司基本信息数据库。此外，对于缺失的数据，本书通过查阅巨灵数据库、公司年报等对数据进行进一步的补充，以确保数据的可靠性。

二、变量界定

（一）被解释变量——跨行业转型 Ct

回顾之前的研究，学者们对企业跨行业转型的判别往往是根据企业所属行业代码的变动来衡量的（吴利华，2004；雷斌斌，2010）。中国证监会在 2010 年 10 月颁布了《上市公司行业分类指引》，该指引将上市公司的经济活动分为门类、大类两级，门类代码用拉丁字母 A、B、C 等代表，大类代码用两位阿拉伯数字 01、02、03 等代表。比如，门类 A 代表农、林、牧、渔业，大类 A01 代表农业，A02 代表林业，A03 代表畜牧业，A04 代表渔业，A05 代表农、林、牧、渔服务业，该指引总共划分了 19 个门类及 90 个大类。

该行业划分标准是以上市公司公开披露的营业收入情况进行划分的：当公司某类业务的营收比重大于等于 50% 时，则公司归于该业务对应的行业；如果上市公司中的所有业务都没有大于等于 50% 的，但某类业务的收入和利润均在所有业务中最高，且占到企业总收入和利润的 30% 及以上，则将公司划入该行业；分类还不明确的，由专家委员会根据公司的实际经营状况进行划分或者划入综合类。

中国上市公司协会对已上市公司行业分类结果进行定期重新确认或变更。原则上未发生重大资产重组的公司，每年依据上市公司年报调整一次，纳入第二季度的行业分类工作；完成重大资产重组的公司，依据重大资产重组相关公告，纳入最近季度的上市公司行业分类。

根据此标准，本书将跨行业转型设定为二元虚拟变量，认为如果上市公司的行业代码发生变化，就认为该公司发生了跨行业转型，赋值为1，否则，认为公司未发生跨行业转型，赋值为0。

（二）解释变量

本书将解释变量期望落差划分为历史期望落差和行业期望落差两个维度，具体解释如下：

1. 历史业绩期望落差 hisgap（$P_{i,t-2} - A_{i,t-2}$）

由于总资产报酬率（ROA）的合成效果较好，代表企业的综合营收能力，以往的学者往往用其衡量企业的绩效水平（Bro - miley，1991；Greve，2003；Chen，2008）。由于企业的后续决策行为相对于企业期望差距具有滞后性，并且企业行业代码的变更也具有滞后性，结合企业实际和前人研究，自变量期望落差相对于因变量跨行业转型取了滞后两期的业绩水平，历史业绩期望的具体计算公式如下所示（Chen，2008）：

$$A_{i,t-2} = (1 - \alpha_1) P_{i,t-3} + \alpha_1 A_{i,t-3} \qquad (3-1)$$

其中 $A_{i,t-2}$代表企业 i 第 t－2 期的历史业绩期望，$P_{i,t-2}$代表企业 i 第 t－2 期的实际业绩，α_1代表权重，在0－1之间进行取值。因为不同的权重取值会影响$A_{i,t-2}$的计算结果，为增强检验结果的可靠性，我们将 α_1从 0 开始取值，每次增加0.1，然后对不同的 $A_{i,t-2}$结果进行检验，得出的研究结论基本一致。由于本书篇幅有限，我们仅汇报了 $\alpha_1 = 0.4$ 时的检验结果（Chen，2008）。也就是说，企业 t－2 期的历史期望落差是企业在 t－3 期的实际绩效（权重为0.6）和 t－3 期的历史业绩期望（权重为0.4）的加权组合。企业的实际绩效 $P_{i,t-2}$与历史业绩期望 $A_{i,t-2}$之差也就是企业的历史业绩期望差距，如果 $P_{i,t-2} - A_{i,t-2} < 0$，则认为企业 i 在 t－2 期的实际绩效低于历史业绩期望，处于期望落差状态；反之，如果 $P_{i,t-2} - A_{i,t-2} > 0$，则认为企业 i 在 t－2 期的实际绩效高于历史业绩期望，处于期望顺差状态。

本书借鉴连燕玲等（2014）的研究，解释变量历史期望落差 hisgap 采取截尾的历史期望差距，即如果历史业绩期望变量（$P_{i,t-2} - A_{i,t-2}$）<0，则判定企业处于历史期望落差状态，解释变量取（$P_{i,t-2} - A_{i,t-2}$）的绝对值，反之，取值为0。

2. 行业业绩期望落差 indgap（$P_{i,t-2} - IE_{i,t-2}$）

与上面的方法一样，行业业绩期望的计算公式如下（Chen，2008）：

$$IE_{i,t-2} = (1 - \alpha_1) IP_{i,t-3} + \alpha_1 IE_{i,t-3} \qquad (3-2)$$

其中 $IE_{i,t-2}$代表企业 i 在 t－2 期的行业业绩期望，$IP_{i,t-3}$代表企业 i 在 t－3

期所在行业内全部企业的实际绩效的中位数，α_1代表权重，取值0－1。与上文相同，我们仅列示了$\alpha_1=0.4$时的检验结果。所以，企业i在t－3期的行业业绩期望值（$IE_{i,t-3}$）是行业中位数$IP_{i,t-3}$（权重为0.6）和行业业绩期望$IE_{i,t-3}$（权重为0.4）的加权组合。企业实际绩效（$P_{i,t-2}$）与行业业绩期望（$IE_{i,t-2}$）的差值也就是企业的行业业绩差距。

与历史业绩期望落差定义相同，行业业绩期望落差indgap采取截尾的行业期望差距。即如果行业业绩期望变量（$P_{i,t-2}-IE_{i,t-2}$）<0，则判定企业处于行业落差状态，解释变量取其绝对值，反之，取值为0。

（三）调节变量

本书的调节变量为TMT异质性，具体包括年龄异质性（$hage_{i,t-2}$）、任期异质性（$hten_{i,t-2}$）、教育水平异质性（$hedu_{i,t-2}$）和职能背景异质性（$hfun_{i,t-2}$）。鉴于数据的可获得性与我国企业实践，本书对高管团队的界定与国泰安数据库保持一致：即包括在公司年报中披露的具有副总裁、副总经理、总会计师、总经济师、总工程师等以上层级的高级管理人员，以及年报上公布的其他管理人员（包括董事中兼任的高管人员）。

对于高管团队异质性系数的测量，本书采用张平（2005）的实证研究方法，TMT的年龄异质性和任期异质性这类连续变量采用变异系数来测量，即标准差除以平均数，变异系数越小，代表高层管理团队成员之间的年龄、任期差异也就越小。TMT的教育异质性和职能背景异质性这类类别变量采用赫芬达尔系数计算，其公式为：

$$H=1-\sum_{i=0}^{n}P_i^2 \tag{3-3}$$

其中，P_i指高管团队中第i类的成员在团队中所占的百分比。H值越小，说明教育异质性或职能背景异质性越小。对于高管教育水平和职能背景的划分，我们参照国泰安数据库的划分标准，具体如下表3－1：

表3－1　　高管成员的学历分类和职能分类

高层管理团队的学历分类	高层管理团队职能分类
1. 中专及中专以下	1. 生产
2. 大专	2. 研发
3. 本科	3. 设计
4. 硕士	4. 人力资源

续表

高层管理团队的学历分类	高层管理团队职能分类
5. 博士	5. 管理
6. 其他 （以其他形式公布的学历，如荣誉博士、函授等）	6. 市场
	7. 金融
	8. 财务
	9. 法律

（四）控制变量

在研究期望落差与企业跨行业转型的关系时，必然存在多种其他因素的潜在影响，参考前期研究，本书考虑将以下因素作为控制变量：

1. 所有权性质。不同的所有权性质会对其经营风格和决策方式产生显著的影响。尤其在我国，国有制企业和非国有制企业在治理结构和政策环境上的差异十分明显。本书将实际控制人为国务院国资委，中央各部委，地方国资委和地方政府控制的企业界定为国有企业，当最终控制人是民营企业或外企控股的企业时，将其划分为非国有企业，并采用虚拟变量来对企业性质进行赋值，国有企业赋值为1，非国有企业赋值为0。

2. 冗余资源。冗余资源可以增加企业的战略柔性，为企业战略转型提供支持。本书选用权益负债率来衡量企业冗余资源的丰富程度。

3. 企业规模。企业规模作为企业实力的一部分，对战略转型有着重要影响。部分学者认为，企业规模较大的，不利于战略转型的实施。但也有学者通过实证检验发现企业规模的大小，会在不同程度上对战略转型起推动作用。因此，本书将其作为研究的控制变量之一，采用总资产的对数来对其进行衡量。

4. 企业寿命。企业的寿命越长，其组织惯性也就越大，企业做出重大战略转型的可能性也就越小。本书将企业寿命作为控制变量，用当年与企业创立年份的差值取自然对数来表示。

5. 股权集中度。以往的研究发现，股权集中度会影响企业的战略决策，股权越分散，越难以对企业的决策方案达成共识。本书选用前10位股东持股比例之和来表示公司股权集中度。

6. 资产专用度。公司的专用性资产一般只用于企业原来的行业中，如果企业变革的跨度较大，则公司原有的专用型资产无法利用，只能以较低的价格出售，产生较高的变革成本。在本书中，我们用固定资产与无形资产占总资产的比重来表示企业的资产专用度。

7. 行业虚拟变量。企业所属的细分行业不同，其所面临的竞争程度就会存在差异，进而导致企业的战略转型也会有所不同。本书的研究样本共涉及 18 个行业，因此我们设置了 17 个行业虚拟变量。

8. 年度虚拟变量。本书选取了 2014—2016 年 3 年的数据进行研究，由于每个年度的经营环境可能会不同，因此本书设置了 2 个年度虚拟变量。

本书的各变量定义如表 3 -2 所示：

表 3 -2　　　　变量定义

变量名称	指标说明
历史期望落差（hisgap）	当（$P_{i,t-2}-A_{i,t-2}$）≤0 时，hisgap = $\|P_{i,t-2}-A_{i,t-2}\|$，反之，hisgap 取值为 0
行业期望落差（indgap）	当（$P_{i,t-2}-IE_{i,t-2}$）≤0 时，indgap = $\|P_{i,t-2}-IE_{i,t-2}\|$，反之，indgap 取值为 0
跨行业转型（ct）	虚拟变量，所属行业代码发生变化则视为发生跨行业转型，赋值为 1，否则赋值为 0
变革绩效（tp）	$(ROA_{2017}+ROA_{2016})/2-(ROA_{2011}+ROA_{2012})/2$
年龄异质性（hage）	变异系数，团队成员年龄标准差/团队成员年龄均值
任期异质性（hten）	变异系数，团队成员任期标准差/团队成员任期均值
职能背景异质性（hfun）	赫芬达尔 - 赫希曼指数，$H=1-\sum_{i=1}^{n}P_i\hat{}2$，$P_i$表示第 i 类成员所占的百分比。H 值越接近 1，表示成员异质性越高；H 值越接近 0，表示成员越相似
教育水平异质性（hedu）	赫芬达尔—赫希曼指数，同上
冗余资源（slack）	所有者权益/负债
企业寿命（lnage）	企业创建年限取自然对数
企业规模（scale）	总资产取自然对数
资产专用性（spec）	（固定资产 + 无形资产）/总资产
股权集中度（stock10）	前十位股东持股比例之和
控制权性质（nature）	国有赋值为 1，其他赋值为 0
年度变量（year）	样本涉及 3 年的数据，设置 2 个年度虚拟变量
行业变量（industy）	样本企业涉及 18 个行业，设置 17 个行业变量

三、模型设定

本研究主要针对期望落差对企业跨行业转型的影响展开实证分析，并进一步验证 TMT 异质性对上述两者关系的调节作用。借鉴有关研究结果，我们建立了以下几个模型来验证本章的假设。

$$Y = logit(P_{i,t-2}) = \ln\left(\frac{P_{i,t-2}}{1-P_{i,t-2}}\right) = \beta_0 + \beta_1 Hisgap_{i,t-2} + \beta_2 X_{i,t-2} + \varepsilon_{i,t-2} \quad (3-4)$$

$$Y = logit(P_{i,t-2}) = \ln\left(\frac{P_{i,t-2}}{1-P_{i,t-2}}\right) = \beta_0 + \beta_1 Hisgap_{i,t-2} + \beta_2 Hage_{i,t-2} + \beta_3 Hisgap_{i,t-2} \times Hage_{i,t-2} + \beta_4 X_{i,t-2} + \varepsilon_{i,t-2} \quad (3-5)$$

$$Y = logit(P_{i,t-2}) = \ln\left(\frac{P_{i,t-2}}{1-P_{i,t-2}}\right) = \beta_0 + \beta_1 Hisgap_{i,t-2} + \beta_2 Hedu_{i,t-2} + \beta_3 Hisgap_{i,t-2} \times Hedu_{i,t-2} + \beta_4 X_{i,t-2} + \varepsilon_{i,t-2} \quad (3-6)$$

$$Y = logit(P_{i,t-2}) = \ln\left(\frac{P_{i,t-2}}{1-P_{i,t-2}}\right) = \beta_0 + \beta_1 Hisgap_{i,t-2} + \beta_2 Hfun_{i,t-2} + \beta_3 Hisgap_{i,t-2} \times Hfun_{i,t-2} + \beta_4 X_{i,t-2} + \varepsilon_{i,t-2} \quad (3-7)$$

$$Y = logit(P_{i,t-2}) = \ln\left(\frac{P_{i,t-2}}{1-P_{i,t-2}}\right) = \beta_0 + \beta_1 Hisgap_{i,t-2} + \beta_2 Hten_{i,t-2} + \beta_3 Hisgap_{i,t-2} \times Hten_{i,t-2} + \beta_4 X_{i,t-2} + \varepsilon_{i,t-2} \quad (3-8)$$

$$Y = logit(P_{i,t-2}) = \ln\left(\frac{P_{i,t-2}}{1-P_{i,t-2}}\right) = \beta_0 + \beta_1 Indgap_{i,t-2} + \beta_2 X_{i,t-2} + \varepsilon_{i,t-2} \quad (3-9)$$

$$Y = logit(P_{i,t-2}) = \ln\left(\frac{P_{i,t-2}}{1-P_{i,t-2}}\right) = \beta_0 + \beta_1 Indgap_{i,t-2} + \beta_2 Hage_{i,t-2} + \beta_3 Indgap_{i,t-2} \times Hage_{i,t-2} + \beta_4 X_{i,t-2} + \varepsilon_{i,t-2} \quad (3-10)$$

$$Y = logit(P_{i,t-2}) = \ln\left(\frac{P_{i,t-2}}{1-P_{i,t-2}}\right) = \beta_0 + \beta_1 Indgap_{i,t-2} + \beta_2 Hedu_{i,t-2} + \beta_3 Indgap_{i,t-2} \times Hedu_{i,t-2} + \beta_4 X_{i,t-2} + \varepsilon_{i,t-2} \quad (3-11)$$

$$Y = logit(P_{i,t-2}) = \ln\left(\frac{P_{i,t-2}}{1-P_{i,t-2}}\right) = \beta_0 + \beta_1 Indgap_{i,t-2} + \beta_2 Hfun_{i,t-2} + \beta_3 Indgap_{i,t-2} \times Hfun_{i,t-2} + \beta_4 X_{i,t-2} + \varepsilon_{i,t-2} \quad (3-12)$$

$$Y = logit(P_{i,t-2}) = \ln\left(\frac{P_{i,t-2}}{1-P_{i,t-2}}\right) = \beta_0 + \beta_1 Indgap_{i,t-2} + \beta_2 Hten_{i,t-2} + \beta_3 Indgap_{i,t-2} \times$$

$$Hten_{i,t-2} + \beta_4 X_{i,t-2} + \varepsilon_{i,t-2} \tag{3-13}$$

其中，被解释变量为企业跨行业转型与否，发生变革赋值为1，否则赋值为0。$Hisgap_{i,t-2}$、$Indgap_{i,t-2}$是解释变量，分别表示滞后两期的历史期望落差和滞后两期的行业期望落差。$Hage_{i,t-2}$、$Hedu_{i,t-2}$、$Hfun_{i,t-2}$、$Hten_{i,t-2}$是调节变量，分别表示滞后两期的TMT年龄异质性、教育水平异质性、职能背景异质性和任期异质性。tp是检验跨行业转型效果模型中的因变量，代表样本企业在样本期间的绩效改善程度。模型中，$X_{i,t-2}$代表多个控制变量，包括企业年龄、企业规模、冗余资源、资产专用性、股权集中度、所有权性质、年度虚拟变量以及行业虚拟变量。

模型（3－4）主要检验历史期望落差（$Hisgap_{i,t-2}$）与企业跨行业转型（$ct_{i,t}$）的关系；模型（3－5）是在模型（3－4）的基础上，增加了TMT年龄异质性（$Hage_{i,t-2}$）和历史期望落差（$Hisgap_{i,t-2}$）的交乘项（$Hisgap_{i,t-2} \times Hage_{i,t-2}$），以检验TMT年龄异质性对历史期望落差与企业跨行业转型关系的调节效应；模型（3－6）是在模型（3－4）的基础上，增加了TMT教育水平异质性（$Hedu_{i,t-2}$）和历史期望落差（$Hisgap_{i,t-2}$）的交乘项（$Hisgap_{i,t-2} \times Hedu_{i,t-2}$），以检验TMT教育水平异质性对历史期望落差与企业跨行业转型关系的调节效应；模型（3－7）是在模型（3－4）的基础上，增加了TMT职能背景异质性（$Hfun_{i,t-2}$）和历史期望落差（$Hisgap_{i,t-2}$）的交乘项（$Hfun_{i,t-2} \times Hisgap_{i,t-2}$），以检验TMT职能背景异质性对历史期望落差与企业跨行业转型关系的调节效应；模型（3－8）是在模型（3－4）的基础上，增加了TMT任期异质性（$Hten_{i,t-2}$）和历史期望落差（$Hisgap_{i,t-2}$）的交乘项（$Hten_{i,t-2} \times Hisgap_{i,t-2}$），以检验TMT任期异质性对历史期望落差与企业跨行业转型关系的调节效应。

模型（3－9）主要检验行业期望落差（$Indgap_{i,t-2}$）与企业跨行业转型（$ct_{i,t}$）的关系；模型（3－10）是在模型（3－9）的基础上，增加了TMT年龄异质性（$Hage_{i,t-2}$）和行业期望落差（$Indgap_{i,t-2}$）的交乘项（$Indgap_{i,t-2} \times Hage_{i,t-2}$），以检验TMT年龄异质性对行业期望落差与企业跨行业转型关系的调节效应；模型（3－11）是在模型（3－9）的基础上，增加了TMT教育水平异质性（$Hedu_{i,t-2}$）和行业期望落差（$Indgap_{i,t-2}$）的交乘项（$Indgap_{i,t-2} \times Hedu_{i,t-2}$），以检验TMT教育水平异质性对行业期望落差与企业跨行业转型关系的调节效应；模型（3－12）是在模型（3－9）的基础上，增加了TMT职能背景异质性（$Hfun_{i,t-2}$）和行业期望落差（$Indgap_{i,t-2}$）的交乘项（$Hfun_{i,t-2} \times Indga-

$p_{i,t-2}$），以检验 TMT 职能背景异质性对行业期望落差与企业跨行业转型关系的调节效应；模型（3-13）是在模型（3-9）的基础上，增加了 TMT 任期异质性（$Hten_{i,t-2}$）和行业期望落差（$Indgap_{i,t-2}$）的交乘项（$Hten_{i,t-2} \times Indgap_{i,t-2}$），以检验 TMT 任期异质性对行业期望落差与企业跨行业转型关系的调节效应。

第四节　实证检验结果

一、样本企业行业特征统计分析

本研究共采集了 1331 家企业 2014—2016 年共计 3 年的平衡面板数据，其中 2014 年跨行业转型企业有 38 家，占样本企业的 2.85%；2015 年跨行业转型企业有 64 家，占样本企业的 4.81%；2016 年跨行业转型企业有 126 家，占样本企业的 9.47%，3 年内共计有 217 家实现了行业代码的变更，实现了跨行业转型，其中银基发展（000511）、视觉中国（000681）、德展健康（000813）等 11 家企业在 3 年内完成了两次行业代码的变更，实现了两次跨行业转型。此外，2014—2016 年间跨行业企业数目呈阶梯式增长，可能与全球经济持续低迷以及我国的产业升级和经济结构调整有关，越来越多的企业主动或被动对其业务及战略做出调整，从而保持持续发展或者摆脱衰退重新获得竞争优势。

表 3-3 列示了样本企业的整体行业分布特征，其中制造业占样本企业的 63.36%，表明我国经济仍然以制造业为主。在 2014—2016 年间，制造业、批发和零售业、农林渔业、房地产业企业数目逐年下降，可能是由于这些行业利润水平下降、市场饱和及国家的供给侧改革，导致一些企业纷纷从这些行业中退出。为解决近年暴露出来的产能过剩问题，为调整经济结构，政府自 2015 年底开始供给侧改革，行政性限产去产能，在政府调控下，许多企业不得不跨行业转型，寻找新的竞争优势。此外，电力、热力、燃气及水生产和供应业（D），建筑业（E），交通运输、仓储和邮政业（G），信息传输、软件和信息技术服务业（I），租赁和商务服务业（L），科学研究和技术服务业（M），卫生和社会工作及文化（Q）、体育和娱乐业（R）在 2014—2016 年间企业数目不断增长，尤

其是信息传输、软件和信息技术服务业增长最甚，符合近年来信息技术飞速发展的趋势。表 3－4 统计了占比前十的细分行业，技术密集度较高的计算机、通信和其他电子设备制造业，医药制造业，汽车制造业等均在此列，表明我国的经济结构越来越合理。

表 3－3　　样本企业整体行业分布特征

行业代码	行业名称	2014 年	2015 年	2016 年	总计	合计百分比
A	农、林、渔业	21	21	19	61	1.53%
B	采矿业	34	36	36	106	2.65%
C	制造业	867	849	814	2530	63.36%
D	电力、热力、燃气及水生产和供应业	38	42	47	127	3.18%
E	建筑业	38	39	41	118	2.96%
F	批发和零售业	78	74	72	224	5.61%
G	交通运输、仓储和邮政业	44	44	48	136	3.41%
H	住宿和餐饮业	8	7	6	21	0.53%
I	信息传输、软件和信息技术服务业	68	72	94	234	5.86%
行业代码	行业名称	2014 年	2015 年	2016 年	总计	合计百分比
K	房地产业	74	75	71	220	5.51%
L	租赁和商务服务业	15	19	22	56	1.40%
M	科学研究和技术服务业	7	8	12	27	0.68%
N	水利、环境和公共设施管理业	15	15	15	45	1.13%
P	教育			1	1	0.03%
Q	卫生和社会工作	1	2	3	6	0.15%
R	文化、体育和娱乐业	14	18	20	52	1.30%
S	综合	9	10	10	29	0.73%
总计		1331	1331	1331	3993	100.00%

表 3－4　　占比前十的细分行业统计表

行业代码	行业名称	2014 年	2015 年	2016 年	总计	百分比
C39	计算机、通信和其他电子设备制造业	118	120	123	361	9.04%
C26	化学原料及化学制品制造业	93	91	79	263	6.59%
C38	电气机械及器材制造业	87	87	87	261	6.54%
C27	医药制造业	78	80	84	242	6.06%

续表

行业代码	行业名称	2014 年	2015 年	2016 年	总计	百分比
K70	房地产业	74	75	71	220	5.51%
C35	专用设备制造业	63	63	59	185	4.63%
I65	软件和信息技术服务业	57	59	61	177	4.43%
C34	通用设备制造业	56	52	48	156	3.91%
C36	汽车制造业	41	41	38	120	3.01%
F51	批发业	40	37	40	117	2.93%
总计						52.64%

表 3－5 和表 3－6 分别统计了 2014—2016 年跨行业转型进入行业和退出行业分布表。对比表 3－5 和表 3－6 我们可以看出，C39 计算机、通信和其他电子设备制造业，K70 房地产业，C38 电气机械及器材制造业，F51 批发业同时存在较高的进入和退出情况，原因可能是这些行业还尚未饱和，还存在一定的利润空间，从而吸引一些企业的投资目光，但同时，企业的蜂拥而至也会使得行业内竞争加剧，挤占仅存的利润空间，从而导致一些经营不善的企业退出。I64 互联网和相关服务、C27 医药制造业、I65 软件和信息技术服务业、E48 土木工程建筑业、L72 商务服务业和 C37 铁路、船舶、航空航天和其他运输设备制造业进入行业较多而退出行业较少，原因可能是某些行业处于朝阳行业，发展空间巨大，比如互联网、软件及生物制药，此外还有可能是退出门槛较高，比如铁路、船舶、航空航天。C26 化学原料及化学制品制造业、C17 纺织业、C34 通用设备制造业、C35 专用设备制造业、F52 零售业及 C30 非金属矿物制品业退出企业较多而进入企业较少，这可能与行业利润水平较低、国家供给侧改革以及环境政策的影响有关。

表 3－5　　跨行业转型进入行业分布表（前 10）

行业代码	行业名称	2014 年	2015 年	2016 年	总计
I64	互联网和相关服务		2	20	22
C39	计算机、通信和其他电子设备制造业	3	6	7	16
C27	医药制造业	2	5	5	12
C38	电气机械及器材制造业	5	2	5	12
F51	批发业	1	5	6	12
K70	房地产业	1	5	6	12

续表

行业代码	行业名称	2014 年	2015 年	2016 年	总计
I65	软件和信息技术服务业	1	3	6	10
E48	土木工程建筑业	1	1	7	9
L72	商务服务业	1	5	3	9
C37	铁路、船舶、航空航天和其它运输设备制造业		1	6	7

表 3-6　　跨行业转型退出行业分布表（前 10）

行业代码	行业名称	2014 年	2015 年	2016 年	总计
C26	化学原料及化学制品制造业	1	3	14	18
K70	房地产业	4	4	10	18
C39	计算机、通信和其他电子设备制造业	6	4	4	14
F51	批发业	2	8	3	13
C17	纺织业	4	1	6	11
C34	通用设备制造业	2	5	4	11
C35	专用设备制造业	1	1	8	10
C38	电气机械及器材制造业	2	2	5	9
F52	零售业	1	2	6	9
C30	非金属矿物制品业	1	4	3	8

二、描述性统计与相关性分析

（一）描述性统计

本节采用 Stata11 统计软件对样本数据进行描述性统计分析，样本描述性统计的结果如表 3-7 所示。除了冗余资源（slack）标准差为 3.795，各变量标准差都不大，最小的仅有 0.04，说明各变量在取值上较为集中。被解释变量（ct）的均值为 0.0571，样本企业共 1331 家，表明 3 年内样本企业中大概有 17% 的企业完成了跨行业转型。解释变量历史期望落差（hisgap）和行业期望落差（indgap）平均值相差不大，但标准差系数差别较大，历史期望落差（hisgap）标准差系数为 0.212，最大值为 9.915，远高于行业期望落差（indgap）的标准差系数和最大值，说明某些企业业绩下滑严重，但行业期望落差最大值较小，推断可能存在整个行业衰退。TMT 年龄异质性（hage）和任期异质性（hten）均采用变异系数计算，但 hten 的均值 0.619 远高于 hage 均值 0.125，意味着高管团队的任期异质性远高于年龄异质性。TMT 教育水平异质性（hedu）和职能背景异质性（efun）均采用赫芬达尔－赫希曼指数计算，两者均值、标准差及最大值相差不大，意味着高管团队在教育水平和职能背景上的差异大体相当。控制变量所有权性质（nature）平均值为 0.392，表明样本中国有企业比例接近 40%；资产专用性（spec）均值 0.275，表明一般企业固定资产和无形资产占企业总资产的 27.5% 左右。

表 3－7　描述性统计

变量名称	样本量	平均值	标准差	最小值	最大值
ct	3993	0.0571	0.232	0	1
hisgap	3993	0.0296	0.212	0	9.915
indgap	3993	0.0226	0.0562	0	1.413
hage	3993	0.125	0.0519	0	0.396
hedu	3993	0.484	0.165	0	0.776
hfun	3993	0.660	0.135	0	0.844
hten	3993	0.619	0.269	0	1.734
spec	3993	0.275	0.190	0	0.950
stock10	3993	0.559	0.154	0.127	0.985
lnage	3993	2.754	0.371	1.386	3.638
nature	3932	0.392	0.488	0	1
scale	3993	22.30	1.332	14.94	28.51
slack	3993	2.339	3.795	－0.693	109.3

（二）相关性分析

本研究采用 stata11 软件对数据进行相关性分析，主要变量的相关系数及显著性如表 3－8 所示。从表 3－8 可以看出主要变量之间的相关系数最大值为 0.198，相关程度在可接受范围值内，不存在严重的多重共线性。此外，被解释变量 ct 与解释变量 indgap、hisgap 的系数在 1% 的水平上显著，控制变量与被解释变量及解释变量的相关系数也在不同程度上显著，说明模型的构建合理，有进一步研究的意义。

表 3 - 8　　主要研究变量相关系数表

	ct	Hisgap	Indgap	hage	hedu	hfun	hten	slack	scale	spec	stock1	lnage	nature
ct	1												
hisgap	0.097***	1											
indgap	0.154***	0.635***	1										
hage	0.079***	0.0130	0.047***	1									
hedu	0.00900	-0.030*	0.00400	-0.128***	1								
hfun	-0.00300	0.00600	0.0260	0.103***	-0.102***	1							
hten	0.060***	0.038**	0.085***	0.075***	-0.0130	0.087***	1						
slack	-0.00900	0.074***	0.0250	0.066***	-0.064***	-0.066***	-0.059***	1					
scale	-0.0210	-0.125***	-0.198***	-0.193***	0.052***	0.038**	0.065***	-0.338***	1				
spec	-0.089***	0.0210	0.044***	-0.078***	-0.0240	0.0150	0.040**	-0.059***	0.038**	1			
stock10	0.050***	-0.0180	-0.064***	-0.051***	0.0250	0.031**	-0.028*	-0.027*	0.342***	0.048***	1		
lnage	0.109***	0.00200	0.0150	-0.029*	0.091***	-0.078***	0.166***	-0.119***	0.094***	0.00900	-0.107***	1	
nature	-0.044***	-0.033**	0.00900	-0.295***	0.118***	-0.052***	0.142***	-0.222***	0.350***	0.230***	0.102***	0.258***	1

注：*、**、*** 分别表示在 10%、5%、1% 的水平上显著。

三、回归结果分析

根据前人的研究，本书在实证分析之前，采用 stata11 统计软件对相关变量进行缩尾处理和中心化处理，以增强模型检验结果的可行度和有效性。并且对模型中所有的解释变量和控制变量进行了方差膨胀因子（VIF）诊断，结果显示，各变量 VIF 值均小于 3，说明不存在多重共线性问题。

本研究的实证分析思路如下：首先，通过回归分析检验企业的期望落差（包括历史和行业两个维度）是否会对企业的跨行业转型决策产生影响；其次，检验 TMT 异质性的 4 个维度对企业跨行业转型决策机制的调节作用。

（一）历史绩效落差下的模型检验

表 3 - 9 列示了历史期望落差、TMT 异质性与企业跨行业转型之间关系的检验结果。模型 1 是基准模型，检验了控制变量对企业跨行业转型的影响；模型 2 是在模型 1 的基础上加入了解释变量（hisgap），用以检验历史期望落差对跨行业转型的影响；模型 3 至模型 6 是在模型 2 的基础上分别加入解释变量（hisgap）与调节变量（hage、hfun、hedu、hten）的交乘项，用以检验 TMT 异质性的调节作用；模型 7 是在模型 2 上加入所有调节变量而来。

由模型 2 检验结果可知，历史期望落差 hisgap 的回归系数显著为正，且 p 值小于 0.01，并且在后面的模型检验中结论一致，说明企业历史期望落差与企业跨行业转型决策正相关，企业历史业绩期望落差越大，企业实施跨行业转型的可能性就越大，这与连燕玲等（2014）的研究结论相似，假设 1 得到验证；由模型 4 检验结果可知，hisgap 与 hedu 的交乘项回归系数显著为负（$p < 0.05$），表明 TMT 教育水平异质性会削弱历史期望落差对企业跨行业转型决策的正向影响，假设 4a 得到验证；由模型 5 检验结果可知，hisgap 与 hfun 的交乘项回归系数显著为正（$p < 0.01$），表明 TMT 职能背景异质性会增强历史期望落差对企业跨行业转型行为的正向影响，假设 5a 得到验证；由模型 6 检验结果可知，hisgap 与 hten 的交乘项回归系数显著为正（$p < 0.1$），表明 TMT 任期异质性越大，历史期望落差对企业跨行业转型行为的正向影响也会越强，假设 6a 得到验证；但是模型 3 检验结果显示，hisgap 与 hage 的交乘项回归系数不显著，表明 TMT 年龄异质性对历史期望落差与跨行业转型之间的关系影响不大，假设 3a 未得到验证。

表 3－9　　　　　　　历史绩效落差下的回归模型检验

	模型 1	模型 2	模型 3	模型 4	模型 5	模型 6	模型 7
hisgap		7.5971 *** (2.8358)	8.6607 *** (3.0515)	8.7974 *** (3.2288)	9.0749 *** (3.2548)	5.4387 * (3.1962)	8.0575 * (4.1586)
Hage × hisgap			－50.4016 (44.3257)				－40.0709 (61.0167)
Hedu × hisgap				－47.7321 ** (23.7192)			－41.0092 (26.1101)
Hfun × 12hisgap					70.2158 *** (27.0382)		63.1850 ** (27.2464)
Hten × hisgap						12.8503 * (7.7480)	12.5583 (9.3737)
slack	－0.0403 (0.0682)	－0.0571 (0.0723)	－0.0526 (0.0709)	－0.0640 (0.0754)	－0.0598 (0.0740)	－0.0605 (0.0753)	－0.0444 (0.0776)
scale	0.1746 (0.2481)	0.2575 (0.2575)	0.2824 (0.2624)	0.2718 (0.2620)	0.2296 (0.2611)	0.2786 (0.2616)	0.2911 (0.2767)
spec	－2.5873 ** (1.2381)	－2.4386 * (1.2841)	－2.4662 * (1.3028)	－2.3751 * (1.2926)	－2.5191 * (1.3000)	－2.3528 * (1.2813)	－2.4798 * (1.3398)
stock10	6.7745 *** (1.6975)	6.7356 *** (1.7165)	6.7583 *** (1.7200)	6.1576 *** (1.7304)	6.7080 *** (1.7188)	6.2668 *** (1.7414)	5.7834 *** (1.7805)
lnage	5.7135 (4.6429)	7.0765 (4.7364)	6.6897 (4.7162)	6.8952 (4.7935)	6.4667 (4.8526)	6.5690 (4.6775)	5.9411 (4.8348)
nature	－0.8157 (1.2387)	－0.9048 (1.2734)	－0.7204 (1.3108)	－0.8867 (1.2702)	－1.2318 (1.2710)	－0.9505 (1.2464)	－0.8448 (1.2558)
Year	控制	控制	控制	控制	控制	控制	控制
Industy	控制	控制	控制	控制	控制	控制	控制
Observations	639	639	639	639	639	639	639
Number of id	214	214	214	214	214	214	214

注：*、** 和 *** 分别表示在 10%、5% 和 1% 水平上显著；括号内为稳健标准差；年度和行业虚拟变量结果未列示

（二）行业绩效落差下的模型检验

表 3－10 列示了行业绩效期望落差、高管团队异质性与企业跨行业转型之间关系的检验结果。模型 1 是基准模型，检验了控制变量对企业跨行业转型的影

响；模型 2 是在模型 1 的基础上加入了解释变量（indgap），用以检验行业期望落差对跨行业转型的影响；模型 3 至模型 6 是在模型 2 的基础上分别加入解释变量（indgap）与调节变量（hage、hfun、hedu、hten）的交乘项，用以检验 TMT 异质性的调节作用；模型 7 是在模型 2 上加入所有调节变量而来。

表 3－10　　　　行业绩效落差下的回归模型检验

	模型 1	模型 2	模型 3	模型 4	模型 5	模型 6	模型 7
indgap		9.3017*** (2.9461)	9.3776*** (2.9423)	10.0581*** (3.3340)	9.9280*** (3.1080)	6.1503* (3.4017)	6.5751* (3.8780)
Hage × indgap			−0.2864 (48.8095)				35.4547 (59.4685)
Hedu × indgap				−50.1641** (22.3427)			−38.8748* (23.4499)
Hfun × indgap					46.6580* (24.4493)		52.1429* (29.4025)
Hten × indgap						25.6869*** (9.2487)	21.8008** (10.4349)
slack	−0.0403 (0.0682)	−0.0461 (0.0737)	−0.0424 (0.0735)	−0.0588 (0.0763)	−0.0390 (0.0734)	−0.0835 (0.0802)	−0.0565 (0.0807)
scale	0.1746 (0.2481)	0.2498 (0.2562)	0.2757 (0.2622)	0.2172 (0.2619)	0.2320 (0.2598)	0.2519 (0.2678)	0.2878 (0.2840)
spec	−2.5873** (1.2381)	−2.1978* (1.2802)	−2.1652* (1.2870)	−2.0958 (1.2929)	−2.1970* (1.3008)	−2.2200* (1.2899)	−2.0999 (1.3360)
stock10	6.7745*** (1.6975)	6.3950*** (1.7172)	6.4009*** (1.7193)	6.1965*** (1.7334)	6.4700*** (1.7265)	6.1582*** (1.7554)	5.9378*** (1.7827)
lnage	5.7135 (4.6429)	7.3617 (4.7688)	7.6210 (4.8096)	6.8941 (4.8823)	7.5896 (4.8066)	5.9902 (4.7603)	6.7987 (4.9981)
nature	−0.8157 (1.2387)	−1.0154 (1.2639)	−0.9125 (1.2786)	−0.9590 (1.2652)	−1.0410 (1.2636)	−1.0600 (1.2447)	−0.8217 (1.2537)
Year	控制	控制	控制	控制	控制	控制	控制
Industy	控制	控制	控制	控制	控制	控制	控制
Observations	639	639	639	639	639	639	639
Number of id	214	214	214	214	214	214	214

注：*、** 和 *** 分别表示在 10%、5% 和 1% 水平上显著；括号内为稳健标准差；年度和行业虚拟变量结果未列示。

由模型 2 检验结果可知，行业期望落差 indgap 的回归系数显著为正，且 p 值小于 0.01，并且在后面的模型检验中结论一致，说明企业行业期望落差与企业跨行业转型决策正相关，随着企业历史业绩期望落差的扩大，企业实施跨行业转型的可能性也会随着增加，这与连燕玲等（2014）的研究结论相似，假设 2 得到验证；由模型 4 检验结果可知，indgap 与 hedu 的交乘项回归系数显著为负（$p < 0.05$），表明 TMT 教育水平异质性会削弱行业期望落差对企业跨行业转型决策具有正向影响，假设 4b 得到验证；由模型 5 检验结果可知，indgap 与 hfun 的交乘项回归系数显著为正（$p < 0.1$），表明 TMT 职能背景异质性对行业期望落差与企业跨行业转型决策之间的关系起正向调节作用，假设 5b 得到验证；从模型 6 的检验结果中可以看出，indgap 与 hten 的交乘项回归系数显著为正（$p < 0.01$），表明 TMT 任期异质性对行业期望落差与企业跨行业转型决策之间的关系起正向调节作用，假设 6a 得到验证；但是模型 3 中的检验结果显示，indgap 与 hage 的交乘项回归系数不显著，表明 TMT 年龄异质性对行业期望落差与跨行业转型之间的关系影响不大，假设 3b 未得到验证。

四、稳健性检验

本节的稳健性检验采用替代变量的方式进行，在上一节的研究中，经营绩效采用的是总资产报酬率 ROA 来表示的，下面我们采用净资产报酬率 ROE 来替代总资产报酬率，重新计算得到新的期望差距进行回归分析。表 3－11 列示了以 ROE 变量计算得到的行业绩效期望落差下的回归检验结果，结果显示，企业绩效期望落差与企业跨行业转型显著正相关，与之前结论一致；除了高管年龄异质性对绩效落差与企业跨行业转型的调节效应没有得到验证外，其他调节效应依然显著。

表 3－11　　行业绩效（ROE）落差下的回归模型检验

	(1)	(2)	(3)	(4)	(5)	(6)	(7)
indgap		1.2740** (0.7495)	1.3533* (0.7767)	1.1807* (0.7811)	1.2010* (0.7915)	0.3542* (0.9563)	0.4693* (1.1035)
hage × indgap			−10.0837 (12.1619)				−19.3853 (15.2687)

续表

	(1)	(2)	(3)	(4)	(5)	(6)	(7)
hedu × indgap				-9.3073* (5.1503)			-8.9723 (6.4239)
hfun × indgap					18.1697** (7.8147)		14.1772* (8.0037)
hten × indgap						5.0065* (2.7366)	4.7271 (3.0204)
slack	-0.0403 (0.0682)	-0.0509 (0.0718)	-0.0452 (0.0703)	-0.0503 (0.0732)	-0.0183 (0.0723)	-0.0695 (0.0774)	-0.0328 (0.0783)
scale	0.1746 (0.2481)	0.1838 (0.2507)	0.2033 (0.2534)	0.1716 (0.2544)	0.1655 (0.2538)	0.2016 (0.2595)	0.1805 (0.2677)
spec	-2.5873** (1.2381)	-2.3337* (1.2233)	-2.2785* (1.2167)	-2.3965* (1.2349)	-2.4215* (1.2542)	-2.5431* (1.3144)	-2.6158** (1.3240)
stock10	6.7745*** (1.6975)	6.6362*** (1.6935)	6.5772*** (1.6969)	6.6213*** (1.7069)	6.6904*** (1.7148)	6.2064*** (1.7198)	6.1104*** (1.7612)
lnage	5.7135 (4.6429)	5.8065 (4.6443)	5.6514 (4.6098)	5.8922 (4.6880)	6.3044 (4.7045)	5.2296 (4.6125)	5.3445 (4.6470)
nature	-0.8157 (1.2387)	-0.8480 (1.2522)	-0.7451 (1.2682)	-0.7775 (1.2573)	-1.0915 (1.2551)	-0.8937 (1.2288)	-0.8614 (1.2397)
Year	控制	控制	控制	控制	控制	控制	控制
Industy	控制	控制	控制	控制	控制	控制	控制
Observations	639	639	639	639	639	639	639
Number of id	214	214	214	214	214	214	214

注：*、**和***分别表示在10%、5%和1%水平上显著；括号内为稳健标准差；年度和行业虚拟变量结果未列示。

此外，为了增强检验结果的可靠性，我们在计算企业经营期望时将比重 α_1 从0开始取值，每次增加0.1，然后对不同的经营期望结果进行检验，得出的研究结论基本一致。综上所述，研究结果具有较好的稳定性。

五、研究结论和建议

（一）研究结论

本章从绩效反馈的角度对跨行业转型的决策机制展开了研究，并且将决策的主体因素（TMT 异质性）作为调节变量纳入研究模型中，对企业绩效不佳这种复杂情境下的决策机制展开进一步的研究。研究结果表明，绩效期望落差对企业跨行业转型决策有显著正向影响，且高管团队任期异质性、教育水平异质性以及职能背景异质性从中发挥着显著的调节作用，具体结论如下：

（1）企业绩效期望落差与企业跨行业转型决策显著正相关，也就是说，当企业的实际绩效低于期望水平时，期望落差越大，企业实施跨行业转型的可能性也会越大。这是因为当企业实际绩效低于期望水平时，管理者会意识到企业当前的经营战略或者内部管理出现了问题，为了重建企业的外部合法性和声誉，维持自己在劳动力市场上的价值，将企业绩效拉回到期望水平，管理者会展开积极的问题搜寻，探索更多解决问题的战略方案，以适应当前复杂的市场环境。而且根据期望理论，人们对于“损失”要比“获得”更加敏感，期望落差的扩大会提高企业管理者的风险承受能力，随着期望落差的进一步扩大，管理者往往会选择奋力一搏，选择更为冒险的战略行为。因而，在严重的期望落差情境下，管理者更有可能选择跨行业转型，以获得新的利润增长点来摆脱当前的穷困状态，这也符合“穷则思变”的假说。

（2）在绩效期望情境下，不同的高管异质性特征对企业跨行业转型的影响不同。具体来说，高管年龄异质性对期望落差与企业跨行业转型的调节作用不显著，其调节作用未得到检验，原因可能是样本企业高管团队内部年龄相差不大（通过表 4－5 描述性统计可知），此外，年龄大的高管具有更丰富的应对风险的经验，因此，在面对绩效不佳的情况时，其风险识别和承受能力不见得会弱于年龄小的高管团队成员。教育水平异质性对企业跨行业转型的调节作用显著为负，可能是因为不同的教育水平会带来不同的知识架构，甚至使成员产生自卑或者自负心理，这都会给企业决策带来更多的沟通成本和沟通障碍，不利于企业在复杂情形下快速做出决策。任期异质性和职能背景异质性对企业跨行业转型的调节作用显著为正，这是因为异质性的任期和职能背景特征会提高团队的信息识别、搜集和处理能力，给企业带来更加多元化的观点和想法，同时这也会加深对企业经营环境的理解，有利于企业在复杂动态环境下对期望落差做出更快的响应。

（二）政策性建议

通过本章的研究我们发现面对绩效压力、经营困境，很多企业会选择跨行业转型来寻找新的出路，摆脱衰退。虽然完成了跨行业转型的企业中大部分绩效都有一定程度的改善，然而并非所有的企业都完成了企业跨行业转型，有的企业在跨行业转型之前就已破产；有的企业虽然完成了跨行业转型，但经营绩效并未得到提升甚至出现了进一步的下滑。企业跨行业转型不但关乎企业自身的可持续发展甚至生死存亡，也关乎整个国家的产业结构优化升级。在结合本研究的实证分析以及我国企业实践的基础上，我们对企业跨行业转型提出了以下几点建议：

第一，结合企业自身能力和产业特征，慎重选择变革方案。跨行业转型已成为企业应对绩效压力、重建竞争优势的重要战略途径，但并非所有的跨行业转型都能帮助企业改善绩效，这就需要具体分析造成企业业绩困境的原因，如果是因为企业自身的经营管理存在问题，那么跨行业转型也于事无补；如果是因为行业衰退等外部不可控因素造成的，那么实施跨行业转型、寻找新的发展空间不失为正确的选择。此外，企业还要在对自身的资源特征、经营特征、发展战略做出综合考量后，再决定是否实施跨行业转型。在变革行业的选择上，企业应结合自身的资源优势、新进入行业特征以及国家的政策引导，尽量选择进入壁垒小、行业利润高、有国家政策支持的新兴相关行业进行变革。综上所述，企业在面对低绩效时，要找准绩效不佳的根本原因，同时结合自身优势和行业状况，慎重选择变革方案，积极稳妥地应对经济新常态、推动国家产业结构变革升级。

第二，完善跨行业转型成果，增强新核心业务竞争力。跨行业转型实质上就是企业核心能力的迁移过程。虽然跨行业转型能给企业带来新的发展机会，但其进入一个新的行业后面临的市场环境和消费群体等和之前相比都会有很大的差异，企业如果不能快速地适应这些变化，有效地整合现有资源并获取新的资源，更新技术、降低成本、建立竞争优势，就很有可能在激烈的市场竞争中被淘汰。总而言之，跨行业转型的完成不是结束而是新的开始，企业在完成主营业务变革后，必须着手建立新核心业务的竞争优势，这样才能在激烈的市场竞争中立于不败之地。

第三，优化高管成员配置，提高战略决策能力。作为企业战略的决策者，高管团队的认知能力直接关乎企业战略决策的速度和质量。面对日益复杂的环境变化，更强更快的信息识别、搜集及处理能力显得尤为重要。本书研究发现，高管的异质性特征可以给企业战略发展提供更加多元化的观点和方案，对企业经营环境的变化有更广更深层次的理解，促进企业进行战略转型。因此，企业应结合当时所处的情境，对高管成员在教育水平、职能背景等方面的差异进行合理配置，提高企业的战略决策能力。

第四章　转型导向的动态能力与组织学习

战略转型是企业为追求生存和可持续发展对战略所作的方向性调整与改变，也可以看作是一次在关键时点上内外合力的共同作用下使企业能力发生轨迹跃迁的过程。在企业转型过程中，动态能力发挥着关键作用。在本章里，我们将打开动态能力的黑箱，探寻动态能力的本质，并从组织学习的角度阐述转型导向下动态能力的培育。

第一节　动态能力的含义和分类

一、动态能力的含义

动态能力理论的提出源于学者们对于竞争优势的讨论。早期迈克尔·波特等学者主要从外部影响因素方面对这一问题进行分析，提出经典的“S－C－P”模型、“五力竞争模型”等。后来为弥补早期理论过于强调外部因素而忽视企业自身因素影响的弊端，学者又开始将重心转向企业内部因素研究并且提出“资源基础理论”、“核心竞争力理论”等经典理论。他们在研究中强调企业的竞争优势并非单纯依赖于外部市场或者是产业结构，而是来源于企业异质性的、难以模仿的、无法替代的专有资源或能力。Hamel G.（1994）认为，是否是核心能力主要从三个方面去检验：（1）顾客价值。核心能力是那些促成企业给顾客提供基本利益的技能。核心与非核心的区别是，它提供的是核心还是非核心的顾客利益。（2）独特性（competitor differentiation）。它具有稀缺的特征，难以被竞争者模仿。（3）新市场的门户（gateway to new market）。它能够帮助企业打开新市场。

企业的资源可以分为4个渐进的层次：（1）生产要素和公共知识。虽然这些资源是企业运作的基础，可以由企业购买或获取，但不为企业所专有，无法作为企业的战略要素。（2）企业的专有资产，如商誉、品牌、生产秘诀、特殊工艺、商业秘密等。由于这些资源融入了企业的无形知识，因而非常难以替代和模仿。（3）将企业生产要素及专有资产有机结合的经营和管理活动，是企业长期形成并固定下来的专有能力，它使得企业相比市场更有效率、更加经济。（4）动态能力。对于激烈变化的市场环境来讲能力必须不断地更新，因此，动态能力就成为企业最关键的能力。

总体说来，企业资源或能力学说背后的基本逻辑是：企业将资源和资产充分开发出来，然后通过组织内部特定的管理过程，把这些资源和资产加以有机组合，从而形成有价值的产品和服务，满足顾客的需求。早期基于资源和能力的理论由于缺少动态视角，这些理论的普适性广受批评。此后，围绕企业动态能力构建的竞争优势研究逐渐成为主流。

Teece等在1994年首先提出动态能力概念，他们认为，动态能力是一个企业所具有的能够根据市场变化和机会不断对资源进行重新组合、调配和应用的能力。环境的动态、复杂和不确定性程度越高，培育企业动态能力就越重要。

Eisenhardt（2000）等将动态能力定义为赖以进行新的资源配置的各种组织和战略流程，认为动态能力是一系列指导公司资源建立、发展的常规流程，是融入在指导企业资源重构、演进和运营中的组织流程。

Zollo和Winter（2002）认为深度学习与动态能力的演化之间有紧密的联系，他们把动态能力定义为：为了改善经营效果企业用以系统地产生和修改经营惯例的一种习得的、稳定的集体活动模式。他们讨论了相对被动的经验性学习过程和包括知识澄清和知识编码的较为深度的认知性学习过程。这些学习过程负责两类活动的演化，一类旨在维持企业的运营职能活动，另一类旨在开发和修改经营惯例。他们认为这些学习机制共同塑造了动态能力。

Zott认为动态能力是惯例性的组织流程，它们指导企业资源构形和经营惯例的演化。他认为企业是通过动态能力改变一个企业的资源、经营惯例和能力的组合，进而影响经济绩效。组成动态能力机制的三个过程——变异、选择、保留，与竞争会随着时间的推移周而复始，重复进行。

Winter（2003）对众多学者关于动态能力的理解进行了梳理，并对动态能力的内涵作了进一步解释。他认为动态能力和解决某个特定问题的方法不同，组织能力属于高阶惯例或惯例集，它与输入（资源）相结合，为管理者提供了一种能够实现特定目标的决策选择。惯例是后天习得的、高度模式化、自动或准自动重复性的并且基于默会知识的行为模式，其目标具有特定性。

Helfat 和 Peteraft（2003）开创性地提出动态 RBV（基于资源的观点），用能力生命周期来解释组织能力如何诞生、成长和演化，这有助于解释组织能力异质性的来源。他们认为资源和能力在企业间的异质性是资源基础观的一个基石。

而 2010 年之后，关于动态能力概念和内涵的研究不再是从单一的角度出发，各学者从认知视角、学习视角、服务视角等多个视角赋予了动态能力新的内涵。Barreto（2010）将感知市场的变化和信息视为一种重要能力纳入动态能力的范围之中；冯军政（2011）、寇元虎（2017）强调应把学习能力视为动态能力的基本能力；Drnevich（2011）、董保宝（2011）从顾客角度出发，强调创造产品、提升服务的动态能力；焦豪（2010）、蒋洁（2019）则将能力的转变和再造看作是一种动态能力。

虽然对动态能力的概念界定在文献中显得纷繁复杂，但从中可以看出，现在对动态能力的解释呈现出由被动的适应环境的能力转变为主动学习以取得竞争优势的能力的趋势。抓住共性再理解其差异性，就可以使理解过程变得简单。其共性是背景和任务的不变性，动态能力理论被提出的时代背景是不断变化的外部环境，任务是取得持久的竞争优势；其差异性体现在为实现这一目标所采用的手段和方法是多样的，资源整合、能力再造、创新学习、提升服务这些都是动态能力的重要组成部分。

二、动态能力的构成与分类

在动态能力研究过程中，许多学者对能力进行了层次的划分，以便从不同的侧重点进行分类研究。Teece（1997）等从流程、位势、路径三个方面对其进行了解释，其中流程是指企业现有的做事方法或模式，位势是指企业所拥有的资源禀赋，路径是指决定企业发展方向的战略选择。他基于“位势—过程—路径”的三维分析框架，提出动态能力由整合能力、构建能力和重构能力三个维度构成。

Wang（2007）等则从适应能力、吸收能力、创新能力三个方面界定企业的动态能力，其中适应能力是指组织识别并把握机会的能力，吸收能力是指组织吸收应用新知识的能力，创新能力是指组织研发新产品或开拓新市场的能力。

侯嘉政（2008）认为动态能力包括市场导向之感应能力、组织学习之吸收能力、社会网络之关系能力、沟通协调之整合能力。也有学者认为战略转型背景下动态能力由环境洞察能力、学习吸收能力、变革更新能力和整合重构能力构成。

唐孝文（2015）把动态能力划分为呈层次关系的战略调整能力、资源配置与整合能力、价值链配置与重构能力、市场营销与服务组合能力，四个能力之间呈现一种相互作用、相互转化、相互支撑的互动关系。

由此看出，管理文献中对于动态能力的层次和构成的认识差异非常大，至今学术界对于动态能力应建立一个怎样的分类体系仍未达成一致。但是学者们基本认可企业能力是运用知识和资源来执行一系列活动来完成某一特定目标的组织流程与资源分配范式的组合，企业能力可以在企业实际运营过程中显性的表现出来。具体来说，企业能力实际是以知识、诀窍、态度的形态储存在组织中，此时，企业能力是潜在的。只有当企业真正从事某种特定的活动时，这些潜在的能力才会显现出来，成为现实的能力。

第二节 转型导向的动态能力

在现实中，有些企业面临经营困境或发展机遇选择时，显得束手无策，其根本原因是所具有的企业能力无法满足企业转型的要求。因此，这类企业要么失去转型发展的机会，要么面临企业陷入更加窘迫的经营局面，甚至破产倒闭。所以，企业战略转型成功的关键是要看企业是否具备战略转型能力。

贺小刚等（2006）认为战略转型背景下的动态能力由战略隔绝能力、组织柔性、组织学习能力和变革领导能力构成。组织柔性能发现企业面临变动环境的挑战和机遇，并捕捉到恰当的机遇，形成企业转型战略的方向和目标；战略隔绝能力决定企业转型战略的形成，通过有效整合和优化企业内外部资源，将潜在的机会转化为企业优势；组织学习能力通过获取、吸收和创造知识，为企业战略转型奠定认知基础；变革领导能力为企业战略的决策制定、实施产生推动性作用。

唐健雄（2008）等认为战略转型能力是指企业在战略转型过程中，为了谋求未来生存与发展的竞争优势，通过对企业资源进行重新配置、整合与管理，改变原来的资源投向，形成新的经营模式所具备的能力，包括环境识别能力、资源整合能力、管理控制能力、持续创新能力。

显然，动态能力已是涵盖了上述战略转型能力概念范畴的。在企业战略的指导下，企业可通过动态能力的发展来实现企业能力集的更新和转化，进而实现企业的战略转型。在内外部经营环境不断变化的情况下，企业正是通过选择战略转型，通过动态能力的不断发展，使得企业的能力能够持续不断地被开发、培养、积累、运用、维护和更新，从而实现企业能力的不断提升，确保企业在其整个生命周期中不断成长、发展。

因此，动态能力是企业制定和实施战略转型的重要影响因素，它们会影响不确定环境下的企业转型模式选择。若企业动态能力较强，其可以有效地整合内外部资源或通过自主创新来获取企业所需的资源以及能力，还能够对企业的资源和能力进行重新调配，使企业形成合适规模的新整体，以此来支持纵向整合战略的实施（胡钢等，2014）。而动态能力较弱的企业，由于不能有效地整合资源，将很难获得纵向整合战略实施所需的支撑；即便是获得了所需的资源和能力，也会因为缺乏有效的组织和管理，而阻碍了战略模式的选择以及实施后的绩效。简言之，为了应对动态变化的外部环境不确定性，动态能力可以重构、改造基础资源，从而整合、协同、综合、系统化、集成以及融合企业的价值链和产业链上的战略性资源，使得各种资源和能力之间的匹配能够达到最优化。这不仅节约成本，也加强了资源之间的内外部协调力度，形成对企业战略性资源和能力的有效控制，增强企业的外部适应性，保持竞争优势（Karim 和 Mitchell，2000）。

由此看出，企业转型能力其实是企业动态能力的一部分，只有在企业具备转型愿望的前提下，才会显示出来。当企业以转型为导向实施战略决策时，企业转型能力便成为企业的主导能力。因此，转型导向在先，企业转型能力的展现在后。鉴于上述分析，提出如下转型导向的企业转型能力辨析①：

（1）并不是所有的企业都需要转型。任何行业中都存在众多的企业，并不

① 赫连志巍，高玲："转型导向的企业能力与市场资源匹配研究"，《管理现代化》，2017 年第 6 期，第 72－76 页。

是每个企业在经营发展中都需要转型，也不是所有的企业都具备足够的转型能力。实际上，企业在经营过程中并不会刻意培养企业转型能力。因此，只有面临转型导向要求的时候企业才会决定是否转型。这种转型导向要求基本归于两个方面，其一，企业为了摆脱经营困境；其二，有更好的发展机会选择。因此，只有当企业面临转型要求，才能对企业是否具有转型能力进行评估。所以，企业转型导向是前提，企业转型能力是企业转型导向要求的结果或条件。

（2）企业转型是一个渐进的过程。企业转型是由诸多条件和影响因素导致的，转型不同于一般的经营过程，在非正常状态下——比如遇到经营困境或新的发展机遇时，外部环境对企业能力提出了新的更高的要求。这时对企业能力的新要求是向着转型方向发展和调整的，也就是说，当企业面临转型时，只有通过调整能力才能逐渐满足转型导向的要求，进而形成企业转型能力的构建。因此企业转型是一个渐进的转变过程，对企业转型能力的研究不能脱离于其转型战略方向，尤其不能忽视转型过程中企业能力与市场资源的匹配问题。其根本原因在于，如果没有转型的要求，企业并不会主动培育企业转型能力，这样做无异于“无的放矢”。

（3）企业转型能力是企业动态能力的一部分，是企业面临转型要求时最需要的一种专属的特殊能力。既然在动态变化的环境下动态能力对于企业竞争优势至关重要，首先必须回答动态能力从何而来的问题，因此，需要建立一个表述清晰而且可验证的定义和分类体系。在下面的第三节里，我们将提出一个可以与现实企业管理要素直接联系、并可以进行检验的分析框架。

第三节 动态能力的分析框架

动态能力的基础是能力，在这一节里，我们首先打开能力的黑箱，然后分析动态能力的微观基础，进而揭示动态能力的影响机制。

一、能力的本质

在能力相关文献中提出了各种不同的分类方式。有些分类方式可能同知识的关系更加接近一些，有些分类方式可能同资源或资产的关系更加接近一些。

VonGrogh 和 Roos（1995）认为，知识（或者更一般的来说能力）只能传播、认知，从而通过相互作用来得到评价。因此，说者和听者双方在认知方面所存在的局限性将不可避免地扭曲对相关知识的认识。从这个角度来讲，知识是具有隐性特征的。因此，组织学习和技术开发很大程度上也具有隐性特征，它们深深地根植于组织的各种惯例和非正式过程之中。

Hedlund 和 Nonaka（1992）曾对日本公司和西方公司知识管理的相对动态性进行研究，他们提出知识具有对外显性、对内隐含的特征，保护组织能力的最佳途径就是组织中的个人尽可能地保持知识的隐含性，这样才真正使知识根植于组织之中。

企业能力不是个人能力，不能脱离企业而存在，它内嵌于企业内部的组织和管理流程，即完成某一特定目标的活动集合的结构化安排。这意味着企业能力具有企业专用性，只能在企业内部进行积累和开发。

能力理论似乎更加侧重于认知能力，比如知识、技能、专利或技术，而往往忽视对能力的行为层和文化层的研究，究其原因，很有可能是因为战略管理同人力资源领域研究之间存在着很大的脱节。事实上，在人力资源领域个体和群体的行为和识别体系对战略转型有着非常重要的意义。比如现有的组织文化很可能会对组织变革形成阻碍——不仅阻碍组织对外部环境的调整，还会影响组织对创造性战略行动的采纳（Durand，1997）。

能力对组织变革的作用是两面的：一方面，能力作为企业有价值的资产发挥着积极的作用；另一面，能力还会形成组织运作的一种负担。从能力理论的广义角度来讲，有形资产（如设备、建筑、产品等）和无形资产（如品牌）都是企业能力的组成部分；但是有助于形成组织核心竞争力的更多的是无形的成分，如组织流程或文化。

对能力本质的考察必须从无形或隐性的角度来进行，因为这种无形的“组织能力”是不能被模仿的。Porter（1996）曾经提出：对于任何有形资源，即便不能（从公开市场上）购买到，我们也能够识别、并进行描述，从而模仿出来。因此，不可模仿性标准需要以无形作为前提条件。

关于能力的本质，学术界还存在一场耐人寻味的争论——有些企业业绩好，到底是靠能力，还是靠运气？或者说是蓄意的（Intended）还是偶发（Contingent）的呢？

我们认为，理论底线始终应该是公司的业绩，而不管这种业绩的初始源泉是什么。企业的资产或资源只要能够得到合理的开发和利用，就会比其他没有这种能力组成要素的企业取得更好的业绩。也就是说，偶然性可以成为能力的一个组成部分。这一点实际上就同产业经济学中的路径依赖性（Teece 和 Winter，1991）概念联系起来了。历史确实有着很重要的意义，因为发展过程中所获得的经验将通过各种学习机制形成一定的能力。因此，从历史发展的角度来看，在能力的建立过程中，运气确实会起到一定的作用。

此外，能力还可以划分为既有能力和潜在能力。比如一家公司拥有一定的核心能力，而且认为这些核心能力可以用来开发全新的市场、产品或服务，那么公司会不会取得优秀的业绩呢？答案是或许不能。因为潜在能力和现实的能力之间是有差距的。一家在这个新市场上已经把能力和资源有效地组合起来为顾客提供产品和服务、并完全奠定了市场地位的公司，与那些还没有进入市场的公司比，会有着不同的能力。经历或是经验，都是能力的组成部分。企业能力要从潜在变为现实，必须具有一个明确的资源分配范式来支持执行活动。

这里，我们采用 Durand（1997）提出的能力的基本分类：

（1）独立资产：例如，建筑、产品、软件、商标。

（2）认知性技能：例如，表现在个体和群体层面上的（隐性和显性）知识、诀窍、技巧、技术。

（3）组织过程和惯例：例如，组织中将个体行动转化为组织行为的协同机制。

（4）组织结构：例如，组织的结构设计及其同外部环境（供应商、顾客等）的联系，可能会促进也许会阻碍组织针对某些变革进行调整。

（5）识别系统：例如，共有价值观、信念、惯例和禁忌等，可能会促进或阻碍组织针对某些变革进行调整。

这种分类方法的优点是：有助于将理论上的探讨与现实结合起来，不至于偏离实践中管理者所关注的那些真正有意义的问题。这里需要强调的一点就是必须清晰地区别以下两类因素：一类是企业的资产和资源；一类是个体和组织的技能、知识、过程、惯例和文化。换句话来说，有些资源和能力（无形的和有形的）是可以在基本上不进行人力资源转移的前提下就可以购买或交换获得，这部分被称为非社会性资产和资源。还有一些能力组成要素是无形的、很难购买到、也很难模仿的能力，比如组织中的各种管理过程（包括组织运作流程）、战略组合和文化等因素。下面，我们将把这些被忽略的能力要素都纳入到整合性的动态能力分析框架中去。

二、一个整合性的能力分析框架

能力有三种基本形态：知识、诀窍和态度。

知识包含了对数据的获取、将数据转化成可接受的信息的能力、以及将数据整合纳入以前既有的知识框架中的能力。当然，以前既有的知识框架也是这样演化而来的。诀窍是根据既定的目标或流程具体行动的能力。诀窍并没有排除知识，但是并不需要行动的主体对所运用的技能和技巧为何有效有深入的理解。因此，诀窍同隐性的经验有一定的联系。态度是个体或组织实现任务的重要影响因素。在相同知识和诀窍的前提下，一个志在必得、渴望成功的组织往往会比一个没有锐气、被动消极的组织会更加强大。

在这个能力框架中，这三个方面分别构成三根主轴（见图4－1）。

知识轴所代表的是能力的显性形态，而诀窍轴和态度轴所体现的则是能力的隐性形态。

其中，“态度”轴本身组合了行为因素、组织的识别体系或文化因素、意愿（包括决断和承诺）。同样，“诀窍”轴也是一个组合轴。它同技巧、个体和集体技能、技术都有着明显的联系。技术至少在某种程度是被人所理解的，具有一定的模型化特征，而不仅仅是经验性的方法。因此，它在某种程度上是向知识轴倾斜的，而方法则向另一个方向倾斜。

桑切斯（1996）对知识提出的“知为何物（know－what）或知为何因（know－why）或知为何法（诀窍，know－how）”分类方法，图中的框架并没有原样采纳；只把其中的知为何法（诀窍）抽出来作为框架中三根主轴中的一根。知为何物以及知为何因实际上是知识轴的两个不同变型或亚类型。知为何物在某种程度上暗含了诀窍的方向，其中包含一定的直觉因素，但是却没有“知为何因”所包含的那种认知性解释。

“知为何因”实际上具有双重性。一方面，它代表了知识渊博者的专家技能；他们可以向熟练的工人解释为什么他们所掌握的“知为何法（诀窍）”能够在工作中发挥作用，并向他们建议如何修正和改进相应的技巧。另一方面，“知为何因”还包含了某种战略理解，即选择“知为何物”所建议的战略路径为什么具有重要的意义。“知为何因”中这个战略因素具有非常深远的意义。因此，我们认为“知为何因”同战略和战略展望有着明显的联系，是组织能力中一个

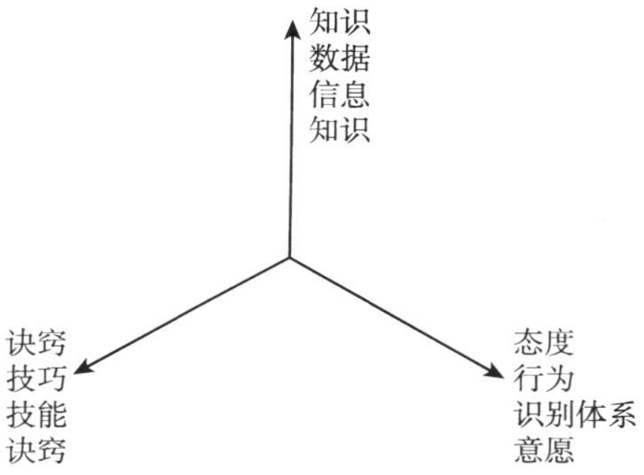

图4－1　能力的三根主轴

非常重要的构成要素。其具体关系如下所示：

（1）制定战略（战略思维产生战略展望和战略逻辑，从而和“知为何因”、战略配置和战略决策联系起来了）。这一点同知识因素（知为何因和知为何物）有联系。

（2）组织（组织结构和管理过程）。这一点同“知为何法”（诀窍）因素的联系更大一些。

（3）激励（也就是说设置激励机制，同时进行一定的指导，鼓励积极的思维和行为，促进承诺和意愿的形成）。这一点同“态度”有联系。

战略目标具有被整个组织共有的基本属性；因此，战略目标与态度、意愿和承诺因素相关性较强。战略配置更是如此；因为战略配置本身就意味着要对组织的每一个成员和组成部分进行战略目标的分解和配置。

激励介乎这些战略因素和态度之间。激励把下面的各个因素结合起来了：战略意图，影响深远的目标，由意愿、决断和承诺构成的、积极的、具有前向反应性的态度。

管理过程同企业的集体技能相联系，从而也就包括各种技术。我们应该注意到，企业中的各种过程具有双重性。一方面，各种组织过程是由管理部门制定并接受管理部门的直接监控；另一方面，组织中的各种惯例在组织的历史发展过程中慢慢形成的，而且可能是对有些管理过程的扭曲，只不过人们可能已经早已忘记了它们的形成。从这个角度来讲，组织中的各种惯例就可以看作是一些非王式过程。因此，它们往往就深深地根植于组织之中。从这个角度来讲，非正式组织和各种惯例还与态度轴上的行为和文化因素有关。

能力的三个层面的关系是相互依赖的（见图4－2）。

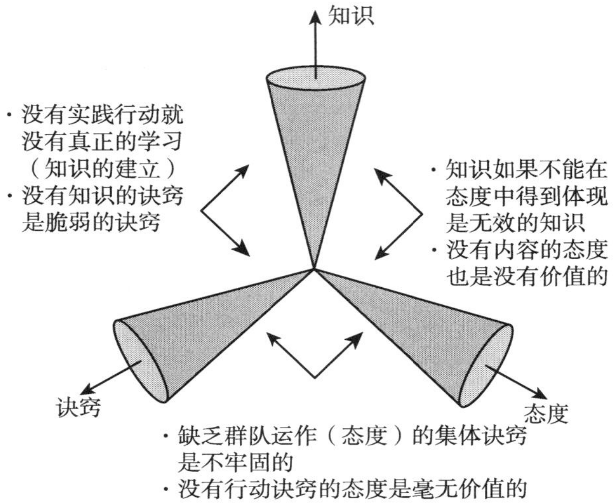

图 4－2　能力三个层面相互依赖

离开了行动，几乎不存在真正的学习和知识建立。知识和诀窍的建立实际上是同时进行的，组织中的学习同时发生在框架中的三个轴上，这种相互联系是借助信息、行动和相互作用来实现的。

工人能力的建立完全是以纯粹的经验性诀窍为核心，对其他的技术知之甚少甚至全然不知，而且他们的工作还非常容易受到技术变革的影响。当技术流程（如设备）发生变化的时候，他们就会失去相关能力。没有知识，他们就不容易对变革进行调整。

同样，没有团队态度的组织诀窍也是毫无价值的；如果只有态度而没有知识（从而不能领悟手头的任务的挑战），这种态度也是没有实际意义的。没有相关诀窍的纯粹知识是无效的，没有态度的知识甚至会产生相反的作用。

换而言之，信息、行动和相互作用是学习和能力（三个层面的）同时建立过程中三个平行而又相互联系的模式。相反，如果能力基础出现了失衡，将产生不良的后果。

第四节　组织学习与战略转型

企业动态能力并不是自发产生的，而是一个知识创造、积累和演化的历史过程。其本质是一条知识链，融合了知觉和行动的相互作用。由于动态能力的背后基础是知识链，而知识又是不断在发生变化的，因此讨论动态能力的演化必须站在知识的视角来进行分析。

从知识的角度来看，有着各种学习机制，包括相对被动的经验性学习过程（“干中学”）和深思熟虑的、认知性学习过程（集体知识的澄清和编码）共同驱动知识的变异、选择和保留，也会导致企业内部知识的流动和整合，进而驱动知识链的形成和演化，从而造成导致企业动态能力状态的变化。企业动态能力演化的过程本质是学习和知识链演化的过程[①]。

战略转型的成功取决于企业对外部经营环境变化的准确快速把握和培育企业特异性知识以满足快速变化市场需求的战略转型能力，以及两者之间的战略柔性匹配[②]。组织学习对于企业战略转型的效用表现在组织学习对于企业战略转型中若干关键要素的效用以及组织学习对于企业战略转型实施过程的效用（唐孝文等，2012）。

一、组织学习的类型

选择和实施不同类型的组织学习会对组织知识演化循环产生不同的影响，进而导致不同的绩效。下面将从学习类型、学习范围、学习导向、学习层面和学习主体对组织学习进行划分并讨论它们各自的影响。

第一，从学习类型角度来看，组织学习可以区分为单回路学习和双回路学习。Argyris（1976）将单回路学习定义为简单的错误纠正或者是处理日常和重复性问题的过程，一般没有质疑组织隐含的价值观和规范。相反，双回路学习通过不断质疑或改变组织的价值观、主导逻辑和组织规范来对组织进行纠错。Levitt 和 March（1988）认为试错学习或单回路学习是组织制定规则和程序的主要方法，这些规则和程序随着不断实践而得到改进，组织效率不断提升。但是，这种试错学习是有危险的，没有多种实践探索的双回路学习，组织灵活性会降低，组织可能会陷入能力丧失的境地，他们会发现自己越来越适应于日常惯例，而一旦环境发生变化无法适应。由于越来越多的行业体现出高速发展的特征，这种区分变得越来越重要以至于企业不能再忽视双回路学习。

---

① 王祥：“企业动态能力演化理论和实证研究”，《复旦大学》，2006 年。
② 芮明杰，胡金星，张良森：“企业战略转型中组织学习的效用分析”，《研究与发展管理》，2005 年第 4 期。

第二，从学习范围来看，组织学习可以区分为内部学习和外部学习。内部学习是指成员在企业边界之内进行新知识的创造和传播，而外部学习则是依靠模仿、消化吸收来创造新知识。内部学习相对容易进行，而且可以开发他人难以模仿的核心竞争力，但是会使企业视野狭隘，相反，外部学习可以使企业获得多种思想和观点，开阔眼界。

第三，从学习导向的角度看，组织学习可以分为利用性和探索性学习。利用性学习主要挖掘利用现有的知识，可以不断提高运作效率探索性学习则旨在开发新的知识，不断追求新的未知世界，可以提高组织柔性。企业长期的生存依赖于企业“参与足够的利用以确保组织当前的生存并且参与足够的探索以确保组织未来的生存”的能力。

第四，从学习层次来看，组织学习可以分为业务性学习和战略性学习。业务性学习是指企业在给定的战略主导逻辑下获取业务层面知识的学习，从性质上讲，它是一种单回路学习，战略性学习涉及对企业战略主导逻辑的质疑和反思，以及对企业战略方向的改变。战略性学习相对于业务性学习来说，更有可能产生多种变异，从而促进企业内部知识演化循环的进行。

第五，从学习的主体角度来看，组织学习可以分为个体间、群体间、企业间和企业网络间。组织学习相对于个人学习最大的差异在于，有组织地管理所有知识创造的模式跨越个体、群体、组织和组织间，以形成一个持续的螺旋式的循环。随着组织中以及组织间更多的人员参与组织学习的过程中，组织的知识转换和创新将变得规模更大，而且更为迅速。

二、学习承诺

企业对学习的承诺和战略转型紧密相关。认为学习承诺将学习视为企业的基本价值和生存发展的重要条件，企业可以通过组织学习来形成动态且系统思考的习惯，进而发现问题、实施战略转型以解决问题；在当前动态的环境下，管理者只有重视学习的作用，才能对内外环境的变化进行及时辨别，对企业是否实施战略转型及实施战略转型的程度进行及时判断；企业只有重视员工的学习和培训，使员工都积极地投入学习中去，才能提高企业的运作柔性和战略转型的效果和效率。

企业家为代表的管理人员是战略转型的关键代理人。学习承诺体现了管理者对组织学习基本价值的认可和判断，影响企业在变革前后对员工学习和培训方面的重视程度，也影响员工的心智模式及其对战略转型的接受和执行情况，继而影响企业战略转型的执行效果。在战略转型过程中，对组织学习的价值认知程度直接影响到企业的学习能力、解决问题的能力、战略转型的决策能力和参与情况，影响企业对战略转型速度和幅度的把握。企业的学习承诺越高，其战略转型的实施速度就越快，战略转型的实施幅度就越大。

三、建立共同愿景

共同愿景和战略转型紧密相关，战略转型需要组织全体成员的主动参与。共同愿景使企业拥有一个共同而明确的目标，它影响员工的学习动机和战略转型的方向和强度，促使员工将自己的命运和企业发展紧密相连，愿朝组织希望的方向努力奋斗。企业拥有共同愿景的程度越高，员工越觉得自己应该对企业未来发展承担一份责任，则在企业战略转型过程中，员工的凝聚力就越强，对战略转型的接受度越高，越容易达成共识和实现信息传递，越有利于战略转型的顺利实施。

共同愿景能否形成，很大程度上取决于高层管理团队的认知模式。在大多数企业中，要么高层管理团队成员之间缺乏一个共同的愿景，要么这个共同的愿景是以最高领导为中心。这样，高层管理团队成员每个人的个人愿景往往与企业的愿景有所不同、甚至是发生冲突的，从而影响高层管理团队成员对企业的自愿性投入。若想达成一个大家衷心共有的愿景，高层管理团队需要开展学习型组织所必须的五项修炼（Senge，1990）。当高层管理团队如果能够共同学习时，团队的集体智慧会高于个人智慧。团队学习的修炼要从“深度汇谈”开始。“深度汇谈”是一个团队的所有成员基于组织的核心价值观在一起进行深度思考的能力。“深度交流”的修炼也包括学习找出有碍学习的一些行为模式。例如，“自我防卫”的模式往往根植于团队的互动中，常常会妨碍组织学习。如果能以创造性的方式觉察它，学习速度便能大大提高。

如果高层管理团队某种惯性的认知模式无法改变，比如有的企业是领导“一言堂”，那么企业即使开展内部组织学习也不能达到预期的效果。一个极端、激进的做法就是变更公司及其高层管理团队。但是在快速变化的环境中，频繁地更换高层管理团队是不现实的。这时，发展和提升高层管理团队打破原有框架的技能，即不断质疑并调整当前的战略主导逻辑的能力，变得越来越重要。

四、构建实践社区：培育相互依赖的学习

在组织学习领域中，一直非常重视隐性知识与显性知识之间的区别，并认为隐性知识对于高效执行工作比显性知识更加重要。知识是通过隐性知识和显性知识之间的转换来创造的，主要有四种不同的知识转换的模式：从隐性知识到隐性知识的社会化；从显性知识到显性知识的组合；从隐性知识到显性知识的外部化；从显性知识到隐性知识的内部化。Nonaka（1994）指出，一个完整的学习过程应该包括上述的所有四个过程。尽管学习是一个只能由个人完成的活动，但并不意味着他必须独自完成。

事实上，大量最重要的学习发生在社会环境下，而这个社会环境是由分享共同利益和共担责任的人群自我定义的。他们创造了共同的愿望、努力以及描述该努力的独特知识，由此他们形成了围绕共同愿望、共同知识和共同实践而构成的实践社区。实践社区在发展知识的过程中扮演着重要的角色，实践社区可以通过相互依赖的学习积累大量个人无法记忆的知识，而且知识的创新是通过产生于不同实践社区的知识的集合和聚合而出现的。

因此，为了支持有效的组织学习以便支持动态能力的演化，企业应该大量培育实践社区，发展植根于社会环境中的隐性知识，同时加强实践社区之间的整合，从而有效促进知识的聚合与创新。一个公司积累的经验越多，知识共享、运用就越高，它持续重构和有效反映现代经济环境的能力也越强。

为了更好地促进学习，企业必须鼓励员工创新，鼓励员工对企业经营管理的各方面发表意见和看法，鼓励企业采用员工的合理化建议，鼓励企业内部分享成功经验和失败原因，进而促进企业战略转型的顺利进行。企业心智开放的程度越高，就越能跳出旧框架和惯例，越能包容员工对运营方式的各种质疑、接受创意和新事物，其对环境变化的接受程度和适应程度就越高，越具有创新能力和试错勇气，越有利于战略转型的实施。

第五章　价值链重构视角下的战略转型路径

第一节　价值链与价值链重构的概念和内涵

一、价值链和价值网的概念

（一）价值链

波特（1985）认为价值链是指一个企业的产品从设计到生产、再到销售和售后维护的整个产品价值链条，一般一个企业内部的整个作业过程可分为基础性活动和支持性活动。所谓基础性活动是指与产品生产和价值创造相关的活动，根据产品的生产和销售过程，可划分为原材料采购、产品研发、生产开发、出厂后勤、市场销售和售后服务等六个环节。所谓支持性活动则是指确保企业基础性活动顺利进行的企业内部活动，包括企业的基础设施、人力资源管理、技术研究开发和采购等四个环节。此后，波特又进一步对价值链的内涵进行了界定，认为价值链就是从原材料的供应商到生产者，产品从生产者到消费者的整个一系列连续的价值创造过程。

Rayport 和 Sviokla（1995）通过对互联网企业内部价值链的研究，认为互联网企业的价值链存在明显的先后线性关系，价值活动包括了信息采集、组织整理、择优选取、信息发布等多个方面。随着信息产业的发展，利用价值链分析的方法中更注重延伸价值链的分析，这是信息领域进行价值链分析的创新方式（Sundbo，2011）。Rayport 和 Sviokla（1995）还提出用虚拟活动来代替实体活动，在市场空间中构造虚拟价值链。在虚拟价值链中，与产品和服务相关的信息不仅是企业资源整合的重要工具，而且也是成为利润的重要来源。

(二) 价值网络

价值网络研究如何通过媒介技术将价值创造主体连接起来，共同创造网络价值（孙艳霞，2012）。互联网时代，信息技术的发展不仅提高了信息交流的效率与效果，也改变了企业提供物品的方式。企业满足客户需求的过程不再局限于从原料采购到产品交付的固定模式。单个企业依靠自身的资源与能力是无法充分满足客户的多样化需求和多变化需求的。因此，需要形成一个价值链网络把尽可能多的利益相关者的资源和优势进行连接和整合。价值网络不仅涵盖了企业，还同时把用户也纳入其中。价值网络中通过企业专业化分工、交叉合作与优势互补，共同为满足客户需求创造产品或服务（Henry，2006）。

David（2002）认为，价值网络比价值链的价值创造逻辑更为开放。随着客户需求的产品或服务日趋多样化，以及对高品质的追求，生产过程必须不断更新，并降低生产成本（原磊，2008）。通过价值网络，企业的内外部信息交流更加顺畅，企业与客户的距离进一步缩短，中间商的利润分成大为减少。

Amit 和 Zott（2001）认为，与价值链相比，价值网络是在更大的范围内联合了更多的企业，企业间通过将各自价值网络整合在一起，形成更具竞争优势的价值网络，即企业整体价值网络的内部是由一个个实现单一功能的模块构成的，通过对这些独立模块的合理分拆与重组，企业可以生产出满足客户需要的产品或服务。

David（2002）和 Lusch 等（2010）在虚拟价值链的基础上提出了价值网理论，通过价值主张、营运范畴、利润获得、战略控制，以及执行力来创造价值，将价值链的各个环节更加紧密地联系到一起，从而使企业运营更高效。

二、价值链重构的概念和层次

(一) 价值链重构的概念

通过重新剖析价值链系统上的价值活动，统筹兼顾企业内、外部的机会和威胁，对各环节进行垂直分解、水平分拆，进而找到真正核心的价值创造过程，并依托技术与管理的创新，重新配置、组合、链接各个价值活动与合作关系，使得价值在利益相关者之间实现转移与重新分配（杨成名，2012），从而构建出一种区别于竞争对手的新价值链系统。其核心内容在于各子系统价值的整合协调，保证用户、社会、所有者、经营者、员工等利益相关者利益的分享及各方价值的协调，保持价值链的通畅和企业系统的平衡。它是立足在价值链及价值网络的基础上，将企业价值活动的环节拓展到了企业生态环境的各个相互影响的因素中，不同的价值重构所针对的对象和方法有所差异，但其根本目标是一致的，即在企业价值重构基础上的企业增值。价值链重构正是基于对于企业自身的再认识，为保证企业在自身和行业价值链中的既有地位而进行的再定位过程。

按照活动的类型价值链重构可以分为基本活动重构和辅助活动重构。

第一，基本活动重构指的是，从企业原材料的采购、运输、库存，到产品的生产加工，再到成品的销售，再到售出产品的售后服务支持，企业对整个行业价值链，从上游到下游进行整体基本业务活动思考，分析价值创造的过程，找出能够创造更多价值的活动，结合企业的实际情况，构建新的业务组合方式，发展核心业务，外包其余业务。

第二，辅助活动重构指的是辅助企业价值增值的其余过程，如企业基础设施的建设，人力资源的建设，组织结构、采购政策及财务管理等。这些过程并不会直接为企业创造价值，但是却是从参与企业基本活动的要求出发，随着基本业务的调整而进行调整。因此，它们对于价值创造及竞争优势的表现具有间接性，同时能够支持战略转型后企业的发展。价值链重构与价值创新有相同点也有不同点。共同点在于它们都是企业某个价值环节的价值发掘，通过企业某个价值环节的增值，促进企业整体价值的升值。不同点在于，价值重构并不局限于企业生产销售的价值链，而是基于整个企业生态系统的价值网络的价值创新，更加强调的是企业利益相关者的价值，通过企业利益相关者环节价值的增值，从而促进企业自身价值的增值。

（二）价值链重构的层次

1. 基于宏观、中观、微观三个层面的价值链重构

就宏观层面而言，在全球价值链的分布中，位于价值链高端的是研发、设计、营销及品牌等核心环节，而低端环节则是零部件生产、加工、批量生产等环节。国家层面而言，应该加强制定相应的政策法规，营造良好的制度环境，搭建方便快捷的交易平台，降低交易成本，推动人力资本升级，激励创新，鼓励发明创造，摆脱低端锁定，逐渐向价值链高端位置迈进。

就中观层面的产业转型而言，制造业向服务业转型升级，并在价值链中重

新定位，从而形成了价值链重构。价值链中的研发、设计、生产、制造、销售和售后等各个环节都可以做成服务产品进行“出售”，企业在提高产品质量的同时更要把服务做好，从而促进企业由单一的制造业向新兴的服务制造业转型升级（David，2002）。

就微观层面的企业自身而言，企业应在充分发挥自身资源和能力优势的基础上，围绕顾客需求，对价值链进行重新调整，构建出适合自身发展的企业价值链。

2. 基于产业链、供应链、价值链三个方面的价值链重构

随着产品技术复杂度的不断提升，首先，单一的个体无法完成所有的生产，不同的个体之间需要进行协同配合，生产者、中介机构和消费者要同时发挥其自身作用才可以创造出更高的价值；其次，随着云计算、大数据时代的到来，交易成本的降低促进国际分工更加细致。因此，形成了技术资本密集型、劳动密集型、渠道服务密集型等产业相结合，前后向联系、横纵向扩展的产业链（Ranjay 等，2000）。

价值网络按照功能分为三部分：价值链活动、供应链网络、产业链整合（滕明慧等，2008）。价值链重构是企业更专业化于某一环节，充分发挥比较优势。供应链重构是使服务业实现规模经济，降低交易成本，扩大市场需求。产业链重构是将某些厂商整合为一，通过消费者需求调整生产，实现规模报酬递增，从而创造更多的价值。价值链、供应链、产业链不同类型的活动形成一个有机的整体，即价值网络，并通过价值链作为载体，将最终价值传递给客户。

三、企业价值链重构的作用

对于企业来说，企业的经营战略时常会受到市场环境、国家政策等因素的影响。随着市场的变化，企业管理层要正确发挥价值链管理的生产力、效率及目标导向作用。结合企业的实际情况，价值链重构的作用主要体现在以下两个方面：

（一）对于短期内没有生存危机的企业

首先，长期保持企业原有的竞争优势或者发现企业新的价值增值点是所有生产及组织工作的出发点。新一轮的价值链重构能够使得企业明确自己的主营

业务，并及时将不重要的业务进行外包，以集中企业的优势资源发展核心竞争力。其次，价值链重构能够优化企业的资源配置，使得企业内部资源能够得到更高效的配置，从而降低成本，扩大企业的市场占有率。最后，价值链重构对于这类企业的另一个作用是能够在企业内部形成一种高效快速的工作环境，提高企业的内部活力，从而提高员工的工作效率。这是由于价值链重构更多的将外部市场机制引入企业内部，破除企业固步自封的氛围，刺激企业员工的竞争心理，从而在企业内部形成良性竞争机制。

（二）对于已经处于生存危机的企业

此时，保持企业的核心竞争力已经不是价值链重构的首要目标，而是要进行战略转型，维持企业的生存。根据企业风险理论，危机可以分为三种：市场竞争、财务危机及组织失灵。无论哪种风险，都会使得企业丧失在自身和行业价值链中的优势地位。进行价值链重构后，企业能够对生产过程进行重新设计，对企业资源进行优化配置，发现企业新的价值增值过程，外包非核心业务，从而降低企业经营成本，降低市场参与风险，提高企业组织和生产效率，维持良好的财务状况。

近年来，随着国内及国际市场竞争不断加剧，顾客需求的多样化开始受到企业的重视，企业的生产经营活动也逐渐转变为以顾客需求为导向，以产品为导向，只重视生产效率的价值链模式已不能适应新的市场需求。企业必须进行新的价值链重构，将过去重点关注成本、利润及资产规模的最大化转为如何最大程度地实现客户价值，将过去企业间单纯的经营绩效的竞争转变为在顾客市场调研、产品规划、风险规避，以及售后服务等领域进行竞争。企业只有通过适时准确地进行价值链重构，才能在各个价值增值过程中准确地实施成本控制，使得整个价值链高效有效的运行。

第二节　传统企业基于价值链重构的转型路径

价值链重构的方式有很多种。杨希若（2012）提出从价值链环节来看，价值链重构既包括了在原有的价值链环节上新增一个价值链环节，也可以是对原来的价值环节进行升级，还可以由原来所处的价值链环节转换到更具有增值能力的价值链环节。

封卫强（2015）从产业价值链角度提出了传统企业产业价值链可以采用四种方式进行系统整合，从而创造价值：一是产业链的内部纵向整合，即增加本企业产业链条的长度；二是产业链的内部横向整合，即与竞争链的整合，增加本企业的运作规模；三是企业价值链内部的整合，提升企业内部的运作效益；四是产业链外部的跨产业整合，即企业价值链内相关环节直接跨产业整合资源，突破资源发展的瓶颈（王东升，2015）。

结合前人的分析和传统企业的特点及面临的环境变化，本书认为传统企业转型时，其价值链重构可以从以下四个方面进行：价值链再定位，价值链纵向延伸，价值链横向延伸，价值链跃变。

一、价值链再定位

在波特看来，由于在价值链或价值链系统里处于不同环节的企业所能够创造和获取的利润是不同的，由此决定了企业价值创造的不同，因而企业经营的核心问题就是“在价值链上定位”。

价值链的不同环节往往会创造不同的价值，创造价值多的环节被称为价值链高端，反之被称为价值链低端。一个完整的价值链体系包含从上游的供应商、中游的生产、到下游的渠道和客户价值链相互交织而成，不同的企业具有不同的价值链定位。这种价值链定位的不同，以及对产业价值链的运用不同，形成了企业各自独特的竞争优势和创造价值的独特环节与方式。企业在外部（产业）价值链的定位对其盈利水平影响有可能比企业内部价值链定位的影响更大。因而，根据企业在产业价值链中的位置可以判断一个企业的活力或生命力（周永亮，2016）。

在当今的互联网时代，大数据、物联网等信息技术的冲击，使传统企业基于价值链的价值创造核心由企业转向了客户。随着社会个体需求的快速转换，传统企业提供产品与服务满足顾客需求的模式不再适合市场发展需要，而应根据各人的需求由企业提供个性化的产品和服务。传统企业要成功创造价值，并不是靠单一价值链要素的成功创新，而是围绕着新的客户价值来重新构造企业的价值链系统，改变行业原有的竞争与盈利规则，并且通过企业的战略重构与商业模式创新来实现价值创新，只有这样，才能真正创造价值，获得发展。价值链定位优化的典型如传统制造业企业的价值链由静态转向动态，由以企业为中心的价值链向以顾客为中心的服务价值链转化（姜铸等，2017）。

在波特价值链中，企业基础设施、研发创新、信息技术等被多数企业视为价值链的辅助活动。但是，在当前信息技术发展、大数据、互联网的环境下，这些辅助活动逐渐向基本活动转化，这也成为传统企业进行互联网战略转型的必经之路。一方面，传统企业可以把信息技术作为创造价值的基本活动，建立企业内部信息的高效流通和外部信息的整合及无障碍传播，进而降低内部的运营成本。另一方面，传统企业要充分结合网络时代大数据优势，借助信息技术来收集信息，获得关于用户需求的庞大数据，并针对用户需求提供相关的产品或服务，更好地满足客户需求，提高客户价值，进而为企业创造价值。此外，还可以通过建立弹性信息架构和协作业务网络来加快转型速度，利用信息技术汇集企业间的有用资源，增强合作形成紧密关系，为客户提供一套完整的服务与解决方案，而不再是仅提供单个商品或服务（王茜，2011）。

二、价值链纵向延伸①

价值链在经济活动中是无处不在的，上下游关联的企业与企业之间存在行业价值链，以及企业内部各业务单元的联系构成了企业的价值链，在产业链里由上游价值链和下游价值链组成完整的价值链系统。价值链系统关注价值的最大化，是一种非线型思维。企业间的边界被打破，需要重新审视价值链，价值链构造需要企业不仅要依靠企业内部的资源，更要依靠外部资源。

中国传统企业进行价值链延伸的原因在于：第一，虽然传统企业技术水平低，但是中国庞大的市场带来一种巨大的优势；第二，由于互联网的影响，一些传统企业的产品与服务成为了免费边缘的产品与服务，传统产业就必须要延长企业价值链，在新的价值链上获得收入。

如果企业掌握了庞大的国内市场，那么可以通过集中市场资源，整合上下游产业链来获得最大的价值创造。价值链纵向延伸的方式有三种：

第一，向上游延伸。当上游零部件或者服务对企业的竞争力至关重要时，企业可以从产业价值链的下游向上游延伸，以此来控制原料来源和成本。还有一种典型的情况就是进行供应链整合。供应链整合使得每个企业都演化成信息

① 杨柔坚：“基于价值链重构的传统企业商业模式创新和价值创造研究”，《南京师范大学》，2018 年。

物理系统的一个端点，不同企业的原材料供应、机器运行、产品生产、渠道销售都由网络化系统统一调度和分派，使得产业链上下游的协作更加高效。如戴尔依赖其对下游供应者的协调、管控及上游客户的积极拉动，使得戴尔的直销商业模式在全球市场上获得成功。

第二，向下游延伸。为了更好的服务客户，企业还可以向下游延伸产业价值链。从上游向下游的价值链延伸的典型为制造服务化，即企业从以传统的产品制造为核心，转向提供具有丰富内涵的产品和服务，直至为顾客提供整体解决方案。

第三，内部化伴随虚拟化。产业价值链延伸还可以通过内部化伴随虚拟化来进行。内部化是指把外部企业按内部进行管理。虚拟化是指以顾客需求为导向，舍弃非核心业务领域，专注于企业核心产品、核心业务与核心能力的开发和培育。虚拟化下协同制造成为重要的生产组织方式，只有运营总部而没有生产车间的虚拟企业开始出现。

如最大的运动鞋商家耐克却没有生产过一双鞋。波音公司则通过搭建一个平台，向供应商开放所有技术、设计数据库，并让供应商可在平台上虚拟完成装配后，再实体生产、装配，波音公司则将主要精力放在寻找合作者。波音公司从集权者转向一个组织者，它通过把各级供应商虚拟化为一个由供应商、次级供应商到再次级供应商的大企业集团，并进行内部化管理，通过网络共享平台，共享网络资源，让各级供应商在平台上相互交流和协作，自己则承担起了平台的维护者的角色。

三、价值链横向延伸

横向延伸产业价值链有两种类型：

第一，相关行业横向延伸。企业在价值链重构时，除了关注自身的产品、分销渠道、支持体系、收入实现方法等企业内部元素以外，还可以从企业所处的经营环境、供应链、衍生行业等外部元素角度横向延伸，设计自身的新的价值链，通过开放式创新和超边界来构建新的价值系统，以实现整个行业中企业群体的共赢来实现自身价值的提升。相关行业的价值链延伸，能够充分利用原有的资源和能力优势，并把其拓展应用于新的相关领域，这会降低转型风险，而同时生产多种相关产品或服务比单独生产某一产品或服务的平均成本更低，从而实现范围经济。

第二，跨行业延伸价值链。中国层次众多的行业，为跨层次的行业资源整合提供了广阔的机遇。基于对产业环境及变化趋势的深刻洞察，跨行业整合资源必然会突破既有行业的限制与竞争规则，优化与整合企业内外的价值链环节，改变行业和企业价值链的构成，形成新的价值创造。

由于技术与需求升级原因所导致的跨行业价值元素的嫁接，也就是所谓的产业价值链融合，形成了传统产业和计算机、互联网、云计算、大数据等技术的广泛结合，以及产业资本和金融资本的结合等。

综合解决方案提供商的出现是产业价值链融合的典型代表，引发了相关传统产业领域的深刻变革，彻底颠覆了所属产业的原有价值链体系和价值分布格局。

例如，PPG 服饰有限公司，既不是服装企业，也不是互联网公司，而是一家数据中心，甚至可以认为是一家服务器公司。

四、价值链跃变

当原有产业链进入衰退末期或是环境政策的突然巨变导致企业生存受到重大威胁时，很多企业会选择完全退出原有行业，进入一个完全不相关的行业或一个全新的行业“另起炉灶”。这与一般的跨行业价值链横向延伸不同，是一种价值链破坏性的重构。由于新进入的业务领域与原有业务完全不相干，可能使得企业原有的组织惯例受到冲击。因此，发生价值链跃变的企业不仅要在新价值链上找到优势定位，还需要具备战略导向的动态能力，尤其是组织的柔性能力、学习能力和协同能力。

第三节　价值链重构与协同机制

一、价值链再定位与外部协同

在当今的竞争环境里，整个价值链的综合竞争力决定了企业的竞争力。企业之间的竞争不再是价值链单一环节的竞争，也就是说，不是单一产品、渠道、营销手段、供应商等价值活动的竞争，而是由这些价值环节连接成的价值链及价值链系统的竞争。因此，企业转型对价值链再定位时，必须考虑与外部价值链的协同。

价值链中，由于产品技术的复杂程度日益提高，单独的经济单元已不能完成所有的生产经营，不同的经济活动单元（供应商、企业合作者和顾客）必须通过协作才能创造最大的价值。

价值链系统将企业、供应商、顾客等连接在一起并相互协同，创造价值最大化。价值链系统的形成突破了波特线性价值链分析的逻辑，使企业的价值创造不仅来源于企业的内部运营中，还来源于价值链上的各个利益相关者，包括原料供应商、经销渠道、顾客、股东、政府等。

因此，价值链要围绕定位来协同，如果企业想要转变其中的一个环节，则整个价值链也都要重新配置。只有协同价值链上各活动才能成功创造价值。价值链协同就是通过组织架构、财务预算、生产模式、营销模式、人员管理等相关运营层面的规划，实现高效率、高品质、持续创新和快速客户响应。

传统企业面临激烈竞争下巨大的成本压力，需要采用价值链协同整合的方式，使企业向“轻”公司模式改变。如戴尔的直销模式，耐克只保留设计，而分离制造的商业模式，以及蒙牛早年采用的“先市场后工厂”模式，减少了库存的压力，市场反应更灵敏。

二、价值链横向延伸与内部协同

当企业通过价值链横向延伸进行相关行业的战略转型时其主要利用的是协同效应。所谓协同效应，是指企业生产、营销、管理的不同环节，不同阶段，不同方面共享某一资源而产生的整体效应，即 $1+1>2$ 的效果。企业通常可以通过采用相似的技术，共用投入要素，共享品牌、商誉，分销渠道甚至营销团队等方式将不同的业务或市场连接起来，以降低成本、扩大业务领域、保持和提升竞争优势。也可以把原有的技术、资源或能力优势迁移到相关的行业中，产生新的竞争优势，成功地进行新旧核心业务的转换。

很多实施单一产品战略的企业在建立竞争优势之后，往往会进行多元化战略的转型。虽然单一经营战略有助于企业在技术，品牌、管理、规模，成本等方面创建竞争优势，但是当环境发生变化时，生产单一产品就会面临巨大威胁。比如说格力曾经实施单一产品战略，专注生产空调，并建立了在行业中的领导地位。但随着空调市场的日趋饱和，格力单一业务的发展就遇到了“天花板”。因此，格力向多元化战略转型就成为必然。如今，格力不仅做了相关行业转型——从空调拓展到冰箱、洗衣机、烟灶、电饭煲等生活家电，还相继进入手机、智能家居、新能源技术、智能装备、工业自动化等不相关行业。

基于价值链延伸的多元化战略相对单一产品战略主要有如下优势：一是规避单一经营战略的风险。二是相对于管理单一业务，同时管理多个业务可以减少一般管理费用，比如法律服务和会计方面的费用可以分摊到许多业务中去，因此和同类单一业务的企业相比，多元化企业的管理费用较低。三是企业实施相关多元化战略，能够有效利用多种业务间的协同优势。比如华为公司由手机拓展到智能穿戴和电脑业务领域时就是在运用协同效应，这不仅为企业创造了新的收入机会，同时还能利用现有技术、采购和分销方面的优势。

如果实施相关行业战略转型的企业未能实现重要的协同效应，则会处于竞争劣势。比如环球影片公司，由于它的主题公园，电影制片厂和授权部门整合程度不够充分，无法取得协同效应，在与迪斯尼的竞争中一直处于下风。

三、价值链跃变与转型风险

对于不相关行业转型战略，要求新业务能独立取得很好的财务业绩，而不是利用产业间的价值链协同来获利。比如当原有业务陷入周期性的衰退时，进入一些周期性上升的行业，将为企业获得较好的投资回报。因此，不相关的行业转型被认为能够拥有资源的配置优势，即可以将资源投向回报最高的业务。很多大型企业集团试图通过不断的去并购具有高盈利潜力的公司来实现扩张式转型。

尽管理论上有这些优势，研究表明不相关行业的战略转型通常并不能产生高绩效①。

首先，企业的扩张使得价值链定位的分散和割裂，形成多个价值链“孤岛”，对组织惯例将产生巨大冲击。这类企业的决策层通常对不相关行业缺乏足够的知识，无法提供有价值的战略建议或适当的配置资源，也不具备充分评估所有业务投资经济性的能力。他们可能过分看重业务当前的表现，这种狭隘的

① Ricky W. Griffin:《管理学》，中国市场出版社第九版，第 194 页。

视野最终会阻碍公司的发展。

还有一些公司通过并购的方式去进行跨产业的经营，而公司财务理论并不支持此目的的并购，因为由并购企业的股东自己去做多元化组合投资才是更为经济的做法。通过并购进行转型还有一个巨大障碍，就是要求母公司必须有一个优秀的高层管理队伍，能够有效地计划、组织、动员、委派和控制。然而，管理者在一个行业的管理经验和优势很难移植到另外一个行业。因此，对一个不相关行业里企业的管理显然比单一产业企业的管理要困难得多。

此外，不相关行业转型也意味着企业在一个新的业务领域将遇到规模经济、技术、资金和销售网络等市场进入障碍，任何一个障碍都将导致企业转型的失败。因此，如果价值链重构涉及对组织惯例的剧烈冲击，超出企业动态能力支持的范围，转型就很难成功。

正因为以上原因，不相关行业的战略转型风险极高。企业只有打造动态能力、专注于一系列核心的相关业务和市场，才有可能在市场中求得生存和发展。

第六章　网络时代传统企业的转型策略

中国经济面临产业升级和消费需求升级的“新常态”，在互联网、物联网、大数据和云计算等新技术的推动下，新的商业模式和新业态不断涌现，经营的电子化和数据化已成为企业生存和发展的关键因素。由于传统企业受制于思维局限、战略惯性、结构僵化和人才的缺乏，越来越难以适应新的竞争环境，向互联网和数字化转型已成为必然的选择。

第一节　传统企业互联网转型的内容与战略匹配路径

一、传统企业互联网转型的主要内容

传统企业互联网战略转型的核心是“以用户为中心”，运用相关信息技术，进行战略、业务等顶层设计规划。对于传统制造企业而言，互联网战略转型的内容主要包括向产品模式变革、生产模式变革、商业模式变革、营销模式变革（黄宏磊，2018）。

（一）产品模式变革

传统企业的思考维度往往是从内到外的，关注的是“我如何把产品销售给顾客”，也就是说，产品和用户关系是单向的。而互联网时代，过去那种企业生产什么就卖什么、消费者也就只能买什么的时代已经一去不复返了，传统制造企业必须树立互联网化的产品思维，以顾客为中心，不断满足消费者需求，甚至进一步引导消费者需求转变。由于互联网技术为企业提供了从产品到用户、再到产品的高效的双向反馈环，企业能够以更快的速度在产品外观、功能和体

验方面进行迭代改进，让产品日臻完善并最大程度的满足客户需要。互联网企业和传统企业的最大区别就在于前者具有“用户思维”，即提高用户参与度，使得用户有机会接触到企业运营的全部要素，包括品牌、产品、服务和对外销售过程等方面，从而打造出一个与用户和谐共生的品牌。所以传统企业互联网转型的起点，就是改变产品决策的信息流向，把产品思维转变为用户思维。

（二）生产模式变革

传统制造企业要适应互联网时代消费者的要求，需不断提升自身能力，以实现生产模式变革。一是提高企业生产计划电子化管理能力。主要包括物料清单电子化、提前进行产品定制和对制造车间进行分类管理。通过物料清单的电子化，明确标准组件和可以进行个性化定制的零部件、外观等，让用户亲自参与选配环节；提前进行产品定制就是通过延长消费者的定制周期，使得交付时间延长，企业就可以整合档期，尽可能实现经济批量加工生产；对制造车间进行分类管理就是合理组织生产计划，充分利用车间生产能力，建设一个智能样板车间，将智能化要求高的小批量、多品种订单尽可能放在样板车间生产，将规模大、需求量大的品种放在标准化程度较高的流水线上制造。二是提升企业生产现场网络化管理能力。传统制造企业可以根据自身实际，采用二维码或传感器技术逐步实现多模式的人机交互，包括语音、图形/视觉、手势、眼球跟踪、肢体动作、面部表情、身体语言等。通过不同的模式，操作工人和机器可以进行配合，完成具体的操作动作。待智能化程度提高后，还可以运用机器人、数字机床、通过可编程序控制器、信息物理系统集成来实现物体和物体之间端对端的信息交互，自动执行生产加工动作，灵活决定生产过程。三是增强企业质量管理信息化能力。企业可以通过互联网逐步建立质量管理微信群、QQ 群、企业专题论坛等，打通消费者社区入口，将消费者对产品的评价、改善意见和使用体验直接和质量管理分析员对接，实现质量的持续改进和技术优化。待企业智能化程度提高后，可以构建信息物理系统，对质量进行全程动态管理，随时发现质量问题，随时自动处理。四是提高企业设备信息化管理能力。企业应加大信息化建设投入，通过现场总线，将设备一个个联接起来，将设备交互的信息通过数据中心进行处理，传递到互联网，实现生产过程可视化，消费者随时都可以直通现场，了解加工情况，清晰地了解加工进度。通过智能设备的投入，实现与原料、产品的信息交互，建立真正的智慧车间、智慧工厂，制造才能真正升级为智造。五是加强企业仓储物流信息化建设。仓储物流是生产制造互联网化的核心，整个仓储系统要做到在线化、智能化。“物”与“物”之间互联互通互懂，使物体之间相互能传递信息，自动完成物料搬动和运输信息交互。

（三）商业模式变革

近几年来，不少企业纷纷尝试进行互联网时代的商业模式创新，总结起来，企业互联网战略转型中的商业模式主要有以下几种：一是“内容＋社区＋电商”商业模式。内容具有媒体属性，用作流量的入口；对于社区部分而言，其最大的特点是关系属性，社区的存在能够沉淀流量；对于商业部分而言，其具备交易属性，并以其为渠道实现流量变现价值。用户因为好的产品/内容而聚合，然后通过社区来沉淀，因为参与式的互动、共同的价值观和兴趣形成社群从而有了深度的链接，用定制化C2B，通过交易来满足需求。二是长尾型商业模式。长尾追求“多样少量”的目标（林东华，2009），从传统制造企业的角度来看，其向市场推广的产品难以涵盖所有种类，因此，企业想要获利则必须提供多元化产品，而要想获得持续长久的利润，商品必须为（超级）热门商品，以此可以获得来自于热门商品的多元化产品优势，从而提高企业效益。三是平台型商业模式。平台商业模式具有开放、平台化、网格化、交互、共赢、扁平化和并联等特点，其重点在于提供平台，平台往往具有规模大的特点。其中，所提供的产品品种多样，类型多元。四是O2O商业模式。传统制造企业在进行互联网战略转型时，需要突破线上和线下两个独立环节的局限，并将二者有机结合使其发挥联动作用（侯家艺，2015）。总结而言，线下环节为线上环节提供销售供应，并能够发挥实体体验的效果；而线上环节属于一种销售渠道，并能够为线下提供一个广泛的展示平台。因此，企业应当打破二者的壁垒，并正确认知二者关系，及时调整不正确的定位。

（四）营销模式变革

传统制造企业面临着营销3.0时代，营销方式也应不断迭变，不断向大数据营销、社群营销和内容营销转变。一是大数据营销。这一营销方式的实现依赖于以下方面：首先，要对数据库进行筛选，并针对所筛选出的结果进行分析；其次，要正确认知用户群体，并有针对性地对其进行产品宣传；最后，做到精准销售，减少营销过程中出现的成本。由此可见，此营销模式具有的特点为预测式营销，其预测的依据在于用户过往的行为，通过预测向用户提供目前所需。这一模式摒弃了传统的效果监测目标，其核心为对用户体验效果的预测。二是社群营销。社群是指在特定的范围里存在的社会关系或具有联结关系的网络。

基于互联网背景下，消费者不再局限于追求产品的功能，更多关注其他与功能息息相关的元素，比如文化、品牌等与精神相关的元素。一旦与用户所追求的价值观相似、对产品所体现出来的精神元素产生相似的认知，则会出现群峰效应。受到群峰效应的影响，用户会选择形成圈子进行更多的交流与互动。如果用户认同品牌价值观，则会选择成为该品牌社群的成员，并对该品牌保持较高的忠诚度。三是内容营销。内容营销就是不需要做广告或做推销就能使客户获得信息、了解信息并促进信息交流的营销方式。它通过印刷品、数字、音视频或活动提供目标市场所需的信息，而不是依靠推销广告。对于传统制造企业而言，由于受到互联网思维的影响，其自身的市场营销体系正在受到冲击。首先，市场上的信息传播方式不再具有优势，信息不对称的壁垒逐渐被打破，传统的单一媒介逐渐被市场淘汰，在互联网时代的背景下，对信息交互要求较高，传统营销很难做到。其次，由于目前市场上出现越来越多的个性化定制需求，这要求企业与用户形成良好的沟通关系。这一要求无法被传统渠道所满足。

二、传统企业互联网转型的战略匹配路径

传统企业向互联网转型是个系统工程，转型过程中要全面融合利用企业所有的资源，这就要求传统企业组织结构、IT 结构和相关流程等进行协同演进。

（一）互联网转型与 IT 匹配路径

传统企业向互联网转型必须处理好 IT 和业务及管理组织的关系，实现 IT 与业务等要素的匹配。

早在 1992 年，Hendemon 和 Vekatraman 就提出了一个关于 IT—业务战略匹配的理论框架 SAM 模型，在这个框架体系里他们把企业的 IT 战略管理分为四个基本构量——企业战略规划、IT 战略规划、组织流程构架和 IS/IT 基础设施，并阐述了用需要匹配的要素来促进企业内外部环境、IT 和业务最佳搭配，并根据企业业务战略与企业 IT 战略在运营中的着重点不同，提出了四条匹配路径（如图 6－1），这一模型虽然较抽象，但它简明清晰，具有较强的现实指导意义。

路径 1 战略执行：如图中线路 1 所示，企业明确自身业务战略后变革企业的组织结构和流程，再通过 IT 的使能作用，把新的 IT 构架整合到变化后的组织中去，典型的代表有海尔自营体等。随着互联网的发展，企业的重心由过去关注

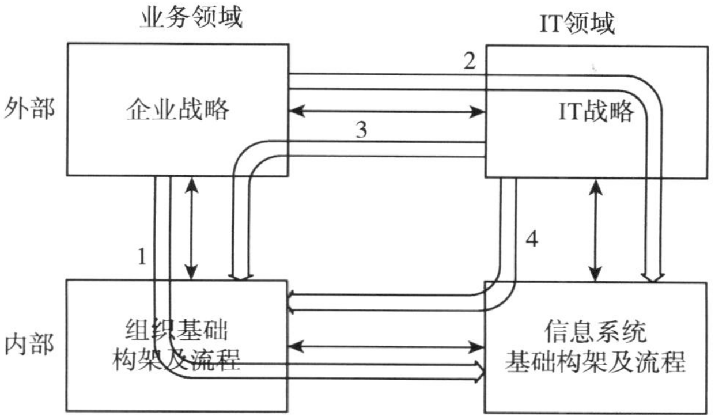

图 6－1　战略匹配路径

自身的生产和产品转向关注市场和服务，为了实现这一目标，企业需要从 IT 设施构建及流程着手，通过互联网技术手段，简化手续、精简流程，从而提高组织机构适应性和灵活性，使之更适合“互联网＋”的管理模式。具体思路就是将原来金字塔型结构调整为易于重构的扁平柔性结构，减少不必要的中间环节，并采用先进的 IT 技术手段，减少组织结构层次，加强沟通，使得生产者和客户直接交流成为可能，企业也就能够以它独有的柔性实现对不断变化的环境作出敏捷反应，以超快的速度推出客户所需的产品，能有效克服资源在空间和时间上的局限性，从而实现企业对资源的最佳配置。以海尔为例，自 2006 年以来，在互联网等新技术的催化下，组织变革迎来新一轮进化高潮，中国海尔集团构建了“自主经营体”，全面改造了海尔集团的组织运营模式，并借用 IT 技术促使各部门围绕客户需求，自主经营、快速反应、引导消费时尚，在传统经营体系的基础上更进一步。自海尔集团采用自营体运作模式以来，业绩连年攀升，2017 年海尔集团实现全球营业额 2419 亿元，同比增长 20%，利税总额突破 300 亿元，其中经营利润同比增长 41%，成为互联网 3.0 时代传统企业生存的典型样本。

路径 2 技术变革：如图中线路 2 所示，企业明确自身业务战略后，利用 IT 战略对其进行定位，并构架相应的 IT 基础设施和流程，形成与业务相匹配的 IT 技术设施，使其业务模式更优化。其实质是通过调整 IT 战略和技术来支持和拓展已有的企业战略，利用互联网技术改造现有的业务。这也是最常用的一种路径，典型的代表有苏宁易购等。随着互联网发展，企业将传统的业务利用互联网技术加以拓展，通过平台、二维码、App、导航、团购、自媒体等技术实现线下、线上全渠道的业务整合，进而提高效率、降低成本。以苏宁易购为例，从

1999 年开始承办新浪网首个电器商城，2004 年嫁接门户尝试网购，之后自立门户、树立网络销售形象，同期线下实体网络建设不断加速；随着全国实体网络的建立以及会员制数据库营销的建立，初步启动网上平台的运营，探索经验，优化系统平台；最后是全面升级、力推线上和线下相融合。

路径 3 竞争潜力：如图中线路 3 所示，企业利用 IT 战略手段推动企业业务战略目标、范围和商业模式等发生改变，进而对企业内部组织结构、流程及管理方式等进行改革，其实质是创新服务与产品，并通过组织变革来拓展业务范围，进而提高竞争力。其主要适用于行业竞争十分激烈或以 IT 技术来完成其服务，以及以满足顾客的需求作为主要指标的行业企业，典型的代表有网上银行、韩都衣舍等。互联网 + 引发了信息革命，而信息革命使得市场竞争日益加剧，企业利用互联网等技术多方位收集目标客户资讯，并通过建模分析消费者的需求，及时调整或拓展自身的业务范围，最大限度地满足消费者的需求，从而抓住客户，同时企业内部也有必要采用灵活多变的管理策略来适应这种客户需求的变化，如采用流程精简、机构灵活的 BPR（业务流程再造）优化企业资源配置，增强企业的应变能力，从而拓展企业业务范围，提高企业竞争力。

以网上银行为例，随着互联网的快速发展，信息技术也得到了飞速的前进，各种互联网金融和各种“宝”类大量涌现，它们大大降低了交易成本，提高了经济效率，这给传统银行的运行模式带来了极大的冲击，为拓展与调整自身的业务范围，传统银行改变自身的运行模式，形成自己的网上银行服务体系，并通过业务流程再造优化内部资源配置。

路径 4 服务水平：如线路 4 所示，企业先制定 IT 战略，然后再改善现有的 IT 构架和流程，进而建立相应的组织结构，这一路径适用于一些新生互联网企业，实现跨界融合，其实质是利用互联网模式开辟新业务，也是传统企业向电子商务转型的一种较高层次的模式。企业可以利用大数据、云计算等技术来精准地发现用户的需求，并开创新的盈利模式，如免费模式、平台模式、社群商业模式等，最大限度地满足并引领用户的需求。

对于传统企业而言，连接 O2O 平台是一个非常好的转型模式，它把能提供服务或商品的商家或者个体户与需要服务或商品的广大消费者通过互联网连接起来，其实质是“信息连接”，但这种“连接”不仅需要企业改变观念，有变革的勇气和胆识，还要变革企业组织结构、重塑企业文化、建立好信息基础设施，并要根据内外部环境，选择合适的 O2O 转型路径，进而实现企业 IT—业务战略匹配，达到顺利转型的目的。总之，进入“互联网 +”时代，商业已经从原来的“快鱼吃慢鱼”单生态模式进入了“群鱼吃独鱼”的大生态模式。

（二）互联网转型与组织结构变革

企业的互联网转型是一个系统工程，无论采取哪种互联网转型模式，都强调用户思维、服务理念。传统企业要想更快、更好地响应顾客需求，必然要变革关键业务和流程，现有的组织结构也必然会发生变革。因此，互联网战略转型会更加强调组织的柔性和动态协作性。如何转变企业领导者的服务意识、建立业务职责的服务导向以及如何加强企业内部战略一致性将是制造企业转型战略成功实施的管理关键。

1. 层级组织向扁平化和自组织转变

互联网技术具有去中心化的特征，因此互联网组织的架构也呈现去中心化的趋势（王蔷等，2004）。由于层级的大幅减少，组织内的信息传输效率加快，这就使得企业对客户需求能够更敏锐地感知并做出更快的响应。一些新兴互联网公司采用的是扁平化结构——数百号员工的企业，其组织架构只有两层，以 CEO 为首的核心管理团队，分管下面几十个工作小组，每个工作小组是一个基础的作战单元，类似于一个特种部队，平时独立作战，有重大任务时，根据需要，某几个工作小组可以随时重组为一个全新的大项目工作组，任务结束后再解散回归原编制。

而传统企业往往是金字塔式的分层管理模式，职能式组织结构、事业部式组织结构、矩阵式组织结构被广泛运用。这种组织形式强调的是控制和执行效率，但是灵活性不足，决策速度慢，无法应对市场需求的快速变化和竞争压力。因此，传统企业进行互联网战略转型时，就是要将之前高度集权、金字塔型的组织结构转变为分权化的、权力向一线倾斜的组织结构，唯有如此，才能更好地感知到技术和市场的变化，也才能更好、更快地适应外部环境变化。

面对技术和市场需求的双重不确定性，面对混沌的竞争格局，企业已无法完全依靠过去那种预先所确定的组织秩序和组织规则找到触发点或引爆点，而是必须具备一种可自我调节、自我适应，以及自我修复的能力（施炜，2015）。这就需要组织进行结构化创新、颠覆式创新来建构这种能力。企业必须成为自组织，或者说必须具有自组织属性和机制，只有这样，才能适应变化、动态地成长。所以，企业的自组织化，是互联网转型战略上的必由之路，它包含以下几个方面的策略[①]：

第一，以分布式创新应对技术、需求的多元格局。既然未来充满不确定性，路径分叉多向，那就不能完全依赖组织的个人信息来做决策。企业必须形成多个自主、自为的主体，它们自下而上地选择创新方向、确定项目、组合人员、整合资源，以小团队形态探索试错、突围突破。这样做，能够以弹性与灵活性应对不确定性。这种分布式创新，将分散于组织内部及外部的智慧挖掘，并加以利用，使组织有了开放、流动、弹性的无边界特征。

第二，以边缘性变革推动企业的转型。很多企业，主体业务的结构及利益格局已相对固化，整体变革过程复杂、路径漫长、风险巨大。稍有不慎，便入万劫不复之境。因此，局部、边缘性的试验、试错及迭代式变革推进，就变得很有意义了。边缘性创新代价小、方式灵活，即便不成功也无碍大局。一旦试验成功，即可以通过中心控制方式在企业内部学习和推广，也可以通过自组织方式引发组织的整体变化。

第三，通过机制设计触动组织自发、自为地演进成长。例如可以设计一些机制，赋予自组织“第一推动力”。这些机制包括权力责任对称机制（分权授权机制）、利益分配分享机制、自律机制、对标机制、PDCA 管理循环机制、制衡机制等。它们使组织内部产生势能和张力，与自组织相结合，会强化、放大组织的运动和变化，激发组织能量增长和功能实现。我们可以通过调节这些机制，影响自组织运行的方向和过程。

尽管理论上扁平组织、自组织、无边界组织能够赋予组织灵活的机制，但是一个传统企业在转型过程中如果只是做结构形式上的变动和调整，这样的转型很难成功。因为组织架构都不是凭空产生的，而是在企业的发展过程中与内外环境的约束下形成的，具有一定的惯性，每一种结构的生命力都有其相应的文化土壤。互联网战略下的组织架构对内部人员的能力要求很高，团队成员之间的分工模糊化，每个人多角色进行协作，并且分散成各个小团队，单点负责，迅速决策，需要组合时，立即自由联合，任务完成后，自动解散。他们并不依靠层级管理、复杂的流程控制管理，完全是一种任务驱动式的协作方式。因此，组织结构的改变，必须与文化的调整、员工态度的改变协同进行才能凑效。

① 施炜：“不确定时代的自组织管理”，《中国人力资源开发》，2015 年第 8 期，第 9－11 页。

2. 基于服务化导向的组织重构

制造业服务化背景下，产品服务的融合趋势导致企业内部组织结构的变化（张鑫雨，2011）。一方面是由于在服务化战略实践中，制造企业引入服务业务后会面临来自于同一组织内部制造业务和服务业务在资金、人员等资源配置，以及协调管理等方面的冲突与困难。管理者需要专注于产品业务和服务业务间的平衡发展。而设立独立的服务组织有助于企业开发潜在服务市场，增加服务利润和收益。反之，集成的服务组织会促进产品的销售和客户满意度。由于服务的增长需要分离并且独立的服务组织。因此，创建一个独立的服务部门完全控制服务业务目标市场的客户、开发、定价和服务交付会改善服务业务的财务绩效。另一方面，服务导向的组织结构应该具有服务员工职责清晰和适当授权的特征。这意味着制造企业作为专用的服务所有者不仅应强调服务的价值，而且也应该能够以服务导向的方式表现。如果员工被高度授权，他们将更有可能在服务接触时提供满足客户需求的服务，而且客户更愿意与高度授权和有积极性的员工互动，这会提高客户的满意度和忠诚度，进而提高企业绩效。

战略与组织结构相匹配是企业取得良好绩效的保障。制造企业在服务转型过程中，将企业定位于增加产品差异化，在传统市场上扩大产品市场占有率时，其开展的服务业务附属于产品业务，则企业内部会强调服务业务的成本，严格控制服务成本在产品成本中所占的比重，此时将服务业务整合在产品业务组织之中，有利于产品的销售（陈蔚珠，2012）；当企业希望通过服务业务获得长期稳定收益，并将以客户为中心的服务业务作为企业未来的发展方向，则企业内部会发展分权的，并独立核算成本收益的服务业务事业部。特别是当企业定位于为有限的客户提供广泛的产品/服务或是客户企业全生命周期的整体解决方案时，企业会设置以客户为中心的事业部。此外迈克尔·波特也指出，追求一致性要考虑整体战略与组织内部管理活动间的协同，管理行为之间的互相促进和扶持，由于战略一致性可以带来持久的成本削减和差异化经营，从而增强公司的竞争优势。

第二节　传统企业的平台模式转型

网络平台商业模式与企业传统经营模式相比具有显著的优势，对传统产业造成了深刻的影响，日渐成为新经济常态下最具活力、最具潜力的模式之一。越来越多的企业通过打造网络平台变革传统经营模式，传统媒体、交易、金融、信息通讯等产业中的很多传统企业借助网络平台战略成功实现了转型和升级。在这一节里，我们将对传统企业向平台战略转型的方向和策略进行探讨。

一、平台的特点

随着信息技术和信息产业的蓬勃发展，各种新兴的高科技平台不断涌现，例如，计算机操作系统、视频游戏、电子商务、互联网网站、电信运营、手机在线应用服务、银行卡等。这些平台覆盖了经济生活中最重要的产业，并且呈现出与以往传统产业截然不同的经济特性。

首先，平台具有显著的网络效应。网络效应实质上反映了消费者对产品需求的相互依赖特征，当一个使用者从消费产品（或加入一个网络）中得到的效用随着消费该产品的其他使用者（或同一网络中使用者）的数目而递增，这种现象就被称之为网络效应。以移动运营平台为例，使用中国移动通信网络的人越多，加入该通信平台所获得的价值也就越高。

除了直接的网络效应，在具有平台特征的市场上还存在“间接网络效应”，也称为“组间交叉（cross - group）”网络效应。如果平台通过提高对其中一边收费，同时同等程度地降低对另一边的收费，可以改变交易量的话，则称这一平台市场为“双边市场”（Armstrong，2006）。双边市场是以平台为核心，通过设定合理的交易规则（价格结构）来吸引双边参与者到平台上来，因此也被称为“双边平台市场”。以游戏机市场为例，游戏机平台面对的两边分别是游戏开发商和游戏玩家，游戏开发的越多，消费者对游戏机的需求也就越多，从另一方面来说，购买游戏机的人越多，愿意在该游戏机上开发各类游戏软件的厂商也就越多。事实上，双边市场特征并非高科技平台独有，传统的婚介平台、出版社平台、媒体平台等也都是典型的双边平台市场。

这里所谓的“双边”其实只是一种理论上的抽象，在现实生活中，平台往往涵盖了多边市场，以携程这个平台为例，与它连接的“多边”市场就包括酒店、高铁、航空公司、旅行社、广告商、客户等。淘宝平台则是连接了各类企业、个人卖家、消费者、广告商等。

在整个互联网的生态圈里，平台企业是连接“多边”的一个枢纽，具有核心地位。而嫁接在平台上的各类主体（企业或个人）则可以通过借助平台的规模效应来降低成本、优化价值链和提升效率。

二、平台企业的类型

基于不同的分类标准可以将平台分为多种类型。①根据平台的开放程度，可以分为开放型、封闭型和垄断型。开放型平台中多边成员可以在平台市场自由的进出；封闭平台中，后来者想要进入平台市场会受到已有成员的约束和限制；垄断型平台中，垄断者控制了市场中的所有位置（徐晋，2006）。②根据平台的连接性质，可以分为垂直型平台、小平型平台和观众平台三种不同类型。垂直型平台将买卖双方连接在一起，促进双方交易的实现；水平型平台将不同成员群体连接在一起，促进相互之间的交流和互动；而观众平台连接观众和商户，通过提供产品和服务吸引目标客户。③根据平台功能进行分类，可以分为市场创造型、观众创造型和需求协调型三种不同种类的平台（Evans，2003）。属于市场创造型的平台主要有交易所、购物中心和交友俱乐部等，这类平台提供一个中介场所促进不同客户群体成员进行交易；观众创造型平台将广告商与观众群体相互匹配，诸如报刊杂志、网络门户等广告支撑型媒体都属于这一类别；需求协调型平台自己并不直接参与交易，而是通过为两个或多个需求互补的客户群体提供产品和服务，促使间接网络效应的产生，现实中软件平台、支付系统和移动电话等都属于这一类型。

三、平台型企业具备的优势

平台型企业具有非平台企业不具备的一些优势，主要体现在以下三个方面[①]：

（一）拓展客户规模

网络经济背景下，客户是企业经营成功的根本。传统企业在客户群结构、产品和服务方面具有高度的相似性，在客户获取方面的成本日益升高。而网络平台凭借其双边特性，能够将全球范围内具有不同需求但又在一定程度上相互

① 王丽华：“网络战略驱动的银行核心竞争力研究”，东南大学．2017 年 6 月。

依赖的客户群体聚集到同一平台上，在平台中介的作用下实现其个体无法获得的规模收益。出于匹配价值需求的目的，平台一边客户规模的增加将会自发吸引更多的同边和跨边客户加入到平台，实现客户的批量拓展。以银行的借贷网络平台为例，资金供给方规模的增加将会吸引更多的资金需求方，而资金需求方的增加会反过来吸引更多资金供给方的加入，同时资金供求双方规模的增加会吸引第三方解决方案提供商加入到平台上，通过提供配套增值服务而获益。网络平台的双边特性使企业能够打破传统经营模式下的客户开发困境，实现客户规模的批量拓展。当达到一定临界规模后，将会形成难以复制的客户规模优势。

（二）锁定客户

网络经济时代，客户有限的注意力成为平台企业相互竞争的关键性稀缺资源。一般情况下，同一客户会同时在多个平台上开展业务，比竞争对手获取客户更多的注意力是进行价值创造、形成竞争优势的重要因素。传统经营模式下，客户在线下获取服务需要耗费相当的时间和精力成本，传统物理场所和固定工作时间大大限制了客户获取服务的注意力。网络效应是平台优势的重要来源，网络效应的存在能够在吸引更多参与者的同时，提高平台质量，锁定客户注意力。网络平台战略驱动下，虚拟的交易场所打破了传统注意力约束，并且在直接和间接网络效应的作用下，能够形成客户规模和平台质量的持续提升，更多的平台参与者使客户对平台赋予更高的价值，从而投入更多时间和精力关注网络平台上的产品和服务，从而提高潜在需求转变为实际产出的概率，形成客户注意力获取优势。

（三）整合资源

网络经济时代，互联网信息技术的迅猛发展和全球化的深入推进使市场竞争环境日益复杂多变，客户在不同平台之间转移的成本大大降低，形成可持续竞争优势的重要因素在于客户粘性的持续提升。随着“互联网+”模式的创新发展，客户需求日益个性化，这对企业的创新和定制化能力都提出了更高的要求。

网络平台具有天然的自组织性，而一个系统的创新能力会随着其自组织功能的增强而不断增强（吕尚彬，2015）。在网络平台战略驱动下，企业能够不断吸引和整合各种资源，持续拓展服务边界，以客户需求为中心，在产品互补性、功能多样性和兼容互通性持续增强的同时，推动自身的演化和升级，基于客户需求和反馈改善客户体验，从而提升客户对网络平台产品和服务的粘性，形成可持续发展的竞争优势。

尽管平台型企业具有诸多优势，然而并非每个企业都有实力成为平台型企业。由于网络效应的存在，平台市场存在着“赢家通吃”的特点——买家越多，能够吸引的卖家也就越多，进而又会有更多的买家加入进来，如此循环往复，就会产生强者恒强的路径。今天我们所看到的阿里巴巴、京东、腾讯、360、拼多多等大平台，已经很难被其他传统企业所超越。所以，一个传统企业若要转型为平台企业，首先需要进行外部和内部环境扫描，尤其要对现有平台的市场结构、产业价值链和内部资源及动态能力进行评估。只有在平台市场上具有抢先优势（也就是说尚未存在一个强大的平台竞争者）、产业链上或某个细分领域具有一定的竞争优势、或具有强大的资源整合能力的企业才具备成为平台型企业的可能性。

四、向平台型企业转型的主要策略

（一）建立多边连接平台

传统企业的价值链条比较长，从上游到下游属于单向交易，导致货品的积压和资金的占用较多，产品信息无论是向上传递给供应商还是向下传递给消费者，效率都比较低。为了对垂直价值链上众多环节做全面的管控和协调，传统企业一般会采取“金字塔”型的组织架构，这使得企业无法对市场需求的变化做出快速反应。因此，传统企业向平台转型的方式之一就是利用平台思想做减法，首先，进行价值链解构，通过去中介化砍掉一些不必要的和低效的环节，从而在产业链上进行价值的重新分配；其次，进行再中介化——建立多边连接的平台。这种方式将改变企业原有的内外连接机制，重塑与利益相关者的分享互动方式。

以传统金融行业为例，传统的借贷模式是单向、线性、封闭的，借者和贷者无法直接对接，信息不透明，资质证明和风险评估的成本都比较高，而互联网金融行业，则移除了中间机构，让借贷双方可以直接对接，重构既定的价值链，资金运行效率大大提升。比如，某银行进入大型物流公司搭建的物流服务平台，不仅为该平台提供高效的支付结算、在线对账等服务，还迅速进入该平台运营的第三方物流公司、货代企业和货车司机，针对不同需求提供融资、理财等金融服务。平台银行运用双边/多边市场思维变革了商业模式，打破了信息隔阂，简化了业务流程，改变了价值链上下游不同群体之间的互动角色关系，使供需双方高效完成对接，网络效应得以充分扩散。这种将“线性价值链”向“多边平台网络”转变的经营模式更符合当前协同共赢的生态环境。

此外，传统企业还可以从垂直经营平台转型为跨界融合平台。例如，平台银行可以把竞争对手、跨界伙伴变成合作同盟（文巧田等，2019）。面对技术的更新迭代、金融业态的多元变化，传统银行从产品、客户、渠道到技术都在求新求变。从竞争到协同，从资源独占到开放共享，平台银行把供需结合放在了同一平台，通过科技手段提高生产效率，将平台企业结构所具有的直接网络效应和交叉网络效应同时放大，最大程度地满足消费者的价值需求，实现多边共创共赢的局面。

（二）利用平台提供大规模个性化产品/服务

现代竞争越来越多的从对产品的关注转到对服务的关注，消费者对个性化产品和多元性服务的需求成为商业价值的追求方向。在信息化时代，随着消费者掌握的信息越来越充分，传统企业依靠信息不对称来获取垄断红利变得越来越难。在互联网时代下，消费者利用电子商务平台、BBS 论坛、产品创新平台，以及自媒体营销等渠道提交个性化定制要求，平台企业则可以通过大数据及云计算等技术实现客户数据存储、挖掘及分析，进而提供与需求相匹配的产品或服务。

以银行业为例，平台银行以服务主导逻辑取代传统的商品主导逻辑，将注意力从交换价值转移到使用价值，将关注点从单位产出转移到服务过程，以为用户提供全方位的金融服务解决方案为经济活动目标。例如，建设银行以开放共享和用户思维为导向，推进民生服务、商户消费等场景的平台化整合，围绕移动支付和场景金融打造“龙支付”企业级数字支付品牌，围绕客户资金流和资产配置，打造“龙财富”个人财富管理平台。在信息互联时代，组织形式在发生变化，产业链上的伙伴关系也在发生变化。平台银行扮演的角色不仅是产品提供者，更是价值创造网络中的连接者、协调者和组织者。

对于传统制造企业来说，实现大规模个性化定制有以下基本要求：第一，以客户需求为核心，建立产销模式；第二，企业将生产工艺和产品各功能部分模块化，在模块化的同时坚持标准化生产；第三，通过供应链实现大规模定制生产过程的网络化组织和管理，产品的开发、设计、制造、装配、销售，以及服务的全过程，通过社会供应链管理系统得以优化。另外，打破传统企业原有大规模生产的各部门割裂的现状，各部门共同努力满足顾客需求，将生产营销管理与前端的智能定制超市等零售部门结合起来一起协作。大规模定制的主要成本的降低在于缩短生产准备时间和减少生产批量的同时，满足客户个性化定制需求。

目前，制造企业个性化定制的典型模式为 C2M[①] 模式，该模式以客户为中心驱动需求，以信息代替实体库存，强调柔性制造、组织扁平化及信息可视化。C2M 模式引领了新时代电子商务平台的发展方向（徐婧，2017）。不同于传统商业模式，C2M 模式下，消费者不再是终端消费者，而是可以通过互联网平台参与到企业的各项价值创造活动中，成为产品和研发活动中的主导者。随着 C2M 模式为我国各行业所熟知，在包括服装设计、汽车、家具等领域得到较快发展。

服装制造领域，红领集团建立 C2M 平台加强其西装定制业务，完全支持客户自主设计或按照客户要求设计，体现了以客户为中心的理念，迎合了服务经济并创造了差异化竞争优势（刘金露，2016）。该模式的个性化选择依据来自于两个方面：一是依托私享定制平台，经过 3D 可视化选择；二是依托大数据平台，经过整合行业数据。个性化选择基础，通过基于互联网的产品生命周期管理（PLM），以及计算机辅助设计（CAD）进行分解加工及智能排版，获取计算机数值控制（CAM）裁片，经过生产过程执行系统（MES）调度，进入智能缝纫阶段。再根据物联网自动识别技术（RFID），以及服装产品开发设计（PAD）获得制作详细信息，最后经智能吊挂与筛选后获得组合成衣（马翔，2018）。

如今，众多企业已经成功应用 C2M 模式，特别是在服装行业及家装设计行业，许多企业通过建立 C2M 平台成功转型。必要商城模仿国外企业应用轻资产实现 C2M 模式的思想，建立平台连接消费者及制造商，但其在质量控制、供应商数量方面仍旧存在改善空间。家具制造领域，索菲亚家具首先在国内家具行业应用 C2M 模式，其对生产基地进行了智能化改造升级，引入智能计划协调系统、自动生产线、机器人及智能物流等现代技术，但在质量、CAD 绘图、价格等方面仍旧存在改善空间。

---

① C2M 的英文为 Customer to Manufactory，C 端是指消费者，M 端是指制造商，该模式是一种消费者直连工厂、以大数据为核心资源的数据驱动商业模式。

（三）构建跨界平台

传统行业有较强的专业性、独立性和资产专用性，一般倾向于通过垂直性深耕来积累竞争优势。而信息时代下行业之间的跨界现象非常显著。例如，苹果公司不仅专注手机通讯行业，还与高盛合作推出信用卡产品；京东不仅做电商，还从事金融服务；阿里巴巴旗下的蚂蚁金服、腾讯旗下的腾讯金融等，都是跨界经营平台的典型。

由于平台企业具有多边市场特征，各边市场之间会形成交叉网络效应。这就使得平台会拥有多个利润来源，并且各业务之间能够形成交叉补贴——表面上经营的“主营业务”只是微利，甚至在很多时候并不赚钱，但是可以利用其他盈利的业务补贴该业务。这种现象在产业组织理论中称为网络覆盖（Platform Envelopment）策略。例如，谷歌做搜索，但搜索业务本身是免费的，并不能为谷歌带来利润，它的利润主要来自广告业务；亚马逊本来是做电商的，但同时它也从商品搜索赚取利润，因此谷歌和亚马逊之间就存在着利润源的重叠。在这种情况下，一旦亚马逊准备借助自己在电商上的优势加强广告业务，就可以利用自己的优势业务去和谷歌进行竞争。再比如京东原本以 3C 产品为主，但是后来开始拓展到书籍，这样就和当时只卖图书的当当形成正面竞争。由于京东有多个收入流，即便图书的定价在当当之下，依然可以盈利。而当当的网上书店业务则面临巨大冲击。这也是后来当当网逐渐拓展其业务范围的原因。

Annabelle Gawer（2007）曾归纳了平台跨界经营的动机：

第一种动机是基于效率动机做出的决策。平台企业在决定其“企业边界”时，正如科斯所指出的，一些业务究竟是自己来做还是交给市场做，这主要取决于市场交易成本和内部管理成本之间的权衡。如果市场的专业化程度高、成本低，企业就会交由市场来做，比如外包，如果自己做更有效率，则会通过自建或者并购将这些业务直接整合到自己的企业中。

第二个动机是为了争夺市场力量（market power），平台企业为了维持自己在市场上的地位，防范竞争对手的潜在竞争，可以先行占领市场赢得流量，这样就可以获得足够的市场力量。以“美滴大战”为例。美团和滴滴竞争的并非是网约车这个市场，而是巨大的流量资源，对美团而言，获取这些流量将有助于巩固和发展自身的市场份额。

第三个动机是更好地适应环境的需要，匹配现有的资源、产生“范围经济”。企业的组织形态和业务结构本身也是企业的重要资源。在某些条件下，增加或删减一些业务，将可以更好地适应环境，整合已有的资源，让整个业务生态更好地发挥合力。比如，腾讯利用社交平台获取了大量用户数据，并积累了云服务、大数据处理等技术能力，那么腾讯就可以利用这些资源优势进入其他市场，如零售市场等，从而更好地整合已有的力量。

第四个动机是为平台获得认同（Identity）和合法性（Legitimacy）。企业并不是单纯的经济机构，还是一个社会组织。作为一个社会组织，它就要回答诸如“我为什么存在于这个世界上”“我要带给这个世界什么”“我要为组织成员赢得什么”之类的问题。为了给企业获得认同和合法性，有时候平台就需要跨界进入一些原本没有涉足的行业。

一个很好的例子是阿里巴巴进军芯片行业。至少从短期来看，我们很难发现阿里巴巴能够从芯片行业获利的可能性，似乎也很难说出研发制造芯片能给其已有业务带来怎样的促进效应。不过，对于阿里巴巴来讲，在当前这样一个环境下选择制作芯片，却可以很好地定位自身作为科技公司的属性，回应外界的一些疑问，更可以在企业当中树立起榜样。从这个角度来看，阿里进入芯片行业，事实上就是一次获取认同和合法性的努力。

在中国的现实情境下，传统企业通过“跨界”还可以解决转型过程中的资金短缺问题。以传统媒体为例，由于传统媒体自身积累较少、互联网转型耗资巨大的情况下，必须充分利用自身的政治资源优势、品牌优势和本地化优势，通过有效的“跨界”运营，来为自身的互联网转型提供充分的资金。在跨界运营方面，可以有如下选择：一是文化地产业务；二是会展业务；三是户外媒体业务；四是“城市服务商”业务（郭全中，2019）。

做跨界平台的方式可以直接通过投资、并购实现，也可以依托现有的流量、技术实力等资源进行跨界整合。在执行这种策略时，平台一是要尽可能利用已有的客户基础，将新业务与已有业务进行有效的捆绑或搭售；二是利用好平台的多边市场性，用已有业务的资金来对新业务进行交叉补贴。

从传统企业实践来看，目前的转型思路多是“+互联网”思路，由于还是传统思维和管理模式，互联网技术平台很多成为摆设，导致转型效果并不好。因此，传统企业应该按照互联网的逻辑和模式重构价值链，通过树立用户为中心、信息服务为王的新理念，建立起“信息+服务”的商业模式及多元化的盈利模式。

第三节　传统企业的智能化转型

一、传统企业智能化转型背景

（一）传统企业、智能化与智能制造

传统企业是与新兴企业相对的、呈现出劳动力密集型特点并以加工制造为主要内容的传统产业领域内的企业。我国的传统产业包括了纺织业、家具制造业、造纸及印刷业、电气机械材料制造业、石油加工炼焦和核燃料加工业等众多行业。新中国成立初期，我国主要以第一产业为主；改革开放后，产业结构发生变化，第二产业的比例逐渐增多，成为中国经济快速增长的主要动力之一。目前，传统产业仍然占据我国主体地位。

智能化指通过利用互联网、大数据、物联网和人工智能等技术的支持，从而去能动地发现和满足人们的各类需求。智能化系统是一种由现代通信信息技术、计算机网络技术、行业技术、智能控制技术等汇集而成的，并针对某一具体领域的智能集合。

智能制造是一种贯穿于企业研发、生产、管理和服务等各个过程的科学制造方法，“智能”体现在企业引进先进设备从而达到自动化生产的目的，并在此基础上构建出一个精密的信息系统加以管理和控制，这个系统实际上是以企业资源计划（Enterprise Resource Planning，ERP）、生产执行系统（Manufacturing Execution System，MES）等管理软件作为核心，以传感器、嵌入式芯片、条码等作为基本组成单元，以可编程逻辑控制器（Programmable Logic Controller，PLC）作为控制各个单元的连接线，并加以利用如以太网、现场总线等的通信技术，从而通过这样一个智能网络实现对外部环境的感知、信息的获取和传递，以及对设备的指挥和监控等，在这个系统中可以达到高度的标准化和自动化。智能制造包括了四个方面：产品智能化、生产智能化、服务智能化及管理智能化；是一种集合了精益生产、网络化织造、模式创新、组织创新、技术创新等多种先进思想和方式的结合体。智能制造的内涵在于有机融合了信息化，利用客户端传达到生产端的数据作为驱动，将智能化工厂作为生产基地，为实现标准自动化生产和能动提供服务。

（二）传统企业现存问题

1. 劳动力成本居高不下

传统企业大多依赖密集的劳动力来进行生产与制造，过去传统企业能够依赖较低的劳动力成本创造利好，但近几年，由于我国经济高速增长，以及人们生活水平的不断提高，工资水平也随之上涨，人口红利及其带来的产品价格优势逐渐消失，劳动力成本的上涨大大增加了传统企业的负担。

2. 产品技术含量提升困难

在智能化成为主流趋势的大环境下，传统企业所具备的管理理念、经营方式、生产方式及产品结构等已略显落后，很难快速并较好地满足消费者对于产品升级的要求，在这种经营和生产方式下，传统企业很难提升自身产品技术含量。

3. 产能过剩，供需不对称

我国传统企业往往将过多资源投入在产品的数量扩张与价格竞争上，而对于质量和自主创新能力的提高关注不够，无法把握实际需求，从而导致供给和需求的不对称；加之我国过去依赖的传统经济发展方式已无法适应现有市场的需求结构，故产能发生过剩。

4. 逐渐高涨的环境成本

随着科技革命的进行，人们的生活理念和需求发生了巨大的变化，环保意识逐渐增强。过去，排放的污染物无需处理，没有特定的垃圾处理环节，制造企业对于环境的付出为零成本，但国家和群众对于环境保护和企业社会责任的重视程度日益升高，传统企业必然受到这种环境需求的约束，同时需要不断满足环保要求的高成本。

（三）智能制造呈现大趋势

1. 现代化、工业化和新兴技术日益发展

第三次科技革命是一场涉及信息技术等诸多领域的一场信息控制技术革命，在此期间，电子计算机被发明和进一步应用，不仅极大地推动了人类社会政治、经济、文化领域的变革，同时也影响着人们的生活和思维方式的转变，现代化和工业化在此期间得到了极大发展。2013 年德国汉诺威工业博览会正式提出“工业 4.0”概念，象征着第四次工业革命的到来，这一工业革命也称作全新技术革命，标志着网络物理系统的出现，即利用通信而实现的数字技术与软件、传感器和纳米技术的结合，互联网、物联网、大数据、云计算和人工智能在此期间得到进一步发展和融合。

2. 传统产业重要性提升

2008 年国际金融危机后，世界各国对于实体经济的重要地位达成了共识，作为实体经济的核心，制造业被认为是保持国家竞争力水平和促进经济稳定发展的重要基础①。习近平总书记指出："制造业是实体经济的基础，实体经济是我国发展的本钱，是构筑未来发展战略优势的重要支撑"，实体经济是一国经济的立身之本、财富之源，我国必须不断推动工业现代化、不断促进制造业水平提高，增强我国经济创新能力和竞争力。

3. 智能制造成为主流方向

美国、日本、英国、法国等发达国家相继提出"再工业化"战略，中国也不例外。2015 年，国务院正式发布实施《中国制造 2025》，这是中国实施制造强国战略的第一个十年行动纲领，明确提出了将智能制造作为主攻方向；同年，国务院印发《国务院关于积极推进"互联网 +"行动的指导意见》，"互联网 +"代表了一种新型社会形态，充分发挥了互联网在社会资源配置中的优化与集成作用，将互联网创新成果深度融合于经济、社会的各个领域中。2017 年，《政府工作报告》首次加入了人工智能发展的内容；同年国务院发布《新一代人工智能发展规划》，提出面向 2030 年中国新一代人工智能发展的整体部署、实施步骤和战略目标；党的十九大报告也指出要"加快发展先进制造业，推动互联网、大数据、人工智能和实体经济深度融合，在中高端消费、创新引领、绿色低碳、共享经济、现代供应链、人力资本服务等领域培育新增长点、形成新动能。"

尽管各个国家所部署的制造业发展战略的路径和思路各不相同，但其内在核心均指向"智能制造"。工信部出台的《智能制造发展规划（2016—2020 年）》中将智能制造定义为：基于新一代信息通信技术与先进制造技术深度融合，贯穿于设计、生产、管理、服务等制造活动的各个环节，具有自感知、自学习、自决策、自执行、自适应等功能的新型生产方式。各国均以推动智能制造的普及和发展来确定自身竞争优势和最优发展路线，可见智能化已逐步成为一个被世界共同承认的前进方向和发展趋势。

① 艾瑞网：《中国智能制造之路——2019 年中国制造业企业智能化路径研究报告》。

二、传统企业智能化转型障碍

（一）智能化转型认识不充分

传统企业智能化转型的首要障碍便是传统思维固化和智能化认识不充分的问题①。美国、德国、日本等制造业强国已积累了百年的制造经验，而我国工业化历史仅有短短几十年，智能化发展远落后于许多发达国家；现代化、智能化认知程度处于不断探索的发展初期，仍有待提高；许多制造企业仍然以传统思路进行着管理经营和生产制造。此外，国内传统企业成功进行智能化转型的案例较少且大多为资金雄厚的大型企业，能够提供参考的路径与管理经验十分有限，导致大多传统企业对于转型的具体方案缺乏一定的认识和了解。同时，还存在这样一种现象：一些传统企业已经在智能制造方面意识到自身需要一些改变，但受传统思维和认知不足的影响，对于智能化的认识还只是停留在采用高端生产设备、僵化地推动自动化代替人工等较浅层面，缺乏全面而系统的认识，因此阻碍了传统企业转型的进程。

因此，传统的转型企业首先解决的便是“认识”问题，对员工认知层面着手进行教育和思想统一，向员工充分说明了传统企业智能化转型的迫切性及现实性，并且对转型后可能产生的一系列问题提供解决方案，从而达到企业员工愿景上的一致，为企业的智能化转型奠定了重要基础②。

（二）智能化转型基础设施条件不足

传统企业智能化转型还面临着基础设施条件和技术含量不足的困境，智能制造离不开硬件和软件共同的支撑。智能制造要求标准化与自动化生产，这需要企业购入大量高端硬件设备，这对企业资金储备提出了很高的要求；但仅有硬件支持是不够的，智能化还强调装置间的联机和管理，因此企业还必须引入相关软件，构建智能生产系统，以软件作为驱动为硬件设备赋能进行智能制造。

一方面，智能制造系统涉及大量高端制造装置、核心零部件及 ERP、EMS 等先进工业软件，而这些装备与零件仍然以跨国品牌占据主导地位，软件核心

① 杨继刚：“‘反转’大西洋：传统制造企业智能化转型三道坎”，《中国工业和信息化》，2018 年第 7 期，第 75 页。

② 谭云：“大西洋：被倒逼的智能化转型”，《中国工业和信息化》，2018 年第 7 期，第 68 – 73 页。

技术也大多来自国外，国内传统制造企业不得不依靠大量进口满足智能化转型需求，造成了企业转型成本过高的问题。另一方面，我国传统制造企业信息化基础相对薄弱，很多缺少互联网技术支持。从《2018 年中国制造业痛点分析报告》的数据上看，制造业企业数字化设备的联网率仅有 39%，EMS 普及率仅有 18.1%，处于较低水平。核心问题便是我国所掌握的关键技术有限，许多部件与设备仍依赖国外进口，并且很难在短期内实现国产替代。以人工机器人为例，从国际机器人联合会数据显示，我国连续 6 年成为工业机器人第一消费大国，2017 年中国工业机器人销量达 13.8 万台，占全球的 36%，但其中仅有 3.5 万台是由国内工业机器人制造商生产的，可见短期的国产替代还较难实现。

以传统印刷业为例，印刷行业长期以来都是劳动密集型产业，并且印刷流程繁复、环节较多，大部分印刷企业仍然以粗放式生产为主，虽然许多印刷企业在标准化尝试的道路上已经积累了一定的数字化和信息化经验，但距离智能化印刷转型还具备一定的距离。这些传统印刷企业虽然具备了一定的先进生产设备，但数量并不多，采用与手工作业并存的方式来进行制造，自动化程度低。此外，由于缺少软件支持，例如缺乏完善的资源计划系统和制造执行系统，以及缺乏 RFID（远距离智能识别系统）等新技术的使用，设备之间的联机自动化程度还处于较低水平，数字化基础薄弱、生产效率很低、标准化程度远低于发达国家①。

（三）管理团队革新困难与智能化人才缺乏

智能制造需要高效率管理的保障和高技术人才的支撑，传统企业智能化转型的又一大障碍在于管理层知识升级的困难与企业对于人才队伍能力素质的高要求上②。

一方面，传统企业领导人大多是来自这些传统行业的“老人物”，尽管拥有较为丰富的管理经验和对行业领域的了解，但存在知识和观念相对陈旧的问题。传统企业领导层在管理时常带有一定的行政人事色彩，以对人的管理为主；而在智能化转型的趋势下，企业管理将逐渐趋向于对数据的管理，传统经营管理方法难以适应时代发展。管理团队革新困难在于传统领导层已建立起一个稳定的管理架构，受传统思维影响大，采用传统思路和方法进行经营，对于诸如互

---

① 吉如标：“关于传统书刊印刷企业智能化建设的思考”，《今日印刷》，2018 年第 11 期，第 32－35 页。

② 王惠心，贾春梅：“智能制造时代宁波传统产业的转型发展研究”，《宁波经济（三江论坛）》，2017 年第 6 期，第 26－27 页、第 44 页。

联网技术、大数据、云计算技术等新知识接受程度较低，并且管理者接受、收集、处理和分析新数据与信息的能力也较弱；在智能化趋势下，管理者自身企业管理知识结构更新也较慢。

另一方面，人才队伍智能化培养也成为一大难题。由于现代信息技术的快速发展，人才队伍的知识更新和素质培养也成为必然要求，传统企业在引入高科技设备与新型技术的同时，需要配套相应的员工团队，有时甚至对人员的跨学科和跨领域特质提出了要求。然而高新人才资源供不应求，同时具备精通大数据、云计算等信息技术和熟悉企业管理知识能力的复合型人才更是有限，传统企业从社会引入人才需要付出一定的资源和时间成本；此外，大部分传统企业的人才培养系统尚不成熟，未形成一个完整的体系，无法提供系统全面的培训，因此企业很难组建出一个适应自身发展需要的高素质人才队伍①。

（四）传统企业服务方式落后

智能化强调在技术支持下能动地发现和满足人们的各类需求，智能化趋势下，消费者需求趋向于多元化，且更加偏好定制类、异质性的产品与服务，而我国传统企业往往采用的是低技术水平附加的“大批量、标准化”生产和服务方式，所提供的产品很难满足现有消费者的复杂需求。许多企业受传统思维枷锁的限制，没有意识到即使是在传统行业中，客户的想法也十分重要，只一味地追求生产成本的节约和大批量的供给，忽略了客户真正的需求，缺乏对消费者需求敏锐的洞察能力，用传统而固化的方式去提供服务。

三、传统企业智能化转型路径

（一）将大数据作为传统企业转型战略支撑：以海尔为例

“数据就是决策”，智能化转型不仅是技术升级，随着信息技术和数字化的逐步发展，大数据在智能制造方面也起到越来越重要的作用。海尔集团正是利用大数据架构成功完成从大规模制造到大规模定制的智能化转型，大数据在海尔智能制造进程中的数据应用发挥了重要作用：

1. 实现模块化布局与资源最佳分配

2011 年，海尔提出建设数字化互联工厂；至 2018 年海尔已建成了包括 5 个

① 武赫．智能化时代传统产业因应新业态的经营管理方式更新研究［J］．《云南社会科学》，2019 年第 4 期，第 147 – 152 页、第 188 页。

整机和2大模块化工厂在内的7大互联工厂体系。与传统工厂对比，互联工厂更加强调模块化。首先，工厂布局模块化，即工厂根据订单量和生产特征进行组合分布，成功使得生产周期缩短一半；其次，产品模块化，即在满足用户个性化定制需求条件下制定通用模块和个性化模块，力求采用最少的模块配制出最多的型号。在互联工厂场景下，供应商逐渐成为生产流程中需要被考虑和计划的一部分，大数据的应用能够保证对供应商的管理，并通过建立数学模型来进行数据分析，从而达到工厂布局的柔性化，以及资源最佳配置；此外，通过一系列采购获得的资源价格数据能够构建出价格模型，辅助企业降低采购成本和产品定价。

2. 实现用户需求驱动下的自动化生产

自动化不仅仅是先进设备对人工劳动力的简单替代，更要关注和满足客户需求，因此要保证用户信息能够及时到达各个端点来保证精准高效的生产，而大数据刚好能够帮助实现这一点。大数据下的海尔互联工厂更加开放、透明，2018年，仅胶州的一处工厂接待外界访问参观达137次，参观人数达3100人。从海尔用户端到生产制造端，数据都起到了重要作用，运用过程包含：利用舆情监控系统收集的信息和数据来确定用户个性化偏好；通过海尔定制网页发布的用户画像、设计师画像和产品画像匹配出最佳设计方案；利用基于各种算法下的最优模型，整合平台资源，选取最佳时间和周期进行生产，并将生产过程视频数据同步给用户；利用大数据优化配送路径；大数据平台同时能够收集用户反馈和体验，为产品质量与设计的升级构建信息库。在数据信息的搜集整合下，海尔做到了生产的全流程可视，从而实现用户需求驱动下的自动化生产。

3. 实现数字化全流程管理

海尔互联工厂中，用户、资源、设备和系统等所产生的数据信息会进入各业务应用系统中，而全流程业务支持系统所产生的数据会经过抽取进入Hadoop大数据平台内，通过整合、建模和分析再对上层应用数据提供服务和支持。海尔通过这种对数据的多维度分析和多角度应用，可以按照需求及时将生产执行情况、设备运行参数、订单执行报警、质量控制预警等多方面的信息进行可视化显示，从而做到按全球区域、产业分布和用户信息等多个维度的数据进行消费和查询。

4. 实现智能化服务体验闭环

通过大数据的分类和分析，海尔能够为用户提供更加高效和高品质的服务体验和增值服务，将服务模式从事后变革变为事前预备。例如，智能产品能够通过家庭网络将终端数据传输到大数据平台，如果产品发生故障，会自动反馈故障信息来提醒用户发起报修订单；海尔还能通过大数据平台的数据追踪和设备监控情况，用大量数据作为基础，制定故障预测模型，对未来可能发生的故障进行预测并反馈给服务部门，从而在事前就提供精准和快速的服务。

可见，大数据能够成为帮助传统企业智能化转型的新的战略方向和战略支撑，通过各个渠道采集和分析大量数据，获取和积累信息，以此来有力支持传统企业各项经营决策。

（二）精准把握客户需求，提供智能化服务

服务智能化，即充分发挥“平等、参与、开放”的互联网思维，传统企业在积极探索客户真实需要的同时，也要积极鼓励和引导他们成为自身产品的参与开发者和使用经验分享者。下面是两个实例。

第一个例子是一家来自美国洛杉矶的理发店 Drybar，与众不同之处在于这家理发店只提供吹发服务，通常的理发店往往将吹头发安排在洗头和剪头之后，因此这最后一步总显得不够认真和专业，但 Drybar 创始人敏锐地发现，女性在即将赴约或将要前往重要场合的情况下，对于发型的需求十分高，这种需求的频率甚至超过了烫发和染发。因此 Drybar 根据这个情况更改了服务流程和体验。Draybar 不仅提供针对性的、专业的吹头服务，而且还关注服务的细节。充分理解女性即将赴约的心情，将店内环境布置的像约会场所一样温暖舒适，没有满地的头发和刺鼻的化学药剂味道，并为等候的顾客提供香槟。此外，洞察到女性不喜欢看到自己头发乱糟糟的样子，特地将镜子安置在背后，只有头发吹好后才会转过来，这样女性顾客就能够惊喜的看到自己变美的样子。Drybar 正是捕捉到客户个性化需要来升级产品与服务流程，获得了大量女性客户的喜爱，成为行业佼佼者。

第二个例子来自中国青岛的红领集团①。该服装制造企业确定转型方向后，产品设计、品牌定位和管理理念都以消费需求作为考虑核心，致力于洞察消费者需求痛点的基础上探索个性化定制的转型道路。红领坚持“源点论”的思想，即企业所有行为都以需求为源点来驱动和整合价值链资源，红领的所有流程节点围绕消费者需求自发运转，始终把消费者需求放置在首位。消费者对于服装的需求不仅在于样式上，还要求穿着时的舒适感，甚至需要服装可以是量身定

① 刘亮，蒋效宇：“冲击与变革：‘互联网+’视阈下传统服装企业管理与营销”，《现代商业》，2018 年第 30 期，第 35－36 页。

制的，并且定制服装的周期、取货的便捷性都在其考虑范围内。红领专门构建了一个消费者需求动态更新数据库，其中记录了腰围、肩宽，以及客户驼背、溜肩等特殊体型的定制需求，不仅让消费者能够选择符合自己需求的服装，而且能够使其参与到产品设计中去。

（三）构建软件技术驱动下的智能制造一体化系统①：以隆盛纺织为例

隆盛纺织是我国纺织业内较早进行智能化探索的企业，其智能制造建设路径为软件驱动下的一体化智能制造体系。从生产端、管理端及平台端三个方面切入，涉及生产现场智能化改造、内部工业大数据云平台以及企业外部智能化服务三个方面（见图6－2）。

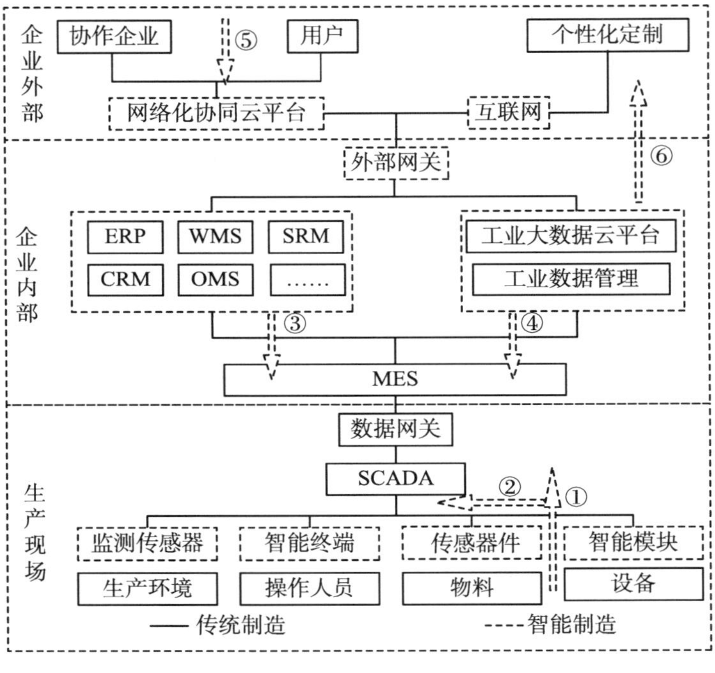

图6－2　隆盛智能制造建设项目架构体系示意图

1. 生产现场智能化改造——RFID 技术

隆盛纺织引进无线射频识别技术（RFID）作为核心生产设备和终端，是一种自动识别技术，包括了 RFID 传感器、RFID 无线工位机、RFID 电子工票 ID 卡及对应的擦卡机和发卡机、SUNRISE S－80 后整理智能生产吊挂设备、车间电

① 李文瑞，刘奕，沈聪燕：“改革开放以来我国纺织企业由传统制造向智能制造的嬗变——以 LS 纺织企业智能制造项目建设为例”，《企业经济》，2018 年第 37 期，第 61－69 页。

子 LED 电子看板等，使得生产设备和终端依靠 RFID 技术而无需在现场布线。

2. 内部工业大数据云平台——工业管理软件

为高效配置和管理企业资源，隆盛专门购买专业软件进行集成和管理，其中包括：利用 ERP 对物料、生产、财务和供应等主要数据进行管理，并将数据与仓库管理系统（Warehouse Management System，WMS）集成，形成生产排产闭环管理；利用客户关系管理技术（Customer Relationship Management，CRM）进行客户管理并于 ERP 集成；将订单管理系统（Order Management System，OMS）与 WMS 集成，以实现订单管理的可视化等。隆盛通过其内部工业管理软件进行系统间的集成，打通了其生产制造全流程之间的信息、资源和数据的可视化，实现了柔性监管，并为生产打造良好的技术基础。

3. 企业外部智能化服务——互联网技术

一方面，隆盛纺织与合作企业构建起互联互通的云平台，通过规范性的数据接口，共享信息以推动协同设计与制造；另一方面，隆盛通过自身互联网技术搭建个性化定制平台。利用互联网技术搭建数据平台，很好地优化了隆盛的柔性制造和个性化定制化服务。

四、云平台下的智能制造远程控制管理

该部分以农夫山泉为例进行分析。

农夫山泉通过制造云实现对各类实时视频监控和生产数据的处理，并为预测报警和关联分析等智能化功能创造条件。从农夫山泉制造系统看（见图 6－3），制造云连接了集团总部、生产指挥中心、体验中心和各地基地，并且为固定办公和移动办公提供平台，这种云平台统筹了农夫山泉智能制造的四个方面：智能监测、智能工厂、智能物流和移动营销。

（一）智能监测

智能监测（见图 6－4）即由指挥中心统一调度，通过实时监控设备（变焦枪机、普通枪机、红外球机等）对生产操作流程进行智能分析和预警。其中包括：通过视频监控完成对水源地、原物料、工厂现场和物流仓储的监控；通过传感器来采集如 PM2.5、温度、湿度等指标完成环境监测；通过污水处理的可视化指标实现污水监测；利用能源监测系统实现对主要能源消耗、重点耗能设备的实时可视化管理。

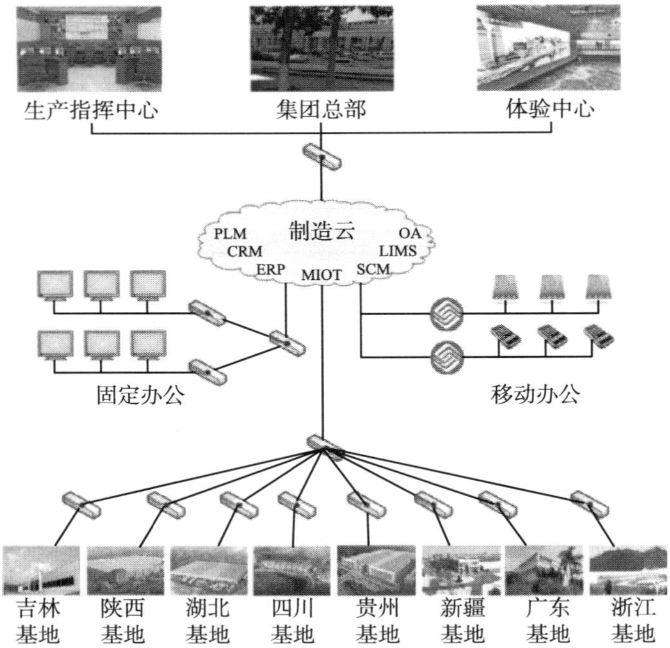

图 6－3　农夫山泉系统架构图

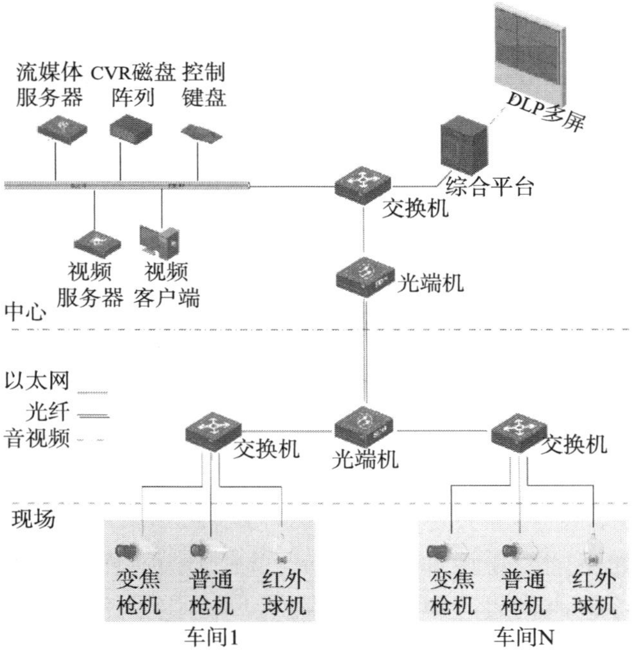

图 6－4　智能监测架构图

（二）智能工厂

农夫山泉智能工厂（见图6－5）的核心在于通过智能制造云平台构建出农夫山泉物联网，即实现在任何时间、任何地点，人、机、物的互联互通，在这个系统中，上至总经理，下至车间主任，包括管理层、计划部、仓库都含括在内，利用各类企业信息软件为生产指令的直接下发和现场数据的实时上传给予支持，能够保障设备的定时巡检和异常处理、通过电子看板准时生产等，打通了各个部门之间、各部门和生产现场之间的联系和数据共享。

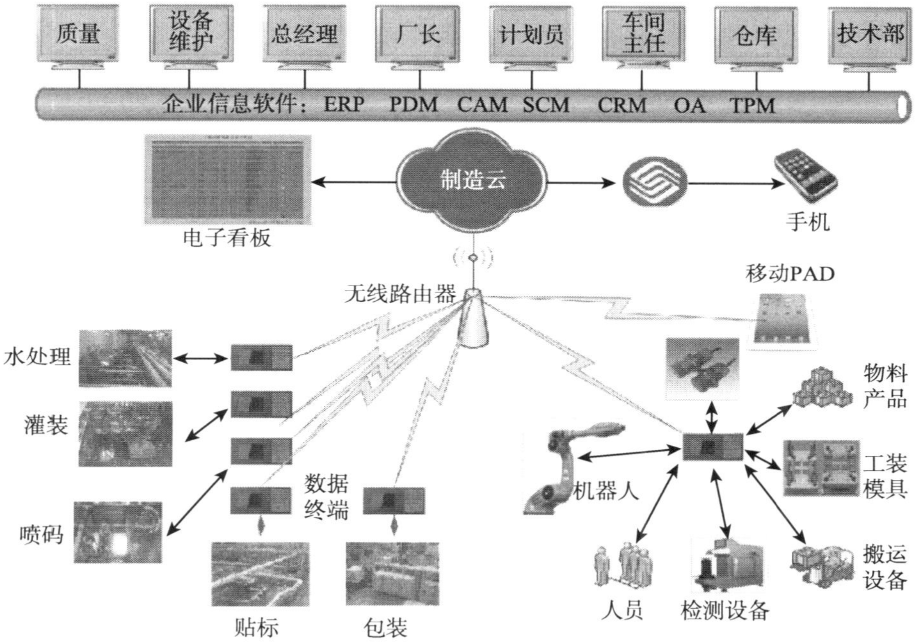

图6－5　智能工厂架构图

（三）智能物流

农夫山泉通过云数据和物流网，将农夫山泉供应商和客户信息进行整理，而后进行地址解析和订单调度，经由仓库管理系统和运输管理系统执行具体物流部署，使得需求方能够快速获得服务，得到物流支持。

（四）移动营销

农夫山泉的移动营销内涵在于：其一，通过云平台来实现前端销售系统和生产信息的关联，质量等信息的公开，以此来提升公司形象；其二，利用云储存的海量销售数据来分析影响销售的各个因素，如季节、人口等，从而寻找扩大销售的有效方法。例如，农夫山泉在部分产品瓶体印制二维码，通过扫描二维码显示原产地、产品质量报告以实现与消费者的互动，同时进行促销和反馈活动。

回顾海尔、Drybar、红领、隆盛及农夫山泉智能化转型进程，不难发现，虽然各自采用措施和路径的侧重点不同，如海尔侧重对数据的全流程运用；Drybar侧重点在于对消费者需求敏锐的洞察能力；红领提供针对客户个性化需求的定制服务，隆盛充分利用软件和技术构建出一个完整的智能制造系统；以及农夫山泉对云平台的综合运用，但这些智能化转型路径都不局限于某一单一方面。海尔在利用大数据的同时，也构建起一个一体化系统，通过数据实现流程可视化，增加客户的体验度，从而也能提供智能化服务。红领集团虽侧重于个性化定制的转型道路，但在搜集客户信息和偏好时也构建起自身的数据库，增加服务的柔性度；隆盛纺织的成功在于充分利用了软件和技术，分别优化了生产、企业内部、企业外部的管理和运营，并通过技术系统连接三个端口，其中也充分利用了大数据，同时也强调了外部的个性化服务；农夫山泉的云平台建设，构建出覆盖全企业的物联网，也离不开对数据的运用，并且在智能营销方面也强调了服务，同时重视消费者体验的重要性。

可见传统企业智能化转型的路径并不是单一的，应根据行业的不同和自身水平的高低，综合运用，制定适合自己的智能制造系统，最终实现装备智能化、生产智能化、管理智能化，以及服务智能化。

下　篇
案　例　篇

第七章　A 半导体耗材公司战略转型

半导体制造业素来有“三高”特点：高科技、高投入、高收益。因此，其一方面有着很强的技术、资金的进入壁垒，另一方面又吸引了很多的投资人。半导体行业在中国的发展初期，由于国内技术不成熟，半导体设备及其耗材基本全部从欧美和日本及中国台湾等地进口，于是从事设备及耗材的代理公司应运而生。从 2000 年开始，很多中介代理商活跃在这个行业的历史舞台上，并为中国的国内半导体产业提供技术和服务支持，实现双赢。然而，代理商的命运瞬息多变，一方面，随着业务的快速发展，境外供应商纷纷调整战略方向，将重心转移到亚太地区，希望自行开拓和管理中国市场，另一方面，中国半导体行业的国产化战略上升到国家战略，政府扶持国内相关背景企业自主研发和生产，希望能够打造完整的产业链，逐步消除行业中的进口环节，实现真正的“中国芯”。目前，A 公司作为夹在中间的代理商面临着严峻的形势，如果企业要持续发展，必须重新审视自我并整理思路、找到合适自己的发展道路。

通过对 A 公司目前的外部竞争环境、市场发展趋势及自身的核心竞争力分析，针对目标客户调研，分析影响其采购的因素，借助战略转型研究理论的框架，提出适合 A 公司转型的具体方案。

第一节　A 公司的转型背景

一、A 公司简介

A 公司是一家从事半导体设备耗材的代理公司。由于公司长期与半导体制造企业有着良好的合作关系，从设备到耗材供应，完成了产业链的延续，公司也因此得到了很好的发展，公司拥有多位专业技术人员，可以为半导体制造企业提供优质专业的服务。A 公司主要代理中国台湾地区制造的半导体设备耗材产品，并拥有多个品牌的代理权，产品适用领域半导体封装、微电子、光学光通信、军工产品等，拥有专业的技术支持、销售和售后服务团队，总部设在上海市，深圳市、成都市和东莞市设有办事处，中国香港设有分公司，公司的客户遍布全国各地，产品适用于半导体（IC）封装、摄像头（CMOS/CCD）封装、LED 封装、光电、光纤器件、光电仪表、智能卡及军工等领域。

从企业在行业价值链的位置来看，目前 A 公司的经营模式是典型的代理商经营模式，不涉及产品的设计、生产，只负责销售并提供产品相关的技术服务。A 公司自身只提供了信息和技术的服务，在行业价值链中仅单一地占据了产品销售这一单元的活动，且在这个单元活动中公司的优势在于专业化服务。

从公司的财务状况来看，于 2012 年涉足半导体设备耗材以来，一直有着不错的销售业绩，年销售额达到 700 万元以上，其净利润也逐步成长。但是仔细分析其增长的速度，相比整个半导体行业在中国的发展其实并不快，甚至增长率呈现负增长，其主要原因是总成本的成长率显然超过营业额成长率。对于一个公司而言，其利润成长率为负意味着公司的成长空间受限，其竞争优势正在慢慢地消退。

从公司品牌发展的角度来看，由于代理商经营模式，公司不具有产品的品牌，只能在服务上努力提升公司的品牌。供应商提供的产品出现质量问题以后，公司的品牌也将受到牵连，因此公司在品牌管理上很被动。没有品牌支撑的营销往往事倍功半，在客户端公司得不到品牌附加值，发展新客户的成本也会提高且不易。有时公司投入成本开发客户并取得良好业绩以后，被代理的公司却希望自己来营运，直接面对客户，公司前期产品推广变成了供应商做品牌推广。这种尴尬局面也是代理商经营模式常常遇到且无法应对的遭遇，这就是代理商经营模式天生的缺陷。

公司在代理商经营模式下的企业组织结构，属于典型的创业结构，直线型组织结构如图 7－1 所示，公司各级从上到下实行垂直领导，由总经理直接管理各部门。这样的组织结构简单、直接，责任分明，命令统一。从目前 A 公司在生存发展阶段来看，这种组织结构的效率高，公司面对外界环境的反应能力快，可以很快根据市场反应来调整自己的策略，总经理发布指令，企业各部门同时响应，有助于产生较高的组织工作效率和效益，比起大公司复杂的组织结构，响应市场的速度和效率都具有优势。但是总经理一人同时管理公司所有部门的事务，往往有时力不从心，不能面面俱到。总经理以前是销售专业人员，在公司内最重视销售部门，认为销售业绩是最重要的，往往会忽视事实上同样重要的技术部和品管部，经常在产品或技术发生问题以后再补救，而不重视事件的预防举措。另外，公司的这种组织结构在公司业务流程上并没有特别的规范流程，因此公司各部门的协作和沟通并没有章法可循，容易导致相互扯皮的局面，还有一种情况便是各部门下面的员工容易在总经理业务繁忙时松懈怠慢。这种组织结构下，总经理集权，员工的工作热情不易完全释放，企业文化淡薄，组织的力量并没有显现。

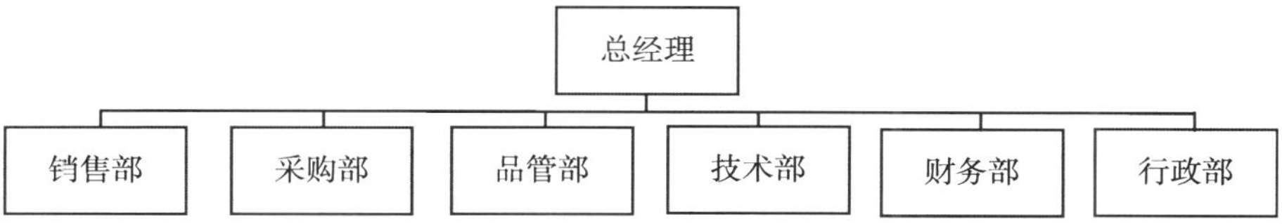

图 7－1　A 公司的组织结构

二、转型的政策环境分析

近年来，半导体行业成为国家重点扶持的产业。笔者搜集整理了近 5 年来国家对半导体行业的相关利好政策如表 7－1 所示：

表 7－1　　五年内国家对半导体行业的相关政策

时间	政策
2017 年 4 月	国家高新技术产业开发区“十三五”发展规划
2016 年 12 月	信息产业发展指南
2016 年 12 月	“十三五”国家信息化规划
2016 年 11 月	“十三五”国家战略性新兴产业发展规划
2016 年 5 月	关于软件和集成电路产业企业所得税优惠政策有关问题的通知
2015 年 6 月	科技部重点支持集成电路重点专项
2015 年 5 月	中国制造 2025
2015 年 3 月	关于进一步鼓励集成电路一发展企业所得税政策的通知
2014 年 6 月	国家集成电路产业发展推进纲要

资料来源：根据政府官方网站发布的信息整理所得。

上述国家级政策中，政府大力支持半导体行业的发展，甚至将其上升到国家战略层面，无论从税收政策还是金融政策、人才引进制度、对外合作及专利保护制度上都提出具体方案，并都做出相应的保障制度。简而言之，在半导体产业的发展中，政府一路“绿灯”放行，但是值得注意的是，国家制定的目标是“半导体整体产业链国产化”，为半导体行业指明了发展方向。

当前，全球集成电路产业正进入重大调整变革期。一方面，全球市场格局加快调整，投资规模迅速攀升，市场份额加速向优势企业集中。另一方面，移动智能终端及芯片呈爆发式增长，云计算、物联网、大数据等新业态快速发展，集成电路技术演进出现新趋势；我国拥有全球规模最大的集成电路市场，市场需求将继续保持快速增长。新形势下，我国集成电路产业发展既面临巨大的挑战，也迎来难得的机遇，因此国家和地方政府不断出台相关政策支持集成电路的发展，加快追赶先进国家（地区）的步伐。

三、基于波特五力模型的竞争环境分析

波特五力模型是迈克尔·波特于20世纪80年代提出，并运用于企业的行业基本竞争环境的分析，对企业制定竞争战略提供参考。五种力量包括同行业内竞争者的竞争能力、供应商的议价能力、购买者的议价能力、潜在竞争者的进入能力及替代品的替代能力。图7－2阐述了A公司所在的半导体设备耗材行业内的五力模型分析。

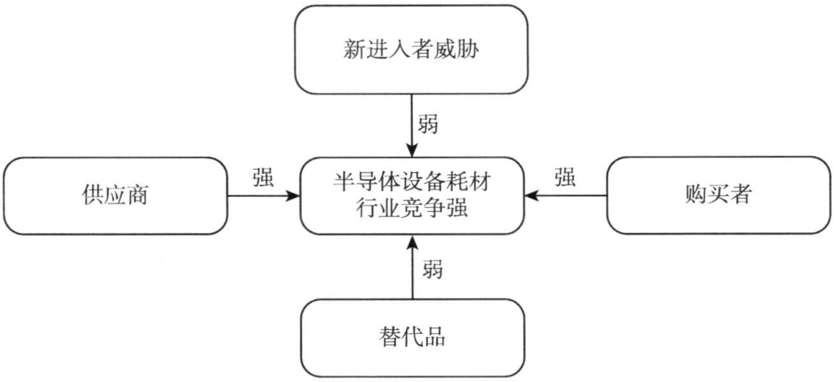

图7－2　A公司所在行业的五力模型分析

（一）购买者的议价能力

购买者的议价能力很强，它们一般是各大半导体制造公司，是产品的直接

使用者。在市场上提供半导体设备耗材的企业很多，除了原厂以外，中国台湾、奥地利、韩国和日本等地都有多家厂商制造半导体设备及各种机型配套使用的耗材，但是选择权基本都在购买者手中。一般从风险控制的角度来看，购买者更愿意购买原厂的产品，质量相对有保障，尤其是在设备的保质期内一定使用原厂耗材，以免出现问题无法得到原厂的支援。但是购买者每年在成本控制上又有相应的指标，因此合理使用非原厂的耗材可以为企业节约不少成本，也是晶圆厂的一项节支项目，这也意味着非原厂耗材提供商主打成本优势策略来获得购买者的青睐，所以目前半导体设备耗材的价格逐年走低。

（二）供应商的议价能力

供应商的议价能力相对也是强势的，由于半导体行业是个高科技行业，相关的耗材制造技术要求也很强，质量可靠、稳定的制造商大部分在中国台湾、奥地利、韩国和日本等地，随着中国半导体行业的快速成长，市场需求日益增多，这些制造商的产能已经无法完全满足中国市场的需求，而且他们原本的大部分产能优先供给本土半导体制造企业。随着半导体设备的技术不断提高，新设备上使用的耗材需要重新开发，研发成本高，产品价格难以降低。

（三）潜在进入者的进入能力

潜在进入者的进入能力比较弱。一方面，高科技的技术壁垒将没有行业背景的公司拒之门外，若自主研发产品，需要巨大的成本和长时间的验证，若代理产品，则需要专业技术人员对产品提供专业的服务；另一方面，下游厂商对产品的认证过程繁琐且苛刻，需要将产品逐个上机台验证，至少半年或更长时间，新进入者一旦被认证失败便很难再打入下游厂商，再加上新进入者在行业内认知度低，由于上机测试耗材会给使用者带来风险，很多半导体制造公司基本连认证的机会都没有。

（四）替代品的威胁

半导体设备耗材由于产品的特殊性，基本没有替代品。半导体离子注入设备制造厂家在全球范围内主要是美国、日本两大科技强国研发制造，相关配套的设备耗材都是原厂根据设备需求开发设计的，制作工艺要求高、材质纯度高、品种规格繁多且异形非标准化尺寸，同一款机型上同一个部位的耗材，无论是原厂还是非原厂的生产商一般都不会随意更改尺寸，以免影响设备正常运行。如此专业型的产品是没有替代品的。

（五）同行业竞争激烈程度

在半导体设备耗材行业内的竞争是很激烈的，主要是半导体设备过保修期后的阶段。半导体设备制造公司开发设计了设备及所有相关配件，因此原厂在设备耗材的定价上采取的是撇脂定价策略。在设备的保修期内，客户一般不会更换其他厂商的耗材，避免出现问题而影响原厂保修。而过保修期的设备，用户会考虑到使用成本而选择其他耗材生产商，目前质量比较稳定的一些耗材生产厂商之间的竞争很激烈，非原厂的耗材主要依靠成本优势策略。

目前，半导体设备耗材供应商主要分三类：第一类是半导体设备制造商提供的原厂耗材，如美国应用材料（Applied Materials），美国亚舍立（Axcelis），日本日新（Nissin）等；第二类是为原厂代工的 OEM 厂商，如奥地利攀时公司；第三类主要是中国台湾、奥地利、韩国和日本，以及中国本地的半导体设备耗材专业生产厂，如西普电气有限公司、中国台湾翔名科技股份有限公司等。在半导体设备耗材行业内，一般按不同型号的半导体设备来分成不同的竞争组别，每个耗材生产厂都有自己固定机型的耗材。

原厂如 Applied Materials、Axcelis 的产品质量是最高的，由于它们都是产品的原始开发者，技术能力最强，再加上原厂品牌的品牌价值，其耗材的价格相当昂贵。为原厂代工的 OEM 厂攀时、翔名等公司产品质量得到原厂的认证，相对也是较高的，但是原厂对耗材的品质监管有自己的严格标准，通过代工厂为其加工的产品还要进行筛选，最后将通过自己标准的产品作为自己品牌的产品供货源，因此 OEM 厂的产品质量低于原厂，OEM 厂的产品定价比原厂低，比其他非原厂耗材供应商高。其他耗材供应商的市场定位比较相似，不同产品的价格和质量会有一些差别。也有一些耗材生产厂商做差异化产品，如西普，只做原材料是钨、钼的耗材，由于专业化程度高，因此其产品质量稳定可靠。A 公司目前本着为客户节约成本的主旨，以低价格策略吸引客户。

第二节　A 公司的价值链和能力分析

企业战略转型的目的是通过重新配置企业内外部的资源来增强企业的核心能力以获得应对市场环境变化，因此，价值链重构是公司战略转型的重要工具。公司实施价值链重构，首先要进行价值链分析，对企业的内部和外部环境都要深入分析，找出公司的战略环节。在此基础上对公司的各项运营环节进行“流程再造”（BPR），分解和重构价值链，制定切实可行的优化流程，配合战略转型在公司各个层面展开，并实施执行，最终经过价值链优化，企业可以获得长期竞争优势，达到成功战略转型的目的。

一、A 公司价值链分析

半导体行业的纵向价值链如图 7－3 所示，半导体行业一般包括分立器体和集成电路，分立器体主要指二极管、三极管等半导体元件，而目前我们大都讨论的是集成电路，也就是电子芯片的制造。集成电路的制造包括从电路设计到硅片制造再到芯片封装测试，分别是由三大独立又有联系的行业支撑着，半导体行业的下游是 PC、通信、消费电子、汽车、工业等电子类产品，上游是半导体材料和半导体设备两大行业，而半导体设备中包含设备的耗材。A 公司涉及了半导体设备行业，向上延伸了产业链至设备耗材业务。

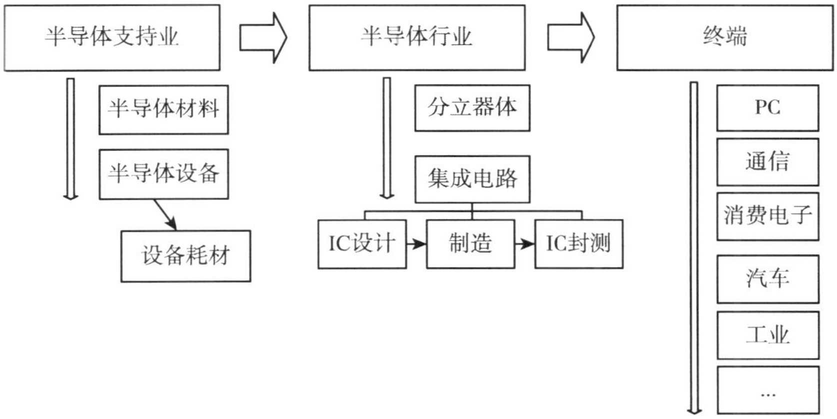

图 7－3　半导体行业价值链

在产业链向上延伸的策略中，A 公司是成功的，凭借公司和下游半导体制造行业的密切关系，可以有机会进入下游企业开展业务。但是公司的性质是代理商，主要提供服务，因此在这部分产业链中对产品的掌控能力弱，无法在这条小小的产业链环节中做到专业且具有竞争力。设备耗材在整个行业价值链中属于专业化细分的一项分工，是一个很细的分支；因此，分工越细，产品的竞争力越强，专业化程度越高。如果要完整的在这段产业链中占据主导地位，A 公司必须能提供自己的产品，成为耗材制造商，而且在技术和专业上具有领先优势。

A公司的内部价值链如图7－4所示，下层是公司的基础活动，从采购至品管再到销售，上层则是为公司基础活动服务的辅助活动，主要包括技术、人力和财务等。从图7－4中可以看出，作为代理型企业的内部价值链是十分简单的。最主要的核心价值链是销售这一环节，但是在代理商模式中，公司又不同于其他一般代理公司，更注重技术和品管的价值链环节，在服务上体现了更细致和专业化，对产品的质量要求也会有公司自己的严格标准，以此来建立公司的核心竞争力。但是公司目前的困境有两方面，一方面是产品的不可控性，由于供应商强势，产品的质量和交货时间无法保证；另一方面是利润的递减，随着市场竞争加剧，公司几乎没有产品的定价权，由于采用代理模式，公司对产品的成本也无法从源头控制，基本也没有定价权，如果购买者和供应商两者的定价差额愈来愈小，公司的利润也逐步递减，最终公司将退出市场。为了避免这种结果发生，公司可以从两方面着手，一方面制造自己的产品，可以控制产品的质量、成本、交货期等，以便为客户提供更好的服务；另一方面专注定制化产品，提高公司形象的同时提升产品附加值。

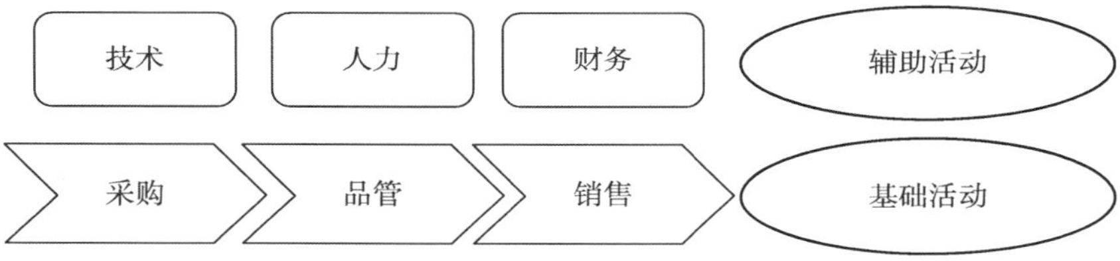

图7－4　A公司内部价值链

二、企业核心能力分析

（一）客户需求满足能力

1. 价格与品质

为了能够深入了解半导体设备耗材使用的终端客户的需求，对核心客户进行深度访谈是很有必要的，笔者特别走访了国内一家知名半导体制造公司的扩散设备科科长，是来自中国台湾的、从业经历近20年的资深半导体设备专业人士，他始终在半导体制造的一线生产线上，对半导体制造工艺流程、设备的工作原理都很熟悉，而且是设备耗材的直接使用者。他对采购半导体设备耗材的影响因素有着比较直观的看法，而且具有代表性。从访谈的内容来看，终端客户对于耗材的价格并不敏感，最主要考虑因素还是产品的质量。另外，这个行业中的大品牌基本上是指设备的制造商即原厂，由于公司每年都有降低生产成本的指标，他们也会考虑可靠的非原厂耗材供应商。由此可以看出，对于非原厂耗材供应商的选择，一般半导体制造厂的要求会很高，会有严格的认证流程。对于产品的寿命、交货期等都有很高要求。非原厂耗材供应商在这个行业中的口碑很重要，市场占有率高的公司、能提供知名半导体制造厂服务的公司，都会被优先考虑。如果公司能够提供优质的服务，如 24 小时电话服务，有专业人员的沟通并及时解决问题，有能力根据客户需求研发产品等都会使其成为具有竞争力的耗材供应商。

由于半导体行业属于高科技产业，对于相关产品要求很高，通过访谈分析，我们可以看出客户对于价格因素并不十分敏感，客户的首选是价格高且品质高的原厂耗材。

2. 服务质量

由于原厂耗材往往不在国内生产，交货期相对较长，半导体制造企业的设备零件种类繁多，且价格高昂，想要备齐所有零件也是不现实的，因此当设备某零件损坏导致停工时，耗材的交货期显得尤为重要，原厂不能及时提供耗材时，本地货源充足且质量不错的产品便有了市场。

还有一些供应商则立足于服务至上，自身口碑不错，而且懂得和客户沟通，其优质的服务也得到了客户的认同，特别强调了服务质量与信誉。由于半导体行业的特殊性，为了节省成本或改良某部分设备的性能而需要一些定制的零件，于是研发能力强的厂商便另辟蹊径，满足客户的特殊需求，体现了企业创新能力。

从客户不计成本、追求品牌和品质这三个因子可以看出，有一些客户属于坚持使用原厂耗材，而另一些客户偏好使用品质好、性价比高的非原厂耗材。相信随着专业制造耗材企业的不断努力革新，产品的质量也将越来越优质、稳定，再凭借优质的服务应该可以吸引到更多的客户。

A 公司属于半导体设备耗材的代理公司，公司有不少长期从事该领域的专业人才，随时跟踪产品使用情况并为客户解决问题，因此在业界也有不错的口碑，满足“服务质量与信誉因子”。如果希望能够得到更多的市场份额，建议能够在本地设厂，自主开发产品，便可以满足交货迅速这一因子；另外客户非常重视产品寿命的因子，则表示我们要重视产品的原材料，因为耗材的寿命和原材料的纯度直接相关，公司不可以偷工减料，采购低价低纯度的石墨、钨、钼等原材料。另外还要不断提升研发能力，为客户提供定制化产品，这部分产品可以获得较高的利润，而且增加和客户互动沟通的机会，以便保持更好的客户关系，即满足“企业创新能力因子”。

（二）管理能力

公司的高层管理者大部分来自中国台湾，在半导体设备相关行业工作15年以上，专业技术能力强、善于沟通、团队能力强，可以带领员工一起攻克技术难题，从实践中对员工进行业务培训，将公司的整体专业能力进行提升。公司的企业文化是“诚信与专业”，公司的高层管理者严格要求自己，本着诚信与专业的工作态度面对客户和问题，树立良好典范，给公司带来良好的风气。对于公司每个岗位都有明确职责范围及考核标准，但是公司整体作业没有规范流程，各部门之间没有规范相互作业的流程，有时在作业当中会有混乱和扯皮的事件。

（三）市场能力

公司的总经理具有敏锐的市场分析与洞察能力，先前在A公司负责半导体设备的代理业务和翻新业务，在和半导体制造业的终端客户沟通中，发现设备耗材的巨大需求，于是提议公司开展设备耗材的业务，由于A公司在各大半导体制造公司有设备的维护服务，可以及时发现客户的需求，做好数据统计，然后凭借优质的服务来获得市场份额。目前，已经成功进入三家国内知名半导体制造公司开展业务，并取得良好的口碑，公司最大的优势是可以在终端客户那里为客户在使用设备时遇到的问题提供解决方案，帮助安装和调试，通过和客户的密切联系，挖掘客户的更多需求，保持良好的客户关系。但是始终是代理商，无法完全控制产品质量及交货时间等重要指标，有时也会有“巧妇难为无米之炊”的尴尬局面，因此能够开发自己的优质产品是能够为客户提供更好服务的基础。

（四）技术能力

公司的高层管理及中层管理人员都具有很强的半导体设备相关技术，可以和客户深入地沟通问题和了解客户的真实需要，并且有能力帮助解决问题或给出专业建议。由于A公司负责半导体设备的翻新、维护等服务，公司有机会在实际机台上培训公司工程师，对于公司的技术力量提升有极大的帮助。现有的销售工程师、技术工程师都对公司所代理的耗材和相关的设备及工艺流程很熟悉，有利于同终端客户的有效沟通，可以估算和预测客户对产品的用量需求，及时跟踪订单，保持良好的互动客户关系。

第三节 企业转型目标设定和实施方案

一、基于SWOT分析的转型决策

（一）优势

A公司拥有强大的半导体行业的专业背景，公司拥有来自中国台湾的离子注入技术的专业人才数位，从事专业工作15年以上，对半导体制造设备的原理和流程都非常熟悉。其余半数以上员工长期从事半导体行业相关工作，具有丰富的专业技术能力。强大的专业背景有利于公司的代表和客户做深入地沟通，对于耗材的合理使用时间及估计用量、组装技能和缺陷改善都能给出良好建议，可以协调和处理行业相关的技术问题。

A公司是专业从事离子注入设备的代理、翻新、维修、装机和移机，在装机的过程中需要很强的理论知识和实际应用能力，设备上的零件组装为公司提供了实践经验，遇到技术问题时，A公司的技术人员协同技术支持，可以在公司负责的设备上尝试解决问题并得到验证，一方面得到客户的信任感，另一方面获得了宝贵的经验，对于如何优化耗材的工艺等有了自己的心得，这是一般耗材生产厂商无法做到的。

半导体设备的耗材种类繁多且都是异形非标准化产品，一种离子注入机型的耗材就达到六七十种，A公司凭借多年半导体设备的行业背景，已经建立了完整的产品信息库，对每一个产品都有3D图纸、全尺寸、重量等详尽数据，公司品管人员可以依照数据标准对产品质量实施监控。业内人士都知道这些数据都是宝，它作为一道屏障将新入竞争企业挡在行业之外。

目前，A公司已经成功和国内三家知名半导体制造公司开展了业务，产品得到了认可，由于半导体行业的高科技特性，能够在行业中立足很重要，为以后发展新客户打下坚实的基础。因为公司一旦能够成功打入一家知名半导体企业，就意味着公司有能力提供高品质的产品，有能力成为耗材供应商的备选名单。

公司在东莞设立办事处和仓库，便于和终端客户及时沟通反馈、解决问题，当客户急需某种耗材时，公司能够及时提供，这是距离遥远的原厂和耗材生产厂家所不能提供的便捷。

（二）劣势

A 公司作为新进的耗材提供厂商，很难快速抢占市场。半导体制造商选择耗材供应商的流程是相当繁琐的。一般流程是耗材供应商提供产品给客户，客户根据生产进度适时地上机运行，最后给出评测结果，终端客户对耗材的认证是非常严谨的，包括耗材使用时间，设备运行及生产的状况。因此，整个认证流程周期至少半年，认证流程结束后进入评估环节，除非被提供的耗材有较高的效益改善（从成本上或技术上），一般不会轻易更换厂商。正是这种苛刻的要求，至今半导体制造企业的耗材使用有一半以上仍然是原厂耗材。如果认证失败，就意味着耗材供应商整改后等待下一个半年或更久，如果一直不通过，当然就不适合在这个行业发展了。因此说耗材厂家进入市场的成本和风险都是很高的，发展新客户的时间也比较长。

A 公司作为耗材代理公司，不能直接从源头上抓产品质量，产品一旦出现问题，只能和耗材生产商沟通协商，要求其改进，往往效果甚微。而强势的终端客户一旦发现问题，为了保证自己的生产，往往直接停止业务。发生这种情况时，A 公司的形象将受到严重的损失，整个公司的业务也受到牵连，需要花很长时间去等待客户的重新评估。

A 公司的上游供应商和下游购买者都十分强势，公司的议价能力相对低，利润空间下降。

A 公司没有自己的品牌，产品没有品牌附加值，也没有品牌的认知度。即使公司提供了优质的服务也不会体现在产品的价格上，在这个行业里犹如一叶小舟，即使不幸淹没都掀不起一丝浪花。

（三）机会

全球范围来看，半导体产业正在发生着第三次大转移，即向中国大陆、东南亚等发展中区域的转移。根据 IC insights 的数据，2012 年，大陆 IC 制造产值迅速上升到 89. 1 亿美元，全球份额也提升到 3. 50%。2012—2017 年，中国本地 IC 制造产值以 17. 2% 的平均复合增长率增长。从市场需求来看，A 公司所处的行业是有很大发展空间的。

A 公司目前与国内多家知名半导体制造公司有业务合作，同时为公司进入更多的半导体制造公司开展业务创造了机会。公司负责的设备保修期间内的耗材完全由公司提供，凭借优质的服务和产品，公司可以争取同客户实现长期合作。

公司在设备和耗材的业务中相互实践验证，多年的半导体设备行业专业背景可以培养大批的专业人才，更可以有机会研发或为客户定制个性化产品，提升公司形象的同时可以获得高额的利润。

（四）威胁

面对中国半导体事业的崛起，半导体设备耗材的需求量增大，相关产业的公司都希望抢占市场份额，竞争变得愈演愈烈。中国台湾地区的晶圆代工行业比中国大陆起步早了大约十年，因此非原厂的设备耗材制造公司相对已经成熟，产品的质量比较稳定可靠，而且已经有几家公司在台湾的股票市场上市，吸收了大量的资金，可以扩大产能又可以随着半导体技术的更新研发更多的配套产品。这些公司的目标这两年又定位在中国大陆市场，原先通过代理商贸易的模式渐渐发生了改变，他们先后在中国开设代表处，参加半导体展会，希望直接与中国的半导体制造企业联系开展业务，也愿意在中国本地建设厂房，投入生产，提供快速高效的服务。

而半导体设备制造公司作为原厂虽然在设备保修期内可以撇脂定价，享受高额利润，但是过保后，买家纷纷转向低价的非原厂耗材，原厂感到压力后会考虑降价销售，如果客户从质量角度考虑再加上原厂的品牌价值，会愿意选择价格稍微高一些的原厂耗材，这时非原厂为了争取市场份额，耗材也会降价，于是价格不断地下降，耗材生产商的利润也随之不断下降。如 A 公司这类的代理商在产品价格的定价上被动，只能跟着市场价格，而在取得价格的成本上也同时很被动，只能由耗材生产商决定，因此只能减少自己的利润，直至无利润，最终退出这个行业。

如表 7－2 所示，根据 SWOT 综合分析，公司未来可以从 SO、WO 和 ST 组合来考虑发展方向和策略。以公司目前所处的状况分析，显然是劣势大于优势，机会大于风险，在这样的情形中，公司应该把握行业机会，弥补自己的劣势，结合公司的长期发展目标，WO 战略最为适合，即建立自己的生产基地，组织生产，并开发定制化产品，逐步发展公司的品牌，彻底将代理商经营模式的劣势扭转过来，从长远来看，这是一条可持续发展的道路。

表 7－2　　　　SWOT 综合分析

内部能力 外部因素	优势（Strength）	劣势（Weakness）
	人力资源强，有多位技术专业人才 丰富的半导体设备实操经验 有能力提供高技术服务 多种类产品的专业信息 与知名半导体制造商客户的合作 已在东莞设立办事处和仓库	产品评估时间长 发展新客户时间长 无法控制产品质量 无法控制交货期 产品无品牌价值
机会（Opportunities） 行业前景好 产品市场需求大 公司可提供进入客户端机会	SO 提升公司服务能力如 24 小时 on call 保持良好客户关系 维持安全库存量，及时提供客户需要	WO 设厂，自己生产 开发定制化产品 逐步发展公司品牌
风险（Threats） 国外多家耗材生产商进入中国市场 原厂在保修期后降低产品价格 供应商强势，取得产品成本高	ST 优化组织效率，降低成本 寻找行业相关的其他代理产品	WT 退出市场

二、A 公司战略转型目标

（一）短期目标

未来 5 年内，开设自己的工厂，从代理公司变革为生产制造企业。改变目前在市场上的被动地位，完成自主定价，通过自己生产可以控制产品的质量和成本，提升公司的核心竞争力。

第一阶段的重心是新成立的生产部，在短期变革目标中，公司将生产自己的产品，生产部是公司的最核心部门，变革是否成功与生产部门的关系是很大的，优质的产品质量是半导体制造商选择设备耗材的首要指标，如果质量不过关，根本无法进入这个行业，也必定导致变革失败，此阶段也是公司求生存阶段。

（二）中期目标

未来 10 年内，发展完整的产品线，研发更多的专利产品。可以从一种机型的耗材到多种机型耗材的研发；从一种材质类型的耗材开发到多种材质耗材的开发，逐步完善公司的产品线，将公司发展成半导体设备耗材的专业生产厂家。

第二阶段，公司的中期变革目标是发展完整的产品线，此时技术研发部也将是公司的核心部门，技术研发能力标志着公司对外竞争的能力，能够根据客户需要研发新产品，定制化生产模式等都会成为公司的核心竞争力，这是公司求发展的阶段。

（三）长期目标

未来 20 年内拥有自己的品牌，并在全球范围内有一定的知名度。一个成功的公司背后一定有一个知名品牌，品牌建设能够为公司带来更多的无形资产，为产品增加更多的品牌附加值。

第三阶段的长期变革目标是创造公司的品牌，增加产品附加值，此时公司的市场部将扮演一个很重要的角色，建立完整的公司品牌架构，并在市场上进行推广，公司能随着品牌持续传承，这是一个公司求飞跃的阶段。

总而言之，以核心业务为内容的战略转型意味着组织系统性的重大变革，这种改变不是一步实现的，而是逐渐调整、逐步实现的过程。为了公司能够长期持续发展，现制定的短、中、长期目标，逐级推进，每一级可获得更高更牢固的核心竞争力；每一级的演变都是公司适应外界环境时组织系统达到的平衡；每一个系统的平衡会被外界环境的变化所打破，然后组织再演变以求达到新的平衡，如此公司可长期适应和应对外界环境的不断变化，在行业中稳定地发展。

三、转型实施方案

（一）从代理商向生产商的转型

第一步，是从代理商向生产商的转型，通过对 A 公司的内外部环境分析来看，作为代理企业，公司目前面临的困境是无论从产品定价策略还是成本策略上，公司都没有主导权，上游的供应商和下游的购买方相对公司都是强势的。半导体行业在中国的环境非常好，市场需求高速增长，A 公司有多年的半导体设备相关行业背景，有多位资深专业人士，与下游半导体制造商有着良好的合作关系，在这个时机，转型成为半导体设备耗材制造商，将行业价值链扩展到上游，可以摆脱原来上游供应商的制约。通过对组织的管理，先尝试生产小部分种类的产品，在工艺上精益求精，打造具有核心竞争力的产品，争取在所生产的产品种类上获得高市场份额。另外，可以根据客户需求，开发定制化的产品，以维护良好的客户关系。

（二）从产品品类单一化向多元化的转型

第二步，是从产品单一化向多元化的转型。经过第一阶段的转型，A公司的生产工厂已经有一部分自己专业的产品，并获得市场良好的接受度以后，为了扩大公司的规模，公司可以加强研发能力，适当考虑逐步地增加产品的品类，从单一机型的产品考虑研发多个机型的产品，再从单一材质的产品发展其他材质的产品，争取做到全品类的生产，由于耗材供应有别于其他产品，其专业性和科技性的高度决定了公司在行业中的地位，也决定了下游购买者对公司的信任度，因此，有能力开发多种型号的高品质产品是公司发展的方向。

（三）从产品到品牌的转型

第三步，是从产品到品牌的转型。实际上也就是客户从满意到忠诚的跨越。打造公司的品牌，增加产品的品牌附加值。当公司完成第二阶段的转型后，公司拥有完整的高质量的产品体系，此时可以加强公司的品牌建设，内部管理要求更有效，对客户的关系要求更为深入且互动，将品牌的力量突出，品牌的建设关系到公司的每一位员工，每一位客户，无论从员工的满意度还是客户的满意度来说，品牌代表着完全的满意度和忠诚度。

第四节 A公司核心业务转型的产品策略

耗材成品种类多达上千种，对于欲变革为生产制造商的A公司而言，产品种类繁多无疑是抉择的一大难题，若要所有产品均生产则需要庞大的资金提供设计及制作模具，并且所有产品都需要有安全库存量，这些都会增加公司的营运成本，且无法保证完全销售。因此在变革初期必须对产品的选择要有针对性、能为公司创造高价值，以下分三部分探讨产品的选择策略。第一，产品的分类：主要将耗材成品依材质分类讨论并分析其所创造的价值。第二，基于BCG模型的产品分析和选择：利用成熟的分析系统，从产品的增长率、市场占有率等指标中分析选择能为A公司创造最大价值的产品。第三，定制化产品的研发：针对客户的特殊需求研发设计新的耗材成品，以满足客户端离子注入工艺过程中产品质量的提高或者降低生产成本的改善方案。

一、产品的分类

针对半导体离子注入机耗材，按照材质不同可以分为三大类：第一类石墨件，大部分用于束流路径区域和离子注入区域，主要是预防金属污染而影响电性。第二类钨钼金属件，主要用于离子源区域，便于产生离子束。第三类陶瓷件，主要功用是作为相连的部位起到绝缘目的，一般常用于离子源和离子注入区域。

根据 A 公司目前可以提供给一个月产能为 3.5 万片晶圆的半导体晶圆厂的数据，可以得知金属件销售额远大于其他两类。除了陶瓷和石墨的成本较低外，金属件成品在离子注入过程中由于受热容易导致变形，虽然金属件价格高于其他两类，但离子源关键部位的大部分金属件耗材的更换频率却不低于陶瓷与石墨件，因此从总销售额来预测，金属件耗材是公司持续运营的主要收入来源。

二、基于 BCG 模型的产品分析和选择

按照 BCG 模型的产品分析，可以将 A 公司现有的产品如图 7－5 所示，依照 BCG 模型分为瘦狗产品、问题产品、明星产品和金牛产品，分别可对应到导入期、衰退期、成长期及成熟期。依据 A 公司 31 种耗材对应的供应工厂数，推算出产品的市场占有率趋势和销售增长率数据；再按照 BCG 模型，可以将 A 公司的产品分为瘦狗产品、问题产品、明星产品与金牛产品，并加以讨论，以此作为 A 公司产品选择的参考。

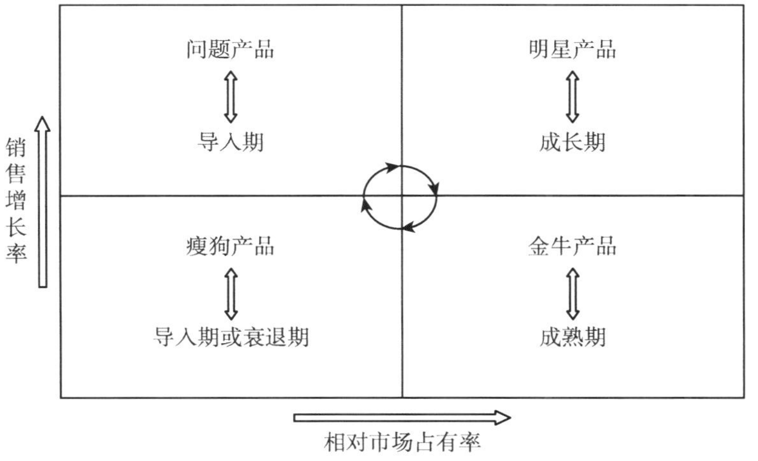

图 7－5　BCG 模型

根据公司的实际情况，将产品分类如下：

1. 瘦狗产品

年销售额低且增长不明显甚至下降，如 Cathode PLT，filament IHC 等产品。此类产品主要用于半导体晶圆厂内离子注入机设备数量较少的机型，由于设备数量少且必须满足客户端每年降价的要求，其增长率呈现负成长。

2. 问题产品

年销售额不高但增长率高，如 cathode assy，排除前两年为原厂价格的因素，其高增长率是值得投入使其成为明星产品，并且由数据易知，与原厂的价格相比是非常具有竞争力的。此类产品主要适用于离子源区域的金属件耗材，由于更换频率高且产品利润较高的因素，具有高成长率的潜力。

3. 明星产品

年销售额高且增长率高，如 reflector retainer 即为明显的明星产品，应加强投入增加市占率。此类产品随着离子注入设备数量的增加会具有相当高的年销售额，但是当晶圆厂内设备数量趋于饱和时则会转为成熟期产品。

4. 金牛产品

如 anticathode 产品，增长率趋缓，但仍具有相当的市场占有率，是公司的成熟产品。此类产品由明星产品转入，曾为公司的高成长率产品，随着客户端降价的要求而增长率逐渐变缓，此时如何防止进入衰退期至为关键。

根据 BCG 模型分析结果，建议 A 公司生产类似 reflector retainer 一类的耗材。而半导体晶圆厂的离子注入设备会因主流产品的改变而发生机型数量变化，因此 BCG 模型必须随着机型数量变化而重新分析。

三、定制化产品的研发

半导体离子注入机从 20 世纪 70 年代就已经开始生产使用了，随着时间的增加，专业的离子注入机研究人员亦积累着丰富经验，为客户制定设备零件改善计划，一方面以提高耗材寿命为目标，另一方面协助客户降低耗材使用成本，更甚者帮助客户提高产品质量为导向。以这三类研发目的设计出的耗材，均能为公司创造高价值产品。

（一）基于节约成本的设计

A 公司亦本着帮助客户节约成本、良率改善的服务理念，着手耗材成品的改进研发。其设计理念源自于目前较先进的注入机型中的拆卸式弧缝设计，上半部分是属于高消耗零件，而下半部分可重复使用，达到节约成本的目的。对于目前 8 寸注入机的耗材，由于大部分客户均有节约成本的压力，因此针对此部分的重新设计、开模、试验的重任就落到了耗材供应商的身上。

（二）基于提高生产效率的设计

对于量产的半导体晶圆厂，最不愿意遭遇不预期的停机，如此会导致生产线的生产计划大打折扣，而离子注入机最常发生异常状况的莫过于离子源产生机制无法到达预期寿命，一则导致生产中断，二则由于单一耗材无法使用使得整个离子源区域的大部分耗材均要重新更换，造成成本大幅提高。而增加石墨的表面粗糙度可使得离子产生过程中石墨表面剥落的机率减小，足以支撑到常规保养时再更换新的耗材。一般常规保养是安排有固定时间的，如果在保养时间之前因为石墨表面剥落而导致停机则会影响设备的生产效率。

（三）基于提高产品质量的设计

此设计是因为先进制程已走到 90 纳米甚至更小，大部分客户都希望产品质量不会因为耗材的损耗而将杂质带入硅片中，因此如攀时公司针对束流路径不同部位而研发不同等级的石墨材料亦是协助客户提高产品质量的做法，其将石墨分为纯化结构石墨，弧缝石墨与特质石墨，主要区别在于粒度、硬度和强度的不同。纯化结构石墨的粒度是 5μm—10μm，该材料制成的部件在一般工作条件下不会与离子束发生接触。弧缝石墨主要用于弧缝耗材制品，弧缝石墨的粒度小于 5μm，并具备比纯化结构石墨更高的硬度和强度（高约 50%）。特质石墨的材料均匀度达到了极限，其材料的粒度为 1μm—2μm，超精细粒度使得它的强度与硬度还要高于弧缝石墨约 50%，主要用于抗侵蚀性尤为重要的地方。

综上所述，A 公司的产品选择策略可归纳为，一是金属件耗材为高利润产品。二是注重明星产品的增长率，并防止成熟产品进入衰退期。三是定制化产品除了帮助客户达到节约成本、提高生产效率及产品质量外，亦可使得 A 公司相对于其他耗材生产厂商更有竞争力。

第五节　A 公司的组织协同

公司战略转型包含公司层、经营层和职能层三个层次战略内容的变化、相互支持和约束，从而使整个企业战略发生系统性变化的过程。

一、公司层面

从公司层面来看，公司的商业模式将发生重大的变革，公司将增设厂房和设备，增加生产型成本和雇员，增设研发部门，公司将从专业的服务向专业的产品变革，因此首先，公司要对生产的产品进行分析和选择，对厂房的设置地点进行筛选和安置，其次，要重新制定公司的作业流程，选用产品监管的标准体系。

根据公司的未来战略转型规划，公司的组织结构也将作出相应的调整，以配合公司更高效的运作。如图7－6所示，公司由原来的直线型组织结构调整为直线职能型组织结构；从代理企业变革为生产制造企业；公司的主要目标由单一的销售变更为生产和销售两部分。公司多了一个很重要的分支即生产运作部分。随着组织业务的增多，原来总经理一人扮演多种角色的管理模式不再适合公司的发展，公司将发展各职能部门对上级负责。有着强大半导体技术背景的副总负责整个公司的生产运行，公司增加生产部和技术研发部，负责公司产品的生产和研发。另外公司还将增加市场部和IT部，市场部将负责公司在各销售区域的市场调研，对市场的需求、竞争品牌进行分析，提出未来市场规划及发展方向，并逐步建立公司的品牌。为了公司的作业流程更规范和高效，成立IT信息技术部将管理公司的办公自动化（OA）及企业资源计划（ERP）系统，未来还可以开发客户关系管理（CRM）系统。

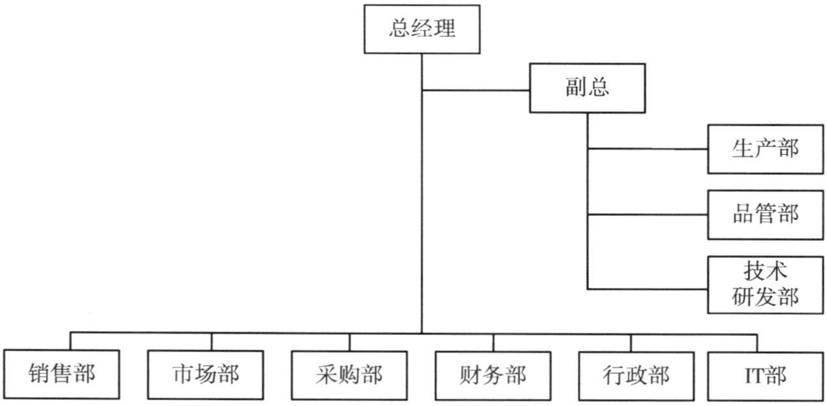

图7－6　A公司战略转型中组织架构的调整

二、经营层面

从经营层面来看，公司的产品结构发生了变化，在变革初期阶段，会有代理产品和自己生产的产品同时销售，对于市场销售的情况做出及时分析，比较各销售数据，为公司变革过程提供支持和建议。对于公司在选择生产产品类别上可提供以前的销售数据及预测，找出明星产品作为公司的开山之作。公司自己生产的产品，品质和成本都可以控制，为销售部门提供了坚实的后盾，在市场中能够获得竞争力。所以说公司层和经营层是相互依赖，相辅相成的。

公司从代理商变革为生产商，业务流程发生了重大改变。在原来业务流程中增加了生产部分的作业，包含了原物料采购及仓库管理等环节。生产制造相关的作业流程比较繁琐，在管理上尽可能制定标准、规范操作，以获得组织的最大效率。如图7－7所示，公司变革后增加了生产环节的各部分业务，为了精细化加工和管理，在每个业务流程中都制定标准化业务规范。在变革的初始阶段，搜集并分析各作业相关的数据、不断改进完善独立及相互协作的作业流程，在所有业务流程环节中都要考虑质量、成本以及效率等因素，在未来变革成功以后，公司各项业务更加成熟稳定，可以考虑利用信息技术，将流程固化，运用网络平台设计企业的ERP系统将企业的战略目标从上至下实现统一，在同一个平台内实施执行，有效促进企业管理的现代化和科学化。

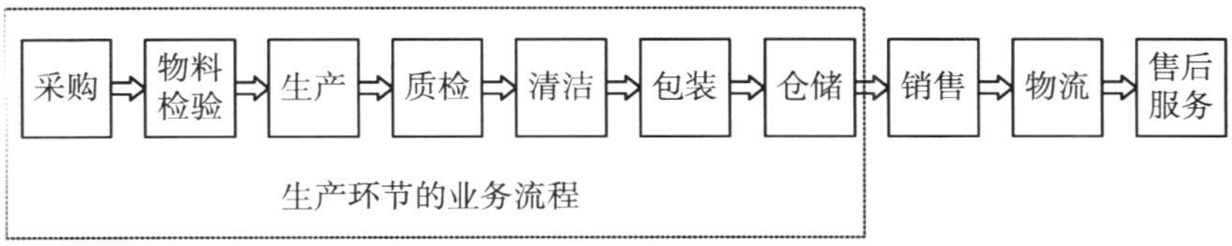

图7－7　变更后的公司业务流程

三、职能层面

从职能层来看，职能部门的调整是公司变革的必要组织优化程序。由于从服务向产品的变革导致变革过程中将原来的核心部门——销售部转移到了生产部门、品管部门和研发部门，公司的组织结构发生了重大改变，核心人员的配置和激励制度是变革中的又一关键要素。

A 公司战略转型过程中，将根据不同时期的变革目标配置核心人才。在变革初期，公司以前代理模式下的核心人才多为销售人员，技术能力强的人才将转为生产部的管理人员、技术研发部人员，这些都是公司的核心人才，为公司能够打造专业化产品提供坚实的后盾。针对长期变革目标即品牌建设，公司将发展市场部的品牌管理专业人才。另外，各职能部门的管理人员都是公司的核心人才，相互协作，创造价值，以公司的战略为导向，实现组织的效率最大化。

对于核心人才的管理遵循以下几个关键点：第一，定位准确。古人云："术业有专攻"，每个人的自身特点不同，公司根据个人特长，安排其岗位。第二，职责明确。每位员工都有专属的岗位责任书，明确工作范围及要求。第三，公平、公正。对于各员工的绩效考核指标尽可能精细量化，奖惩有章可循。第四，培训发展。对核心人才的培养高度重视，划拨部分盈利收入作为专项培训费用，可提供员工海外培训等机会。第五，鼓励创新。鼓励员工有创新精神，开发各种专利，公司将给予特别奖励。第六，股权激励。对于各职能部门主管及研发特别人才给予公司的部分股权激励。

第六节　案例结论与启示

在中国政策利好的形势下，半导体行业的未来发展空间非常大，对半导体设备耗材的需求也将随之增长。代理商模式的企业由于没有掌握产品的核心竞争力，在愈演愈烈的行业竞争中，面临着被耗材生产商取代或者是零利润的困境。代理商若要获得长期持续的发展，必须对其价值链进行重构，以获得核心竞争力来应对外部环境的变化。

本章根据企业转型的相关理论，对 A 公司的转型环境、价值链、资源能力进行剖析，获得以下结论：

第一，为了实现公司的长期发展，战略转型将是一个循序渐进，漫长的过程。大致可分为三个阶段，第一阶段为生存期，即生产自己的产品，从代理商变革为生产制造商。第二阶段为发展期，不断完善公司的生产线，从单一品种过渡到多品类。第三阶段为飞跃期，塑造公司的品牌，增加产品附加值。

第二，战略转型中核心环节的执行是保证变革成功的必要条件。一是制定产品策略，即基于 BCG 模型展开产品分析和选择，进而进行定制化产品的开发；二是质量管理体系优化，即包括产品规格质检标准制定及国际质量体系选择，通过不同核心环节对变革做出了具体规划，为变革的实施提供了具体方案。

第三，在实施转型的保障措施上，一方面，从客户和股东的角度对公司战略转型提出要求，通过完善质量认证体系、加强与客户和股东的沟通、给出预期的利润等财务分析，以求公司在变革中能够得到客户和股东的认可和信任；另一方面，对于公司变革为制造商的库存压力给出流程控制及客户端寄售模式等方案来解决。

最后，希望通过对 A 公司的战略转型案例的研究，对该行业或其他类似工业 B2B 代理商的战略转型提供一定的借鉴和启示。

第八章　汽车经销商D公司的O2O模式转型

第一节　D公司的转型背景

一、汽车经销商互联网转型背景

随着网络租车、网络外卖等公司在“互联网+”的时代开启了“线下消费、线上付款”的新型经营模式，人们可以利用互联网进行餐馆、出租车的预约，通过线上各个商家的宣传，选择最适合自己的餐馆及出行方式，极大的方便了人们的生活，这些经营模式统称为“O2O”。O2O经营模式是“互联网+”时代下的一种新型经营模式，其能够满足消费者个性化的需求，方便消费者饮食、出行，能够随时随地满足消费者消费需求。另外，O2O经营模式还可以指导厂商进行商品的生产，能够使厂商根据消费者的需求进行产品的设计和生产，提高整个社会的资源利用效率。

但就目前来看，我国汽车销售商还没有意识到“互联网+”对汽车销售行业的潜在影响，还没有嗅到这次发展机遇，仍然采用传统的汽车销售模式，和电商相比，缺少竞争力。就销售时间而言，电商可以为客户提供24小时无间断的服务，而传统的汽车销售商只能为客户提供8小时的服务。另外，电商和客户之间的关系要比传统的汽车销售商和客户的关系更为密切，如果用户离传统的4S店距离比较远，那么其可能几个月或者是半年才去一趟4S店，客户忠诚度较低，而电商却能够随时随地的为客户提供想要的服务，及时满足客户需求，解决客户问题，客户忠诚度较高。在此背景下，传统汽车经销商集团的O2O模式转型正当时。

二、D公司的现状

（一）公司简介

D汽车经销集团公司（为表述方便，后文将简称为D公司），于20世纪90年代中期在广东省深圳市成立，公司最早的业务为机电类业务，在之后的发展中，D公司通过和招商银行的合作来开展贷款买车业务，成为车主和招商银行中间沟通的桥梁，D公司为消费者买车提供担保，同时将部分贷款收益提交给银行，这是当时比较流行的一种汽车信贷类购买模式。为了降低公司经营风险，D公司通过资信调查构建起消费者贷款买房的信用评估体系，并且通过在贷款车辆上安装定位系统来进一步确保资金安全。D公司和VV汽车生产厂家在2002年签订相关协议，成为中国唯一的VV汽车代理公司，在之后的两年内D公司又拿下了JGLR汽车在华代理权。D公司在2013年共销售2.8万辆汽车，成为中国五百强企业。D公司在2017年底构建的汽车经销网络已经覆盖全国16个省42个城市，获得了18个品牌的汽车代理权，共拥有员工7800余名。

（二）员工结构及素质

虽然这几年D公司在多个省市新建了汽车销售4S店，但是员工总量基本不变。2017年D公司员工总数为7800余人，其中49%是销售人员，29%是售后人员，8%是财务人员，而管理人员占7%，另7%为行政人员，每个4S单店配有员工41人。通过上述分析可以看出，D公司员工结构分布较为合理，近期内员工将不会有较大幅度的调动。

从D公司员工学历分布来看，只有7%的员工学历水平在本科及以上，大部分员工的学历水平在大专及以下。因此，D公司员工学历分布并不合理，缺少高学历、高水平的销售人才、管理人才和维修人才。

三、面临的问题

（一）D公司的经营困境

我国从2015年开始，汽车销售规模逐渐缩小，行业经营困难。由于人们消费逐渐恢复理性，除了日系汽车在该年销售额度有所上升外，其他汽车品牌在该年销售额度均出现不同程度的下滑，汽车销售行业已经进入到停滞期。其实，早在2014年对汽车经销商经营收入的调查中，汽车销售行业萎缩现象就已经显露出来，只有30%的汽车经销商处于盈利状态，其余汽车经销商都处于亏损状态。虽然近些年汽车经销商融资花费有所降低，但是其盈利能力降低更多，因此，出现了不同程度的亏损。

汽车行业百强经销商业务的毛利金额和净利金额自2013年开始出现下滑，2017年7月再次大幅下滑。尽管D公司的营业收入一直比较靠前，但是D公司经营利润却远不如经营收入排名靠后的其他公司，也就是说D公司虽然经营收入高，但集团获利能力低，收入少。加之汽车销售行业不景气，政府新政策对经销商的冲击，以及电商企业进入汽车销售服务领域，D公司在内外夹击的情形下陷入了经营困境。

（二）政府新政策对经销商的冲击

由我国交通部牵头，多部门参与的针对汽车维修行业的整改文件在2014年开始实行，该文件加大了汽车行业的改革力度，彻底解除了汽车维修和零件销售的原厂垄断地位。该文件要求各家汽车生产商在2015年之后必须向非4S店提供汽车维修零件，并且将汽车维修的技术资料向公众发放。该文件的出台标志着4S店在汽车维修中的垄断地位不复存在，消费者可以到任何一家汽车维修店享受到原厂汽车维修服务，购买原厂零件，这对于传统的4S店来说是一次巨大的挑战。

除此之外，我国工商总局在2014年10月1日颁布了相关文件，取消品牌授权制度，汽车品牌授权销售时代已经不复存在，如果一家公司获得汽车生产方的同意，其就能够在中国代理销售该品牌的汽车。这两项政策的出台增加了汽车销售行业竞争的激烈程度，使传统4S店经营更为困难。

（三）面临电商企业的激烈竞争

阿里巴巴在2015年4月8日整合了天猫及淘宝上所有的汽车资源，并且成立了汽车事业部；易车网于2015年4月13日投入了1亿元进军汽车电商，在京东和腾讯资金支持下，在京东商城平台上开设了网上汽车销售商城。除了直接的汽车销售外，电商也进入到二手车交易市场，瓜子网、平安好车、车易拍等多家汽车平台已经开始提供二手车买卖服务。在汽车维修保养市场也可以见到电商的身影。高德公司在2014年开展了价值为千万美元的呱呱洗车项目；2014年5月6日乐车帮成立，其主推利用空闲时间开展汽车4S服务，由于汽车售后服务市场刚刚开辟，多家公司纷纷推出了汽车售后业务，并且获得了大量的资金支持。

（四）对互联网的研发投入不足

D 公司在 2017 年对 O2O 项目投入的资金为 5850 万元，仅为总营业收入的 0.06%。按照当前互联网从业者的平均工资，这些资金仅仅能够聘用十几个互联网从业者工作 1 年。反观一些比较大的互联网公司，它们投入了大量的资金进行项目研发，例如百度项目研发投入为 69 亿元，谷歌总收入的 13% 都投入到研发中，因此 D 公司应该加大 O2O 项目的资金投入，以获得更为广阔的发展空间。

四、O2O 转型的必要性

（一）提升便利性及运营效率

在汽车销售和服务上引入 O2O 经营模式，能够为消费者提供极大的方便。消费者可以随时随地进行车辆的选择，消费者可以自行查看每款汽车的价格、耗油量、汽车外形、汽车内部设置及汽车配置，消费者可以查看其他买家的评价来获得真实的汽车使用信息。另外，消费者还可以在线预约看车，利用空余时间去 4S 店观看汽车实体，不必排队等待。通常来讲，消费者上班时间是工作日的 9 点到 17 点，因此预约看车时间多为周末或者是工作日的 12 点到 20 点，因此 D 公司可以在这个时段内多安排员工，而在其他时间内安排少量的员工，使服务提供时间和消费者空闲时间相吻合，为消费者提供更有效率的服务。另外，在 O2O 模式下，用户在登录汽车销售网站之前需要先注册，在注册时候需要其填写收入信息、不动产信息以及其他财产信息，通过这种方法对消费者信用额度进行评估，降低 D 公司经营风险。

另外，在 O2O 经营模式下，D 公司可以为用户提供 24 小时不间断的服务，可以和用户进行近距离的交流和沟通，增加用户体验。在 24 小时经营模式下，D 公司的设备和人员利用效率得到明显提高。用户可以随时随地填写汽车维修服务表，也可以将汽车和诊断接口相连，4S 店对其进行远程诊断，根据用户提交的维修服务表及诊断结果，提前准备好维修所需零件，分配好维修工人，用户将车开到 4S 店时，就可以立马进行维修，大大提高了维修效率，节省用户等待时间。D 公司应该根据用户所提交的维修时间安排维修工人的工作时间，将维修工人工作时间和用户预约时间进行匹配，提高人员利用效率。另外，用户还可以填写上门维修服务表，预约上门维修时间。

（二）弥补地理位置的劣势

店面的地理位置影响着店面的客流量，进而影响着店面收入，这同样也适用于4S店，但由于当前中国房价居高不下，地理位置较好的店面租金惊人。但是随着城市的发展，深圳市的汽车展场和汽车4S店陆续撤离核心商圈，从2006年深圳元瑞汽车市场撤销，到2016年7月香蜜湖展场大面积涨租和最近罗湖东益汽车展场面临到期拆迁问题，无一不暴露了地段影响的压力。商家开始在宝安、龙岗建店，远离市中心区，O2O则可以弥补地理位置的劣势，利用O2O经营模式开展线上宣传、线上推广，通过这种方法来吸引顾客的青睐，地理位置不佳的4S店照样能够得到较大的客流量。另外，由于地理位置不佳节省下的租金可以用到产品促销、宣传，为用户提供实实在在的优惠，增加客户的忠诚度。

（三）使数据产生商业价值

在O2O经营模式下，用户可以直观地看到汽车照片，随时随地跟踪汽车物流，使整个汽车销售过程变得更为透明，消费者和4S店都能够获得等同的信息，增加了产品交易的公平性。

在传统的汽车销售模式下，客户要到4S店才能看到对应的车辆，并且车辆的数目、种类有限，价格不透明，需要和汽车销售人员进行议价。而在O2O销售模式下，客户不必出门就能看到高清晰度的汽车展示图，了解汽车配置，而且相比于4S店来说，线上汽车价格更为透明，汽车种类更为繁多，用户挑选的空间更大。

在传统的汽车销售模式中，缺少对用户数据信息的分析机制，这样就无法实现个性化的销售。而O2O销售模式能够利用专业的计算机软件对用户数据信息进行分析，通过软件来分析不同用户的喜好，根据用户的特点和需求推荐对应的产品。

第二节　D公司O2O模式设计及评估方法

一、O2O转型目标设定和模式设计

（一）转型目标

可以将公司经营目标划分为以下三个层次：第一层为生存目标；第二层为

发展目标；第三层为获利目标。在设定公司经营目标时，应该从公司当前控股股东情况、融资情况、经营情况等三方面进行分析和考虑，综合这三方面的因素，设定最符合企业发展的经营目标。具体内容如下：

D 公司经营目标——在确保集团能够正常经营的前提下，尽可能地提高集团净利润，确保集团亏损在可控的范围之内。D 公司实施 O2O 经营模式和互联网公司实施 O2O 经营模式有着本质上的不同，后者可以利用股权融资来扩大其在互联网市场所占的份额，因此虽然亏损但仍能够继续运行，而前者的融资渠道仅仅为银行融资，企业一旦亏损严重，将会导致企业破产。D 公司实施 O2O 经营模式后，要达到如下经营目标：汽车销售数量要逐年增加，并且线上汽车销售比例要逐年提高，汽车销售成本要逐年降低；利用线上汽车售后服务增加客户忠诚度，获取更多的线上售后服务利润；及时处理客户的各种反馈意见，为其带来更好的用户体验。

（二）O2O 模式设计

通过分析当前 D 公司的主营业务及经营目标，笔者认为应该在以下三个领域开设 O2O 项目，提供 O2O 服务，设计 O2O 模式：一是汽车销售领域；二是汽车售后维修领域；三是集团客户关系维护领域，详见图 8－1 所示。

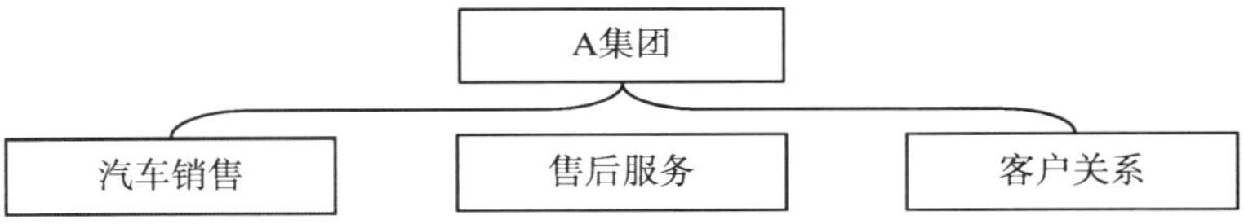

图 8－1　D 公司 O2O 项目示意图

1. 汽车销售的 O2O 设计

在汽车销售领域设计 O2O 模式应该注意线上线下结合，利用互联网信息传播速度快、传播范围广、传播时间及时的特点，将各种汽车的价格信息、外观信息、功能信息、配置信息、促销信息传递到互联网上，用户可以在线上进行汽车的挑选，实现汽车在线购买和支付，另外还可以提供新车上牌和保险购买，一站式解决汽车购买的全部问题，为用户提供最便利的汽车购买服务，节省其购买时间。D 公司应该投入大量的资金建设自己专属的车辆购买平台，通过与第三方支付公司合作实现汽车的在线购买，除了网上购车平台外，D 公司还应该建立手机 App 汽车购买平台。除了在自有平台上进行汽车销售外，D 公司还可以在天猫、京东、一号店等购物商城建立旗舰店，拓宽汽车售卖渠道，增加汽车销量。O2O 汽车销售模式中，同一品牌同一型号的汽车价格应该一致。

2. 售后服务的 O2O 设计

在售后服务维修领域开展 O2O 经营就是要利用互联网进行汽车维修和保养，在维修之前进行报价，用户进行在线支付，用户可以利用互联网随时随地查看当前汽车维修状况、维修进度及各种配件的更换情况。在 O2O 经营模式下，用户可以提前进行维修预约，D 公司在维修之前给出维修价格，用户支付定金，根据用户约定时间分配维修场地和维修人员，用户到店后可以直接进行维修。

另外，用户还可以选择上门维修服务，用户通过在维修服务网上填写上门维修相关信息，指定上门维修时间，D 公司指派专门的人员在用户预定的时间内上门取走车辆，回到专门的维修工厂进行车辆维修，最后将维修完成的车辆送到用户手中，用户在网上完成维修付款，这极大地方便了用户的出行，用户可以在晚上下单，D 公司维修人员在当天晚上完成维修工作，第二天交给用户，这种维修服务方式不会耽误用户出行，当然如果用户车辆损坏的较为严重，无法在当天晚上完成维修工作，维修人员会提前告知用户，提醒用户提前做好出行准备。

O2O 模式的售后服务需要专门的软件分配维修地点、维修人员以及维修设施，提高资源利用效率，避免同一维修人员承担过于沉重的维修任务，尽量节省客户等待时间。

3. 客户关系管理的 O2O 设计

客户关系维护和管理的主要内容如图 8－2 所示，通过该图可以发现，客户关系管理的内容主要包括：一是新车购买客户的回访；二是车辆维修之后客户的回访；三是日常关系的维护，例如客户生日或者是节假日为客户送去祝福；

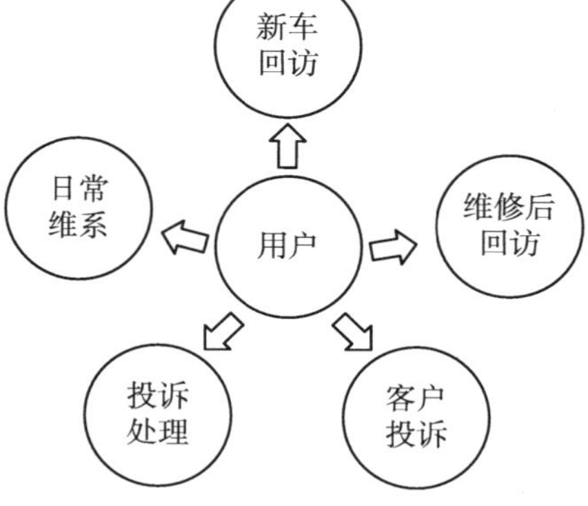

图 8－2　4S 与客户关系

四是接受客户投诉；五是对客户的投诉进行处理。

利用 O2O 开展客户关系维护就是利用当前的社交软件或者是网页聊天功能和客户进行沟通和交流，在节假日和客户生日时为客户送去祝福，接受客户投诉，对客户进行情绪安抚，处理客户投诉，将投诉处理结果告知客户。

二、O2O 模式实施的评估方法

O2O 模式实施的评估应该针对上文所构建的三种 O2O 模式分别对其进行评估。

（一）汽车销售的 O2O 的评估方法

利用计算机的统计功能对某一时期内汽车销售数量进行分类统计，分别统计汽车线下销售数量及汽车线上销售数量。除了对汽车销售数量进行统计外，还要对顾客咨询量进行统计，分别统计线下咨询的客户数量及线上咨询的客户数量；分析线下购买的客户是否在线上进行过咨询。图 8－3 表示从订单处理、金融服务、系统响应、便利性、车辆展示、价格发布及折扣促销等七个方面进行汽车销售 O2O 的评估。

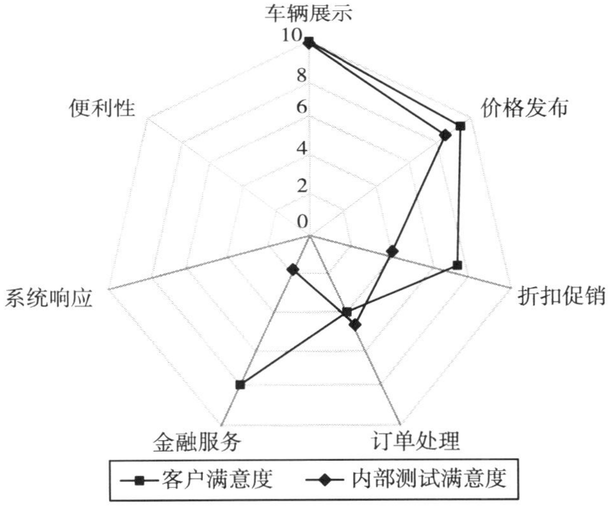

图 8－3　汽车销售 O2O 可用性评估示意图

图 8－4 为汽车销售 O2O 转换示意图，反映了 O2O 线上汽车销售对 D 公司汽车销售总量的贡献。

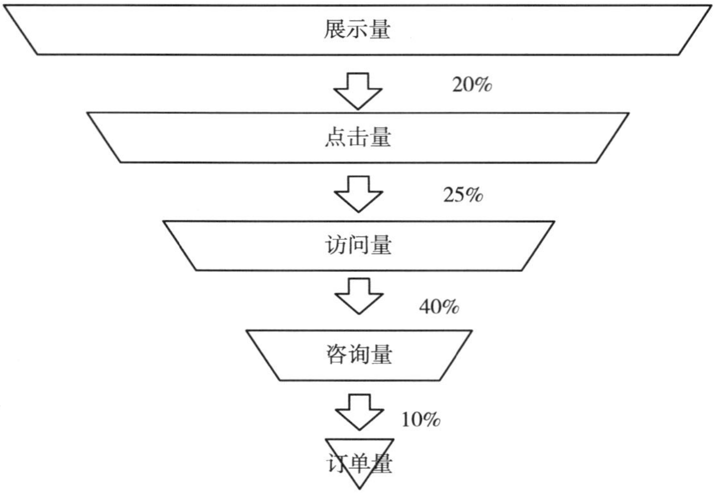

图 8-4　汽车销售 O2O 转化示意图

（二）售后服务的 O2O 的评估方法

通过图 8-5 可以看出，从主动提醒、网上支付、系统响应、便利性、预约服务、报价服务、维修记录这七个维度对售后 O2O 系统进行评估。

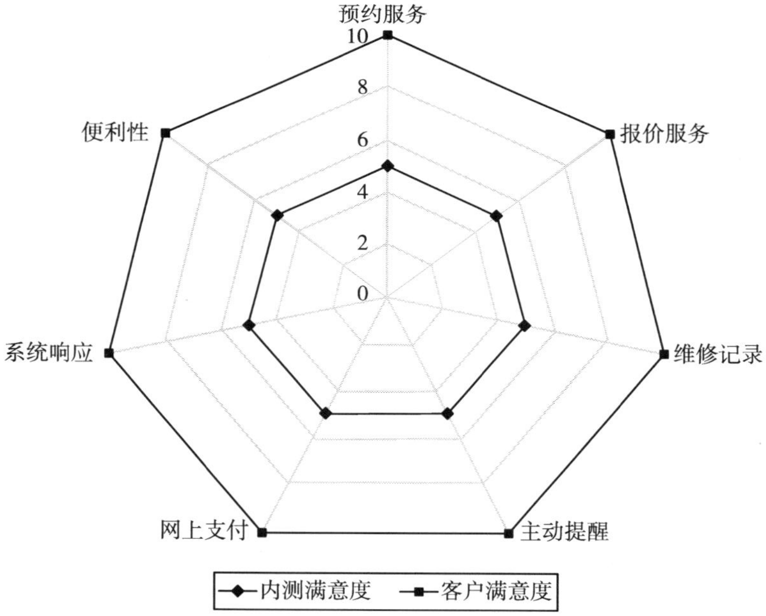

图 8-5　售后服务 O2O 系统评估示意图

表 8-1 为在集团效益角度上对 O2O 售后服务系统进行的评估。

表 8－1　　　D 公司售后服务 O2O 效益季度评估示意表

	O2O 实施前	O2O 实施后	增长率（%）
售后服务净利润			
售后总产值			
备件销售额			
工时销售额			
精品附件销售额			

（三）客户关系管理 O2O 的评估方法

主要从以下两个方面对 O2O 客户管理系统进行评估，一是系统设计方面，主要评估 O2O 系统响应时间、O2O 系统界面设计、O2O 系统操作及 O2O 系统功能等；二是用户使用方面，主要考虑系统能否及时处理用户问题、系统能否满足用户需求、系统界面是否简便友好等，图 8－6 展示了 O2O 客户管理系统的评估结果。

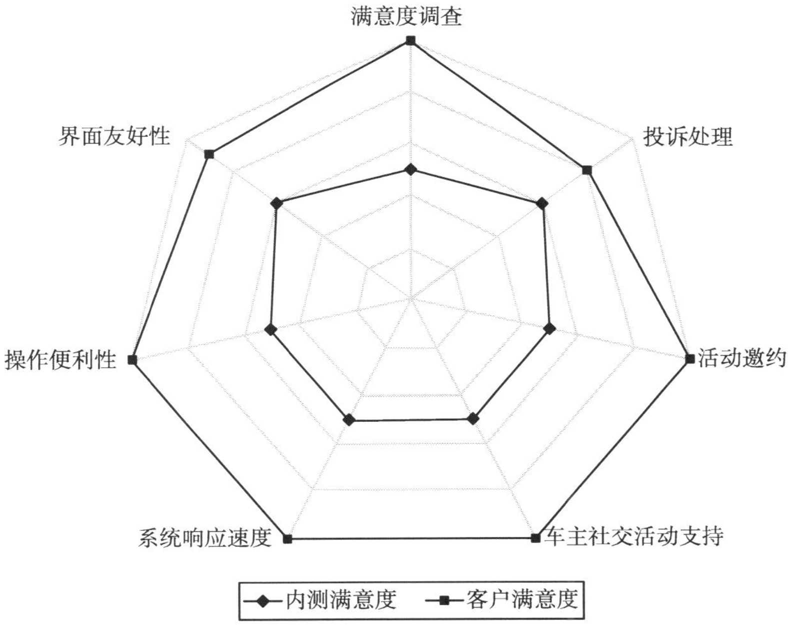

图 8－6　客户关系 O2O 系统性能评估示意图

除此之外，D 公司还调查了 O2O 客户关系维护系统实施前后客户满意度、忠诚度、投诉率及净推荐值的变化，以此来评估 O2O 客户关系维护系统的使用效果（见表 8－2）。

表 8－2 D 公司客户关系 O2O 效果季度评估示意表

	O2O 实施前	O2O 实施后	增长率（%）
客户满意度			
客户投诉率			
客户忠诚度			
客户净推荐值			

第三节 D 公司 O2O 模式的实施策略

本节大数据理论、LBS 基于位置的思想、长尾理论、成本领先战略等理论，阐述了 O2O 模式在 D 公司汽车销售、售后服务和客户关系管理的三个方面的详细实施方案。

一、汽车销售的 O2O 模式实施

（一）对汽车销售的大数据挖掘及云计算运用

根据相关统计，近些年 D 公司每年都能够销售 6 多万台汽车，已经为数百万消费者提供汽车购买服务，这些客户身份信息、信用信息、购买记录是 D 公司所拥有的宝贵财富，D 公司应该对客户信息进行分析，找出在近期需要换车或者购买保险的客户，为其提供对应的服务。通过分析客户的消费状况来推荐对应价位的车辆，通过分析用户车辆颜色、类型来为用户推荐对应型号的车辆，利用这些信息拓宽汽车销售渠道①。D 公司不必专门投入资金进行数据分析项目建设，可以租用阿里或者是腾讯数据分析平台进行用户信息的分析。阿里数据分析平台每天能够对数以几万的商品交易信息进行分析，有针对性地为用户推荐商品，其数据分析能力可见一斑；而腾讯数据分析平台具有很高的时效性，能够在短时间内为滴滴打车用户分配最佳路线②。

① 孟小峰，慈祥：“大数据管理：概念、技术与挑战”，《计算机研究与发展》，2013 年第 1 期。
② 吴吉义，平玲娣，潘雪增等：“云计算：从概念到平台”，《电信科学》，2009 年第 12 期。

D公司每年汽车销量都在6万辆以上，这也就意味着D公司每年会增加6万多个新用户，这些新用户的信息对于D公司进行有针对性地销售是非常重要的，D公司可以通过分析这些用户信息了解用户今后是否有换车需求，以及车险购买需求，开辟新的汽车销售途径。主要分析的内容包括：

1. 分析广告投入和产出

2017年D公司广告投入总额是4.1亿元，其中3/4为直接广告费用，剩余为宣传费用。但事实上，D公司广告投入明显的高于该值，因为在实际的广告宣传中，经销商和厂商各承担了一半的广告支出费用，厂商的广告支付费用通常包含在购车款中，所以2017年D公司实际投入的广告费用为8亿元，占总销售额的1%，为了提高广告费用的利用效率，必须分析不同类型、不同地域广告形式对汽车销售的影响，减少对汽车销售无用广告的投入，增加对汽车销售有较大影响的广告投入，以相同的广告投入获得更大的产出。

2. 要结合云计算分析潜客的挖掘

据统计，D公司新车销售量每年在6万辆以上，这也就是说D公司每年至少增加6万多个新客户。这6万多个新客户来自不同的地方，通过对其户籍地址统计可以得到如表8-3所示的不同区域千人购车比例统计表，了解不同区域的购车状况，发现汽车销售空白市场，或者是分析不同收入水平购车类型得出适合于不同收入水平的车辆类型，从而进行有针对性地销售。

表8-3　　千人购车比例分析模板

千人购车比例	市	县、区	乡镇、街道
车型1			
车型2			
……			

3. 利用大数据及云计算优化新车库存及网点运营

（1）利用大数据及云计算优化新车库存。和国外汽车经销商相比，我国汽车经销商往往会高估新车销量，导致库存过剩，需要利用大数据技术及云计算技术对往年汽车销售情况进行分析，根据当前地区经济整体状况、居民消费观念、人口结构来预测当年新车销量，合理进行车辆的采购，尽量降低库存，降低汽车销售成本。另外，还应该建立统一的汽车库存管理系统，根据当地每类汽车的销售状况进行车辆的调配。D公司在2017年汽车存放成本超过了1亿元，这主要是因为没有对当年经济形势进行有效判断，高估了居民汽车购买能力，因此利用大数据和云计算技术进行汽车销售总量预测是十分有必要的。

（2）利用大数据和云计算优化 4S 店的运营。利用大数据和云计算技术对汽车销售量进行分析能够大大降低新车库存，在这种情况下，4S 单店的规模可以适度缩小，通过这种方法降低车辆存储费用、车辆管理费用、折旧费用、车辆维护费用。除此之外，应该对 4S 店的建店地址进行考虑，注意两家 4S 单店的距离。在 O2O 经营模式下，用户可以在网上进行车辆的选择和购买，因此 4S 实体店的数量可以适度减少。在城市市中心建立 4S 实体店，方便本城市各个地区的人们看车、提车。

在 O2O 汽车销售模式下，消费者可以在网上自行进行车辆的挑选，无需实体店导购的介绍，因此可以减少 4S 店导购的数量，增加网上汽车销售服务人员的数量，注意网上车辆销售导购人员和实体店导购人员的比例，根据用户汽车购买习惯随时对该比例进行调整。另外，还要对导购人员进行定期或者是不定期的培训，培训其业务能力及专业的销售素质，为用户提供更好的导购服务。当前 D 公司共有销售人员 3400 名，按照每年 6 万辆新车的销售数量，每名销售人员平均每月销售新车 2 台。在 O2O 汽车销售模式下，D 公司可以对 4S 店进行合并优化，裁剪掉那些销售业绩较差的销售人员，提高人员利用效率，降低人员成本。

（二）LBS 基于位置的电商平台搭建运营

1. 自建电商平台的完善

首先，重新定位 D 公司汽车销售网站，明确该网站的主要功能是进行汽车销售还是汽车信息发布。如果将 D 公司汽车销售网站定位为汽车销售网站，那么就应该裁剪掉汽车信息发布区域，将更多的页面留给汽车销售。

其次，要对 D 公司汽车销售网站进行整改，特别是要整改其搜索排序功能，设置不同的选项供用户挑选，例如是按照品牌进行搜索还是按照车型或者是价格进行搜索，为用户提供更加良好的搜索体验。此外，还要对价格搜索的上下限进行限定，对于明显不符合实际情况的车辆价格予以剔除，例如搜索品牌为丰田汽车，搜索价格为 2900 元到 12 万元，2900 元的搜索价格完全不符合实际，因此应该予以剔除。对于分期付款的汽车，应该注明分多少期，每期应还多少钱，以及分期付款的利率等。

最后，要优化 D 公司汽车销售网站的页面排版，整个版面要做到简单明了，干净大方，方便用户浏览。如果用户从D公司汽车销售网站上寻找北京丰田汽车的销售厂商，网站会弹出六个小窗口，这并不利于用户的浏览和查找，因此D公司汽车销售网站应该向苏宁、天猫等成熟的商品销售网站学习，学习其排版方式和内容分类方式，给用户带来更好的体验。

综上所述，D公司必须对当前建立的汽车销售网站进行整改，向比较成熟优秀的商品销售网站学习，使整个页面主题鲜明，版面干净整洁，为用户带来良好的购物体验。

2. 基于现有网点的位置与第三方电商平台的合作销售

与淘宝、京东、苏宁等成熟的电商平台相比，D公司汽车销售平台知名度小、网站浏览率低、产品宣传效果差，因此可以选择和大型电商平台进行合作，在这些电商平台上构建自己汽车销售旗舰店，提高集团知名度，利用这些旗舰店进行产品的宣传，吸引消费者、增加网站浏览量、提高汽车销售量。除了和第三方电商平台进行合作外，D公司还应该通过LBS服务进行产品推广。由于D公司在河北省有众多的4S店，因此可以利用LBS向电商平台上的河北省用户推送相关车辆信息。D公司没有在四川省设立4S店，因此就可以关闭对四川省用户的信息推送服务，有针对性地进行信息推送，节省信息推送成本。D公司应该在这些旗舰店上给出D公司自有汽车销售平台的链接，通过这种方法增加D公司汽车销售平台知名度，增加平台点击率，获得更好的宣传效果。在同样的电商平台上，有的旗舰店成交率高，而有的旗舰店经营状况却很不理想，D公司应该学习前者成功经验，吸取后者失败教训，探索适合自己的流量导入方法，增加页面点击率和产品浏览量。

3. 基于现有网点的位置与团购类网站合作

团购网站包括大众点评、美团及百度糯米等，D公司可以选择与其进行合作，根据当前不同区域汽车销售状况，在不同区域推出不同车型的汽车销售优惠活动，主要的销售区域应该集中在4S店比较密集的区域。要注意团购网站宣传标语的设计，例如距离本次团购介绍还剩多少分钟，已经有多少人参团等，通过这种饥饿式的宣传方案来激发用户团购欲望，增加汽车销量。

4. 基于现有网点的位置与生活服务类网站合作

我国服务生活类网站主要有58同城、赶集网等，这两个网站在国内具有较大知名度，浏览量较高，因此D公司可以与其开展宣传合作，利用这两家网站进行4S店的宣传，将在4S店辐射范围之内的、有购车需求的居民吸引过来，这就要求D公司选择好宣传策略，增加宣传覆盖人群和覆盖范围。可以向赶集网、58同城支付宣传费用，让其在网站首页面上显示D公司的4S店，或者让其在首页上显示D公司自有的汽车销售平台，通过这种方法开发潜在客户，提高D公司自有汽车销售平台的浏览量。

5. 基于现有网点的位置与汽车类网站合作

当前，我国专业的汽车类网站有腾讯汽车、易车网、新浪汽车及汽车之家等，这些网站知名度较高，并且浏览这些网站的网民通常是具有较为强烈的买车意向的人，因此D公司可以选择和其进行合作，通过软文推广的方式进行产品、集团宣传。和硬广告[①]相比，软文推广更容易被消费者接受，不至于产生厌烦情绪，另外软文推广所需的广告费用要远远小于硬广告费用。除了进行软文推广外，D公司还要进行集团自有汽车销售网站的推广，在汽车类网站的对应位置设置自有汽车销售网站的链接，通过这种方法吸引具有买车意向的人浏览D公司自有的汽车销售网站，增加汽车销售量。另外，在推广时，注意进行地域选择，在D公司4S店较为集中的区域进行推广。

6. 微信营销

D公司拥有将近8000名员工，利用员工进行产品宣传也是一种产品宣传方式，并且相比于其他产品宣传方式，这种产品宣传方法成本更低。D公司可以要求员工在朋友圈或者QQ空间中转发促销信息及D公司自有的汽车销售网站，提高D公司自有汽车销售网站的知名度，获得更多的点击量。另外，要定期对推广结果进行评比，对推广得力的员工进行奖励，激发员工推广的积极性。

7. 移动端销售O2O平台的开发

当前，利用移动设备上网已经成为我国网民上网的主要方式。据统计，我国居民一天有1/8的时间都用于手机上网，因此D公司除了建立网上汽车销售商城外，还要建立移动端的汽车销售App，分别开发基于苹果系统和安卓系统的汽车销售手机软件。要注重软件对用户信息的保密性、软件响应的及时性、软件界面的友好性等。在完成移动端汽车销售软件开发后，还要进行软件的推广，使更多的人了解这款软件，使用这种软件。可以采用的推广方式包括：利用惠锁屏等手机滑屏软件进行推广，到4S店集中的小区进行现场推广，可以准备相应的礼品，用户下载这款软件就可以获得这些礼品，通过这种方式

① 指直接介绍商品、服务内容的传统形式的广告，通过刊登报刊、设置广告牌、电台和电视台播出等方式进行宣传（区别于软广告），有点强人接受的感觉。

进行软件的宣传。

（三）基于长尾理论的汽车销售O2O实施

以长尾理论为基础开展汽车销售是本节的一个创新点，将长尾理论和O2O汽车销售模式相结合可以更好地了解顾客需求，利用好利基市场，通过其获得汽车销售收入。

1. 提供汽车配件例如车载香水、汽车擦拭工具、汽车底盘防护工具、汽车保护罩、汽车装饰等长尾产品的线上销售，利用线上销售方法满足顾客个性化需求，同时要提供线下服务。

2. 组合定价，将多种汽车配件进行组合售卖，给予组合产品一定的价格优惠，吸引用户组合式采购。

3. 降低长尾产品库存，将车载香水、汽车保护罩等长尾商品进行线上销售，实现长尾商品的零库存，根据用户的需求直接向生产商采购，通过这种方法降低长尾产品的销售成本，增加其销售利润。另外，对于长尾产品来说，还可以实现个性化的采购和定制，用户可以在D公司的汽车销售网站上留言，描述长尾商品的外形、功能，由D公司将用户的需要向厂商描述，厂商根据用户需要进行生产，通过这种个性化销售方法获得用户青睐，增加用户忠诚度，与普通产品销售方式相比，个性化产品销售能够使D公司获得更多的利润。

4. 提供金融服务，D公司在向顾客提供汽车销售服务的同时，还会了解到当前顾客的财务状况，通过和第三方金融公司合作向顾客提供金融服务，获得中介费用。

二、售后服务的O2O实施

（一）面向成本的售后服务O2O实施

1. 消费者线上预约售后服务及维修记录查看

D公司可以在已经建成的汽车销售网上商城中设置汽车售后服务模块，用户通过登录该模块获得汽车售后服务，预约汽车维修时间，填写汽车维修服务单。另外，D公司还要在汽车销售App中设置汽车售后服务模块，方便用户随时进行汽车维修服务的预约，查看当前汽车维修状况，保障消费者的切身利益。

2. 充分结合大数据分析和成本领先战略的售后服务O2O

D公司在2017年共有4S店115家，这115家4S店中存有汽车配件10亿件，为了降低零部件存放和管理成本，必须利用大数据分析技术，对本年度零件需求量进行预测，确定最为适合的汽车零部件预存量和预存种类，选择最为合适的汽车零部件预存格局，根据上一年度汽车零部件在不同区域的销售状况进行库存分配，优化零部件存储位置。根据成本领先竞争策略的要求对多余的零部件进行处理，使汽车零部件管理成本、存储成本都降到最低值。在 O2O 汽车售后服务模式下，尽量实现汽车零部件的零库存，根据客户的需求进行零部件的购买和预定。

3. 结合云计算和成本领先战略的售后线上折扣、促销推送

通常来讲，汽车销售4S 店比较空闲。大多数消费者都是上班族，只有周末或者是工作日下午 5 点之后才有时间，为了进一步提高人员利用效率，使 4S 店服务时间和顾客消费时间更好的吻合，需要对 4S 店售后工作进行调查，利用云计算技术对 D 公司下属的 115 家 4S 店不同时间段的客流量及员工工作情况进行统计分析和调查，分析售后人员当前工作状况，利用线上售后服务平台出售空闲售后人员的服务时间，为用户提供刷漆、洗车或者汽车美容等服务或者将这些服务进行打包销售，并且给予限时优惠，利用移动终端和网上汽车销售商城这两个平台将这些优惠活动信息推送出去，方便用户抢单。

如果处于上班高峰期，优惠力度可以大一些，如果处于节假日时期，优惠力度可以小一些，通过这种方法提高人员利用效率，并且为用户提供更为优惠的服务，充分利用4S 店的空闲时间，同时提高了设备使用效率，降低了设备折旧成本。D 公司还可以利用网上汽车销售平台以及手机终端进行汽车周边产品的销售，例如汽车保险、汽车发动机机油、汽车保养品、汽车轮圈等。为了吸引更多的消费者，D 公司应该在网上汽车销售平台及移动终端上定期开展优惠活动，限时推出部分产品 1 元购或者是 1 折购活动。

（二）基于位置的售后服务 O2O 实施

当前随着人们工作节奏的提高、工作压力的增加，人们希望在购物、售后服务方面花费更少的时间和精力，希望足不出户就可以进行购物，享受到售后服务。基于此，在 O2O 售后经营模式下，D 公司应该进行售后服务的改革，推出上门服务。消费者在汽车购买网站或者是汽车购买 App 上填写上门售后服务申请单，预约上门服务时间，4S 店维修人员在约定的时间内取走所需维修的车辆，在用户规定的维修时间内将车辆送回，这极大地节省了用户维修时间，为用户提供了真正的便利。用户可以在晚上预定汽车上门维修服务，规定汽车维

修时间为5个小时，那么早上用户就可以继续开着这辆车去工作，对用户生活没有产生丝毫影响。

（三）面向长尾需求的售后服务O2O实施

D公司除了要重视汽车保养维修等售后服务外，还应该重视这些服务的长尾，利用其增加集团收入，可以提供的长尾服务包括：

1. 汽车整机或者是部分零部件的改装、安装大尺寸轮胎、车身整体改色、车身贴花、车身喷涂等改造汽车外观的长尾服务。

2. 汽车内部贴花、内部翻新、内部皮革包裹等改造汽车内饰的长尾服务。由于当前人们越来越追求个性，而原厂汽车的内饰千篇一律，缺少个性，因此消费者对汽车内饰和外观改造的长尾服务还是有较大需求的。

3. 提供延长汽车保修年限、三滤保养、发动机润滑、发动机洗护等长尾服务套餐。

4. 提供拖车装置安装、刚度升级、悬架系统调教、发动机扭矩升级、发动机马力升级、汽车音响升级、通风装置改进、制动系统设计、导航系统改进、导航系统改进等汽车性能改进的长尾服务。

三、客户关系管理的O2O实施

随着最近计算机及网络技术的飞速进步，电子商务的时代也悄然来临，企业在进行竞争时，逐渐从开始的产品中心型向客户主导型改变。面对如此激烈的竞争局面，一个企业倘若要不断获取成功，那就一定要与时代的发展同步，在对客户关系进行管理时，就要从电子商务的整体环境来考虑。一些来自其他行业的专家指出，随着全球经济一体化及科学技术的进步，各个企业间的产品质量竞争也在一定程度上开始转向客户资源的竞争上来，以期进一步挖掘客户有价值的信息。随着互联网时代的到来，如何把企业的客户关系及电子商务有效地对接起来，将是企业不得不面对的一个挑战。网络时代客户关系如图8－7所示。

在D公司公司自己建立的电商平台中比较明显的位置上嵌入客户管理模块，另外，将客户关系模块嵌入到移动客户端，这样就可以实现D公司及旗下的4S店与客户之间进行有效互动，以及处理相关的投诉。详细来说，就是对集体客户关系服务进行O2O模块的开发与完善，公司旗下的4S店的主要任务就是对具

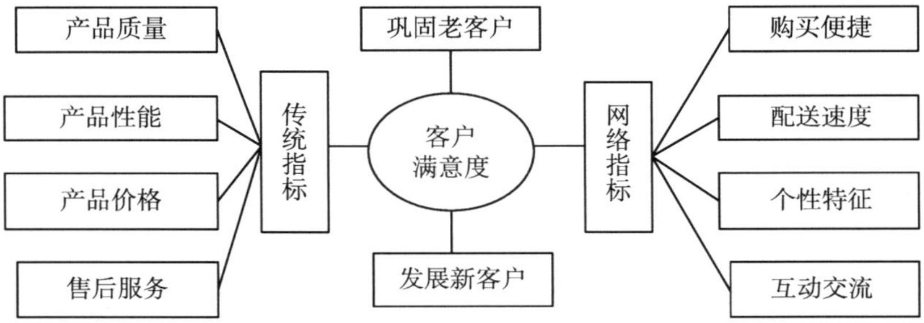

图8－7　网络时代客户关系

体客户的关系事项进行反馈。

（一）客户满意度调查

通过在线的方式开展满意度调查，例如，对车辆销售后的客户满意度进行调查，以及售后的服务进行满意度调查。在网页上链接好相应的满意度调查问卷的页面，同时在移动端的客户关系上链接，消费者可以很方便地进行在线填写，同时也可以通过小礼品赠送或者优惠券供应等形式来吸引更多的消费者进行意愿的填写。如此一来，企业就能轻松获得客户相关的满意度情况，有助于D公司对各个网点的销售以及服务情况进行分析，发现其中的问题，并且也可以采取各个服务网点服务质量排名的方式进行有关的激励。

由于满意度调查是采用线上计算统计开展的方式，因而具有很强的即时性，而一般的人工电话统计的效率是远不及此的；而线上效率的提升也会使得调查的样本数增加，提高了调查的客观性①。这样进行线上的调查，获取相关结果的速度往往会高于人工统计调查，满意度调查报告也可以很快生成，便于及时的学习与改进，对于今后满意度的提升及效率的提高都是很有帮助的。

（二）客户投诉在线处理

一般来说，用户买车的过程中及在接下来的售后服务过程中都会产生这样或者那样的不满的问题，在此之前，用户都是通过电话进行投诉的，经常会遇到电话占线或者下班时间无人接听的状况。但是现在，由于线上的客户投诉处理功能已经嵌入到了客户关系模块中，方便了用户进行相关的投诉。用户在使用该功能时，既可以使用QQ以及微信的方式操作，也可以通过购买第三方软件的形式进行操作，如此便能成功实现线上的用户投诉，公司的后台也可以很方便地自动识别出用户的相关信息，然后自动把信息发送给公司对应责任人的移

① 李耀东，马清梅："基于价值让渡系统理论的汽车O2O营销模式"，《现代企业》，2016年第1期。

动端或者PC短进行处理[①]。而负责人在收到相关的投诉信息后，经后台自动分析后，就可以告知投诉用户的网点位置以及具体问题，同时也能统计那些问题较多的服务网点，以此来采取有效的措施进行整改。

（三）车主活动在线邀约

公司旗下的4S店在特定的时间往往会举办一些四季关爱活动，为用户提供许多的车辆检查服务，确保车辆在全年的季节时间内都处在一个较好的状态中；有时候，公司还会定期或者不定期地去开办一些车主讲堂活动，对车主的用车技能进行正规的培训。在以前的时候，这些活动的邀约方式都是电话或者短信，而目前的邀约的方式主要是线上来进行。具体来说，就是利用QQ或者微信等工具，将各个车主的活动信息发送给相应的车主，车主们可以根据自己的意愿来选择是否参加，也可以将车主方便参加的时间反馈给系统。另外，线上还可以将相关的报名信息实时显示，方便提示车主报名的进度。

（四）咨询和反馈等服务

由于嵌入了客户关系的O2O模块，这样就能有效实现线上线下的沟通，这个沟通的过程及相应的结果也都会在电脑中进行记录，这对后续的纷争也是有帮助的。

1. O2O客户咨询

比如，一个客户处在购车的环境中时，想要详细掌握相关车辆的配置信息，或者想要获得相关车辆的功能指导，又或者想咨询了解车辆使用过程中的一些常见问题，线上的咨询为用户提供了一个更多的选择。

2. O2O的信息反馈

通过O2O客服系统，相关的客户就能够利用该系统将某些信息反馈回来，例如，当某个网站的信息出现错误时，造成网站某些功能的丧失，4S店环境卫生恶劣等，这样可以很及时地同客户来进行交流。

3. 客户帮助需求

通过建立的O2O系统，可以实现客户的在线需求求助，在系统中上传有关的车辆故障照片，这对于技术工程师来说是很有用的，可以帮助他们更为准确的来发现问题，假如客户处在很远的郊区或者其他的陌生环境，用户也可以将自己的定位信息图片传送给客户O2O系统，便于相关的人员去现场进行援助。

---

① 马莉："基于微信技术的O2O汽车服务营销"，《中国电子商务》，2014年第7期。

第四节　D 公司 O2O 模式转型的实施保障

战略是一个闭环，为有效实施上述 O2O 模式，需要相应的配套措施，尤其需要从以下三个方面着手推进：一是财务支持，二是人力资源支持，三是项目进度管控。

一、财务支持

D 公司在现金财务方面具备较强的实力，具备给车辆 O2O 项目提供财力支持的能力。公司成功的盈利模式，以及建立一种与时俱进的更新机制，是公司维持持续盈利的基本保障。一个企业的获得持续的竞争优势，首先要建立在市场导向的前提下，以提高核心竞争力为主要目的，在建立新的核心竞争力的开始阶段，应该采用的是一种财力多种发展战略。在进行资金的分配时，我们要尽最大可能有一定的预留，便于将资本充实，为企业的核心竞争能力奠定良好的物质基础。具体来说，对 D 公司有如下要求：

1. 要尽可能留有大量的利润空间，充实到资本中，这也可以为集团的车辆 O2O 项目预留大量的使用资金。

2. 将财务的规划做好，使得现金流是正向的，确保集团车辆的项目实施过程中随时都可以有足够的资金使用，资金的流动顺畅。

3. 将财务的中长期支持规划做好，将集团汽车的 O2O 项目在成长期以及初期能够得到财务预算的支持。

4. 项目的资金拨付要做到足额、及时。项目的所有支出必须保证在预算的氛围内，财务的费用报销以及合同款的支付，要尽可能做到不拖延，项目的实施过程中可以顺利、稳定。

5. 采取积极有效的方式进行融资以及筹资。公司对外进行融资的方式包括：向银行借款，在股票市场增大股票，通过债券的形式进行筹资，有助于汽车项目筹集到更多的资金。

二、人力资源支持

目前 D 公司的汽车 O2O 项目已经成为公司的一个战略项目，D 公司在制定自己的人力资源战略时，必须根据公司的整体战略来进行，同时还要结合 D 公司当前的人力资源情况。

由于 D 公司开展的汽车 O2O 项目与互联网密切相关，与软件行业发展也是紧密相连的，所以在进行 O2O 项目的人才招募时，应当根据互联网行业人员的特点，采用灵活的招聘及用人策略。众所周知，互联网行业的从业人员与传统的汽车行业从业人员不同，他们喜欢弹性的工作时间、自由发表观点、民主的工作氛围、知识分享等。这就要求各级领导必须要有更加包容的心态，对待员工也要更为宽容与信任。

对于招聘的方式，可以选择更为灵活有效的方式，尽量满足效率高、费用低，以及范围广的特点。重点需要抓好以下几个方面：

1. 要兼顾人力资源的短期及中长期需求，以最快的速度来解决人力需求的问题，使得企业能够真正处在当下的位置。

2. 在进行实际的人力资源规划时，要重点关注其实效性、适应性。

3. 在制定人力资源规划时，具体的参考原则是 SMART 原则，注意其时效性、可测量性及可实施性。

4. 以现有的人力资源为基础来进行人力资源规划，尽量使用内部人员，尽量避免时间成本及资金成本的增加。

5. 进行人力资源规划过程中，要明确标注人员的晋升渠道及计划，使员工充满干劲，看到未来的希望。

需要注意的是，这个 O2O 项目基本上都是零起点，毫无前人的经验可言，对 O2O 人才的招聘也是没有任何经验可以借鉴，很容易造成人才与岗位的不匹配。因此，在人力资源的使用策略方面必须要有灵活的调整机制。除此之外，招聘时面临的待遇问题也很重要，当前优秀的软件人才、电商人才都是严重缺乏的。因此，待遇必须适应市场的发展，对于核心技术人才甚至要不惜重金聘请，以保障项目的顺利进行。

三、扁平化的组织结构调整

互联网企业中的组织结构大多是以扁平化作为参考，把集团的实际需求当作是行动导向，采取扁平化的组织形式，方便企业能够快速适应当前的市场需求，在做出决策时也能比较快速，两种基本的组织结构的区别如表8－4所示。企业组织架构调整前后对比在图8－8中进行了说明。

表8－4　　传统组织结构与扁平化组织结构的区别

区别	传统组织	扁平化组织
管理层级	多	少
权力结构	集中	分散
沟通周期	长	短
职责分工	明确	多角色
适应性	适应稳定	适应快速变化
决策权	在高层	下放
组织驱动	高层驱动	市场驱动
工作方式	根据要求	根据市场自我决策

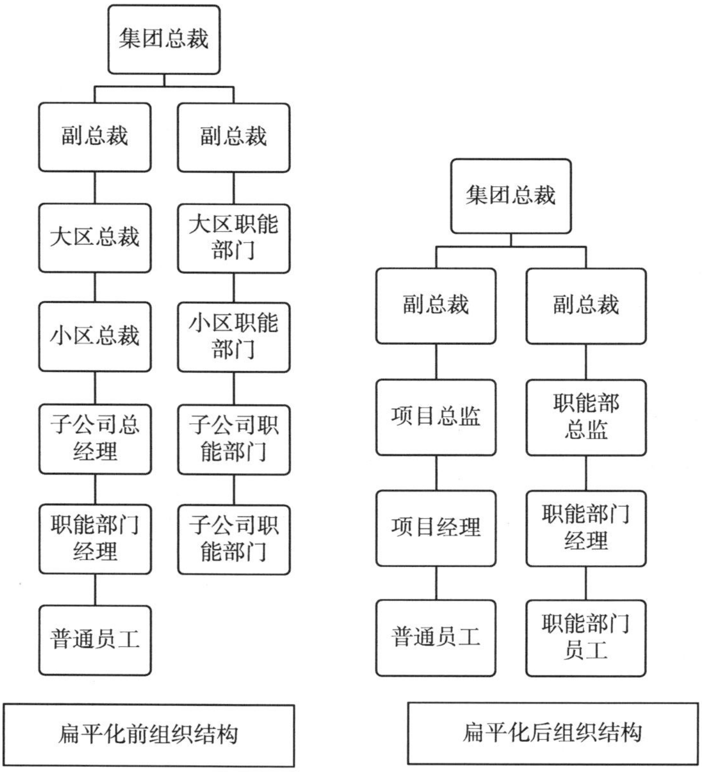

图8－8　组织结构对比

四、宽幅薪资体系

薪资结构的传统层级与组织结构的扁平化是不相匹配的，很难适应这种减少管理的层级，也不会适应员工团队的高效建设、职业多元化发展、职位轮换及权力的下放。为了适应这种扁平化的组织结构，可采取宽幅的薪酬体系，这样的体系才能较好地匹配好组织扁平化特点，因而不仅能对组织结构的扁平化，也可以对管理的效率进行有效提升。图8－9中表示的是传统的窄幅薪资结构。

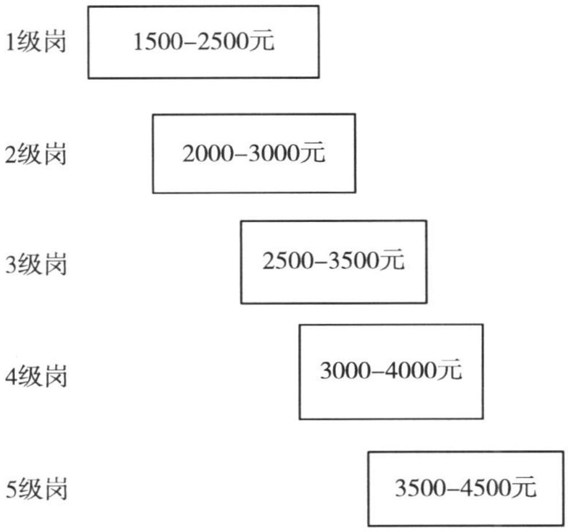

图8－9　传统窄幅薪资结构示意图

扁平化结构薪资示意图如图8－10所示：

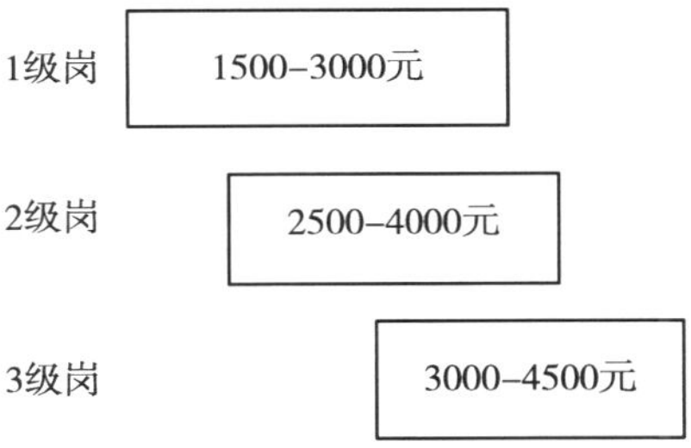

图8－10　扁平化组织薪资示意图

由于减少了扁平化组织中的组织层级，这就一定会造成原本高层级的员工被划归到了低层级中，公司为了对员工进行激励，使得高绩效的员工能够与高薪酬相匹配，而不是一味地采用传统的金字塔层级结构，以此来优化扁平化组织层级中各个员工的薪酬。

五、项目进度管控

企业往往会通过实施一些项目管理方法来对企业的战略进行实施。因此，怎样对项目的进度计划进行合理的制定是非常有意义的，特别是可以促进项目的有效实施。为了对项目进行管控，具体从以下的几个方面来实施：

（一）分析项目结构

构建一个详细的项目分析结构，是编制项目进度计划的基础，这其中就包含了项目的具体细节及相关的实施过程，还有就是对项目规划进行合理的、有序的分解。WBS[①] 是一个有效的项目分解工具，它可以将每一个项目的内容分解成为相对独立的、单一的、便于核算的子单元，每个单元间不仅存在着清晰的逻辑关系，也存在着密切的工作关系，各个单元也要明确各自的负责人，各个部门之间互相协调。在对项目进度计划进行编制时，其主要依据是：支持条件、时限要求、项目特征、项目目标、资源供应，另外，还要将项目的安全性、质量可靠性，以及费用预算等因素考虑进来，进而对项目的总体进度计划进行编制，其中也包括了费用的总体使用计划，在这些计划中，应当细致分解到各月、各星期，对项目的进度实施有效管控。

（二）成立进度管控小组

假如领导能够比较重视项目的奖罚分明，那项目的实施进度就会比较理想，假如相关的领导漠不关心，那该项目也就很有可能会一拖再拖，完成的时间也会遥遥无期。因此，对于 D 公司公司开展的汽车 O2O 项目来说，很有必要成立一个领导小组，该小组的带头人由副总级别的人来担任，然后副组长就由各个部门的部长来担任，然后下属的所有单位负责人作为小组的基本成员，对于他们各自的职责分工要细致清晰，并每隔一段固定时间应该召开一次会议，将项目的具体进度及开展过程中遇到的各种问题提出来进行商议，积极应对、客观分析。在该项目中表现突出的单位或者个人，应当予以一定的通报奖励，而对那些表现比较差的单位或者个人也应该予以批评，尤其是在项目的建设初期，公司应当要多进行

---

① WBS：工作分解结构（Work Breakdown Structure），创建 WBS 是把项目可交付成果和项目工作分解成较小的，更易于管理的组成部分的过程。

奖励，形成一种良性的激励氛围，引导相关的人员能够全身心投入，拼命追赶。而对于项目中经济效益表现较差的，应当帮助其与京东及苏宁等电商进行对标，促进其尽快走向正轨，而不应该采取过重的处罚，免得严重影响其积极性。

（三）进度控制流程制定

对于控制流程的制定，往往要使用到很多的理论原理，比如说弹性原理、信息原理及封闭循环原理等，实施流程控制的对象按照从大到小排列，而控制的内容按照从粗到细进行排列，如此便构成了整个项目的控制系统。其实控制的本身也在不断进行调整，是一个变化的、一个循环不断的过程，有点类似PDCA循环，进行制定计划、实施计划、控制的实施、计划的重新编制，循环往复，直到项目的整体完成。这个过程同时也在不断进行着信息的反馈以及传递，项目的实施以及控制过程中，信息会被不断传递、反馈。除此以外，我们也要注意到一些意料之外的风险，这就要求进度也要留有适当的余地，先紧后松的方法可以适用，但也可以随时进行变动，对工作中的配搭及分配进行改变，有利于工期的缩短，进一步促进项目的完成。为了项目能够实现对进度的可视化管理，表8－5中列出了具体的内容。

表8－5　O2O项目进度控制表格

O2O主项目	子项目	责任人	项目完成率	起到日期	截止日期	检查节点1	检查节点X
销售功能网页版开发	1						
	2						
	……						
销售功能移动端开发	1						
	2						
	……						
……							

第五节　案例结论与启示

对于中国的汽车市场来说，高速增长的阶段已经过去，处于一个相对较低的发展阶段，汽车销售服务的竞争变得越来越重要，相关的电商企业也都在努力尝试着融入到汽车消费的市场中去。

本章主要研究的对象是 D 汽车经销集团公司汽车 O2O 模式，并细致分析了 D 公司当前的实际状况，在对该模式进行研究时，其中涉及的理论原理主要有大数据理论、云计算理论、电子商务理论、定位服务及长尾理论等，其目的是要将 D 公司过去的那种单一的实体经营模式慢慢淡化，逐渐过渡到一种线上线下的 O2O 发展模式中来，这样不但可以充分利用好实体经营环境下积累的大量的客户资源，而且能够同各个汽车厂商发展建立良好的长期合作关系；另外，发挥电商的自我优势，精准实现数字化营销策略，在闲暇的时间将线上线下的资源有效地销售出去，利用长尾理论，实现冷门商品以及滞销商品的销售，利用云计算及大数据相关的理论，对消费的潜能进行充分挖掘，实现 D 公司销售服务的精准匹配，利用 LBS 的位置服务技术，不仅可以服务于 4S 店的客户，还可以实现上门服务，使得 4S 店的缺点得到弱化，始终坚持想客户之所想，尽可能为客户提供最好的服务，为客户创造最大的价值。这样也就可以减小其他电商的冲击，D 公司实施这种具有差异化的措施，在与传统的 4S 店竞争时，也是会游刃有余的。

本研究不仅为 D 公司应用 O2O 模式提供具体的方案设计与实施对策，同时也为其他相关企业 O2O 模式的应用提供重要借鉴与参考。

第九章　M 医药企业渠道战略转型

第一节　M 医药企业现状

一、企业概况

M 医药企业成立于 1950 年，并于 1993 年正式在上海证券交易所挂牌上市，其总部位于我国西部最美丽的城市——重庆。目前，M 医药企业年营业额近 15 亿元，拥有员工人数近 2000 人，其中研究生及以上学历的人数占到了 34%，本科及以上学历的人数占到了 88%。可以说，员工是 M 医药企业得以发展创新的最为重要的人才支撑和智力支持。M 医药企业的主要组织机构部门有行政管理部、财务部、技术研部、生产部、经营部等（见图 9－1），其中，每个不同的部门分工合作、各司其职，以保证公司正常的生产经营活动的进行。随着"招才引智"政策的进一步实施，M 医药企业在员工的招募上也给与了更多的关注，通过提升员工招募的门槛来全面提高员工的技能和素养。

随着社会经济的发展和开放程度的不断提升，M 医药企业不断引进新的技术和产品。目前，该公司透皮技术、速释技术、在缓控释技术、滴丸和缓释滴丸技术方面处于国内领先的地位，并与日本藤泽公司①、日本天野公司②、中国军事医学科学院等国内外知名研发机构长期合作。M 医药企业产品资源丰富，已经拥有 500 余个生产批文，400 余个药品品规，主要产品领域涉及到抗感染类、抗肿瘤类、激素类和大输液等。该公司拥有七个制剂车间，其中大容量注射剂车间为国家 GMP 样板车间；口服固体车间年产片剂 100 亿片；小容量注射

① 日本藤泽公司，指日本藤泽药品工业株式会社。
② 日本天野公司，指日本天野酶制品株式会社。

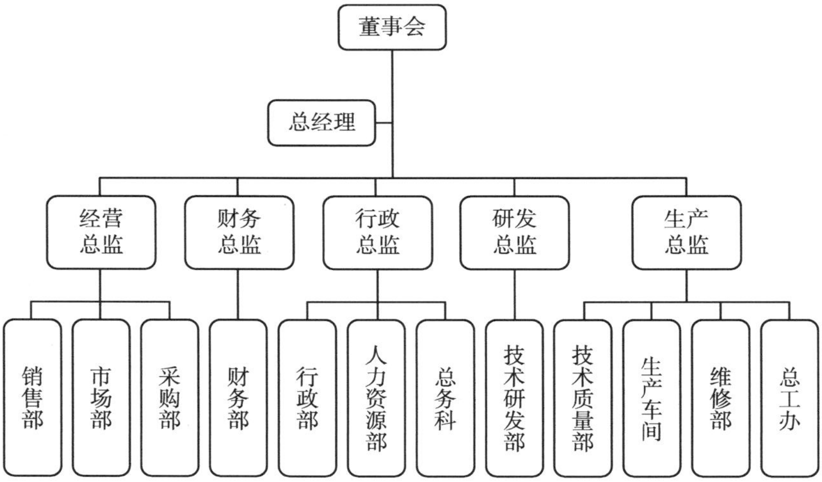

图 9-1　M 医药企业组织架构图

剂车间年产针剂 10 亿支；冻干生产线是从日本引进的冻干制剂生产线；软袋输液生产线是从德国 PLUEMAT 公司①引进的具有欧洲先进水平的双管非 PVC② 共挤膜软袋生产线。可以说，这些都是 M 医药企业宝贵的财富。

二、M 医药企业的主要渠道模式

目前 M 医药企业的产品主要分为处方药和非处方药两大类，在营销的过程当中也分别采取省级佣金代理营销模式和全面直供营销模式：

（一）省级佣金代理的营销模式

M 医药企业大部分的产品均为处方药，在处方药营销渠道的选择上主要是采取省级佣金代理的营销模式（见图 9-2），通过“M 医药企业—省级代理商—经销商—商业配送公司—医院—患者”的渠道模式，使得产品在各大省份均有对应的代理企业进行所在区域的推广销售。省级代理企业中统一向 M 医药企业下订单，M 医药企业根据订单情况合理统筹安排，从根本上提高了工作效能。在学术推广方面，由 M 医药企业的市场部对代理商或经销商的营销活动做专业的指导与培训，并协助其在医院进行科室会或区域学术会议，少量参与全国大

① 德国 PLUEMAT 公司，指 PLUEMAT 德国普鲁玛机械制造有限公司。

② PVC（Polyvinyl chloride），即聚氯乙烯，是氯乙烯单体（vinyl chloride monomer，简称 VCM）在过氧化物、偶氮化合物等引发剂；或在光、热作用下按自由基聚合反应机理聚合而成的聚合物。氯乙烯均聚物和氯乙烯共聚物统称之为氯乙烯树脂。

型学术会议。在终端推广方面，全部由代理商自行解决，现在全国只有约 5% 的代理商有自建的推广团队，且覆盖面还不全；其他约 95% 的代理商都是聘请兼职销售代表，进行指定医院的临床终端外包。

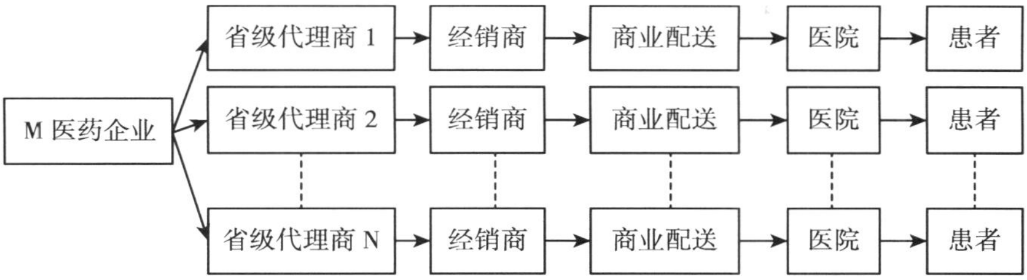

图 9 -2　省级代理营销渠道流程图

与此同时，在新医改“两票制”政策推出后，M 医药企业将与原有省级代理商的合作模式从底价代理模式转为佣金代理模式，同行业内其他企业一样，M 医药企业要求各个代理商相继成立 CSO[①] 公司。通过这种模式，M 医药企业不仅砍掉了大笔销售团队的管理费用和人才建设费用，还规避了企业在初期阶段要面临的资金投入风险，并能用更低的成本获取最为丰厚的利益。代理商的利润，即佣金，将由 M 医药企业返还到各自代理商所成立的 CSO 公司中去（见图 9 -3）。

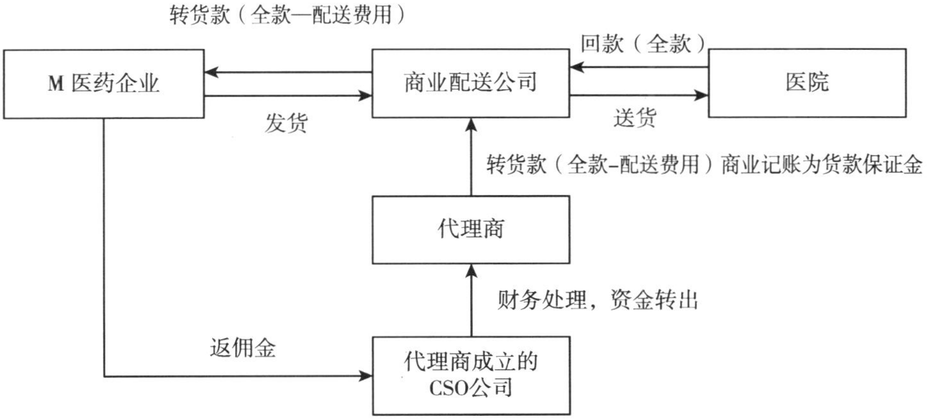

图 9 -3　省级代理营销渠道资金流向

（二）与大型连锁药店合作直供模式

M 医药企业在非处方药的营销方式上通过“M 医药企业—大型连锁药店—消费者”的渠道模式与各个大型连锁药店合作（见图 9 -4），相继在各城市建立一

① CSO 即合同销售组织（Contract Sales Organization），是指生产企业将产品销售服务外包给专业机构来完成。

些销售点。以 M 医药企业旗下的 OTC（非处方药）事业部的一款中成药口服液 A[①] 为例，自从 A 产品进入国内医药市场后，得到了迅速的推广。开始，M 医药企业在重庆市、四川省等地的药店进行了产品的铺货和全覆盖，随着人们健康意识的持续提升，现在 A 产品在全国各个地区均有售卖。但是，由于各家连锁药店的情况各不相同，销售情况也参差不齐，随着与越来越多的连锁药店合作，导致铺货及销售人员等成本高，且回款周期不稳定，而该产品入驻的药店众多，M 医药企业对药店的产品陈列和全国零售价的统一无法有效控制。在非处方药的终端推广上，主要采用地铁荧光屏、电梯分众传媒和互联网推广等方式。当然，为了更好地促进销售，也会在部分区域市场及特定时间段投入一定的费用，对患者进行买赠的销售模式，或者对原本药店内的销售人员进行佣金奖励。但是与连锁药店合作直供的资金流，也相对较为简单（见图 9－5）。

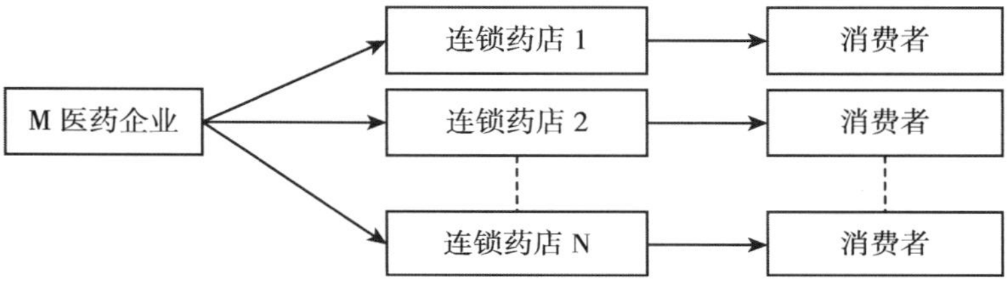

图 9－4　大型连锁药店直供流程图

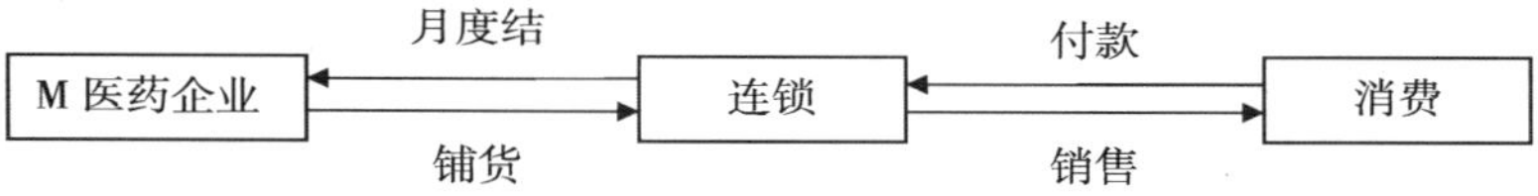

图 9－5　大型连锁药店直供资金流向图

第二节　新医改对 M 医药企业营销渠道的影响

一、新医改政策的主要内容

新中国成立近 70 年来，我国医疗卫生事业所取得的进步是显著的。但自从

① A 产品可解表化湿，理气和中，用于治疗外部感染所致的风寒或夏天由于受到暑湿邪所导致的感冒。

改革开放以来，随着医疗卫生机构的市场化改革不断进行，也逐渐出现了广大人民群众“看病难，看病贵”的问题。为了解决这一问题，2006 年 9 月我国正式启动新一轮医改，即“新医改”，并随即成立了医疗体制改革协调小组，该协调小组由 11 个有关部委组成，并且由国家发改委主任和卫生部部长出任双组长。2007 年陈竺[①]表示，到 2010 年在全国初步建立基本医疗卫生制度框架，并试点推行覆盖全部城镇居民的医保制度。直到 2009 年 1 月，国务院常务会议通过了《关于深化医药卫生体制改革的意见》和《2009—2011 年深化医药卫生体制改革实施方案》，新一轮医改方案才算正式出台。2015 年“医药分开”助推医改，公立医院改革破除“以药养医”机制，药价改革剑指药品价格虚高，要让百姓吃得起廉价药。2017 年分级诊疗试点扩至全国 85% 以上地市，并要求在 2017 年 9 月底前全面取消公立医院药品和耗材加成，全面深化新医改。2018 年建立健全现代医院管理制度，加快完善全民医保制度，大力推进药品供应保障制度建设，切实加强综合监管制度建设。

自 2009 年以来推出的新医改政策，如“两票制”的推行、分级诊疗试点范围扩大、城市公立医院综合改革全覆盖、去推动在编制医生“自由执业”、医药电商放开解禁、阳光自主采购、医疗反腐升级风险大增、医保支付制度改革、社会办医高潮掀起、薪酬制度改革提速、药品集中采购、一致性评价等，这一系列举措都给整个医药行业带来了巨大的变化。

在这些政策中，尤其以“两票制”对医药行业的影响最为显著。《印发关于在公立医疗机构药品采购中推行“两票制”的实施意见（试行）的通知》（国医改办发［2016］4 号）[②] 指出：公立医疗机构药品采购中逐步推行“两票制”，鼓励其他医疗机构药品采购中推行“两票制”。综合医改试点省（区、市）和公立医院改革试点城市要率先推行“两票制”，鼓励其他地区执行“两票制”，争取到 2018 年在全国范围内全面推开。实际上，“两票制”就是药品从制药企业到终端医疗机构的过程中，国家只允许其从制药企业到商业配送企业和从商业配送企业到终端医疗机构，从而减少医药流通渠道的层级。

“两票制”使得制药企业和医药流通企业的格局出现了翻天覆地的变化，企

① 陈竺，2007 年时任中国卫生部部长。男，汉族，1953 年 8 月生，江苏镇江人，毕业于法国巴黎第七大学血液学研究所肿瘤发病基础专业，中国科学院院士。

② 国家卫生计生委：“在公立医疗机构药品采购中推行‘两票制’”，《中国数字医学》，2017 年 12 月第 1 期，第 99 页。

业面临着巨大的挑战，企业各环节面临着重组。“两票制”对医院绩效管理也提出了更高的挑战，医务人员的收入来源与原有的靠医药流通企业补偿的机制（即回扣）被切断，那么怎么样能通过其他方式来调动医务人员的积极性，将成为医院面临的进一步挑战。

二、新医改政策下M医药企业营销渠道面临的挑战

新医改政策下，制药企业要想在中国医药市场上取得长足的发展，除了面临需要注重药品质量的保障和创新以外，还将面临不断探索更加适合的营销渠道模式的重大挑战。因此，对医药行业内现行的营销渠道模式进行分析具有较强的现实意义，能够更好地发现其中存在的问题。

（一）医药代理商的销售不可控

M医药企业只能根据药品的销量来掌握市场信息，但是此信息未必是真实的，并存在与市场实际的信息不对称的情况，这势必将造成M医药企业对医药市场现状的误判。M医药企业除了能从代理商的提货量来了解药品的信息外，对药品的销售流向及药品在市场上的覆盖率和销售的推进情况并不可控，更加不清楚医生在临床上对药品的认知情况和认可度。比如不知道药品的销量与病患的临床反应是否有关，也不知道药品销量是否与竞品的销量突增或者骤减有关。近年来M医药企业也为解决此问题开始向代理商索要药品的销售流向和代理商管辖医院覆盖情况，并在与代理商签订的购销合同中写明了销售任务量，代理商出于合同义务，也应定期为M医药企业提供药品销售的流向，并提供开发医院的名单。如果在限定期限内，代理商未达成M医药企业的销售任务量，将取消其代理商资格，但该问题并没有得到实质上的解决。

除此之外，M医药企业并不能负责药品在销售当地的药品招投标、药品的物价及医保增补调整等市政问题，所以此类问题也全部交由代理商全权安排及处理，M医药企业仅对其过程保有知情权。这样双方之间因信息不可控造成了很大的弊端及风险。这对制药企业和代理商之间的信任及选择来说，都显得格外重要了，如果选择的代理商是专业并有实力的，那么就是双赢；假如选择失策，就会使生产企业面临巨大的风险。

（二）代理营销模式导致药品竞争力下降

M 医药企业现有的代理营销模式为“分包制”，即把代理权交由全国代理商，然后全国代理商再分包给各个省区，省区的代理商再把分销权给到各市级或者地方代理商，再由市级地方代理商将销售权分配到各大医疗机构，每一个层面都需要利润空间，销售链条上的每个利润环节都被提取了许多，最后到最下一级的代理商那里所剩无几，严重影响到了销售的积极性。因为没有多余的经费投入，一线的销售人员积极性不高，投入比例也相对较低，从而减少了学术推广的力度和频率，降低了药品的市场竞争力。

（三）信息沟通不及时，销售效率低下

M 医药企业现有的销售结构是树状结构，造成了信息的沟通不管在上下级亦或平级之间沟通不畅不及时也不全面，影响了整个销售决策和执行效果，最终导致企业的整个销售效率极为低下。

（四）代理制欠缺团队合作精神

M 医药企业所采用的代理制的销售体系主要是通过利益联系起来的，其代理商除了代理 M 医药企业的产品，并帮助其在所在区域推广，同时也代理其他制药企业的产品。而部分代理商缺乏品牌意识，代理的产品又太杂乱，甚至同类产品众多。当终端面临选择产品的时候，只会选择利益较大的产品进行推广。如此一来，这些代理商同 M 医药企业之间可以说毫无团队意识可言，且无法有机地协调相关利益群体之间的关系，从而无法帮助 M 医药企业更好地进行销售，难以形成强有力的销售合力、凝聚力和向心力。

（五）销售费用上升明显

由于新医改“两票制”的影响，M 医药企业的销售费用比率已由零售价的 20% 左右提高到零售价的 65% 左右。如此高的销售费用，对于 M 医药企业的财务处理能力提出了更高的要求。“零加成”① 的政策实施后，医院由于少了药品加成的利润，回款周期进一步拉长，原有营销渠道中代理商对于资金的需求量也会陡然增高，从而导致药品销售量的下滑。这样会产生连锁反应，最终会影响 M 医药企业的销售状况。

---

① 零加成，是针对 2006 年发展和改革委于《关于进一步整顿药品和医疗服务市场价格秩序的意见》中规定的内容来说的，该意见要求县及县以上医疗机构销售药品被允许在实际购进价格的基础上顺加不超过 15% 的加价率作为药品加成。而国务院办公厅于 2012 年 4 月印发的《深化医药卫生体制改革 2012 年主要工作安排》通知中则要求公立医院改革将取消原有药品加成。

三、M医药企业渠道战略转型的必要性

（一）适应“新医改”政策下的整体营销战略

“新医改”政策要求药品生产企业必须达到新版GMP①的要求，其营销战略也必须符合国家新的产业政策导向。所以M医药企业需要采用更加先进的技术和设施设备，加快老企业车间的改造，同时集中力量研发新特药，提升产品质量，力争通过药品“一致性评价”，有效地提升管理水平。为了适应这种新政下的整体营销战略，药品生产企业就必须对原有的营销渠道模式进行创新，提高药品营销渠道的效率，这样才能迎接新一轮的行业竞争。

（二）提高制药企业的招标竞争机制

“新医改”政策下国家全力推行集中招投标采购制度，M医药企业的药品价格面临持续下降的压力，特别是未通过“一致性评价”的药品和“非独家”的药品。如此以来，对于M医药企业的政府事务处理能力提出了更高的要求。所以，有必要进行营销渠道模式的创新，将原有代理商承担的政府事务工作独立出来，并与相关的专业机构或个人合作，以提高制药企业招标竞争的能力。

（三）真正使产品的所有权回归

M医药企业所采用的代理营销模式由原来的“底价代理”变为“佣金代理”，M医药企业不再以底价向代理商供货，而是收取代理商全款，待药品销售出去后再支付佣金给代理商，所以M医药企业很难根据代理商或者医药配送企业的“进销存”来决定佣金的支付，取而代之的是根据“终端销售数据”来支付。所以，M医药企业必须对其营销渠道模式进行创新，使其药品的所有权真正回归到M医药企业，进而充分发挥其营销渠道的职能。

（四）建立自己的商务推广体系

M医药企业原来的商务推广大部分都是全部由代理商自行建立的，而自己却没有一个合适的且执行力比较强的商务推广体系。“新医改”政策下M医药企业有必要对其营销渠道模式进行创新，并借助第三方托管平台来搭建自己的商务推广体系，要么是物流平台托管，要么是商务平台托管。

---

① GMP（Good Manufacturing Practice）是为保证药品在规定的质量下持续生产的体系。它是为把药品生产过程中的不合格的危险降低到最小而订立的。GMP包含方方面面的要求，从厂房到地面、设备、人员和培训、卫生、空气和水的纯化、生产和文件。

（五）更好地解决“合规”的问题

“合规”[①] 将成为 M 医药企业必须去面对的问题。企业“两票制”和税务“营改增”[②] 政策的推行，迫使 M 医药企业暂时采用了代理商建立 CSO 公司的佣金折返模式，但是该模式的财务成本增加却是非常明显的。同时，《中共中央办公厅国务院办公厅转发〈国务院深化医药卫生体制改革领导小组关于进一步推广深化医药卫生体制改革经验的若干意见〉的通知》规定：税务部门要加强对药品生产、流通企业和医疗机构的发票管理，依法加大对偷逃税行为的稽查力度。上海市工商行政管理局于 2017 年下半年公布了一则行政处罚信息：泰凌医药信息咨询（上海）有限公司[③]在职的某医药代表，在推广该公司代理的某种药品时，以金钱交易的形式贿赂某医院负责该药品处方的相关科室以提高该药品的销量。上海市工商行政管理局检查总队认定，泰凌医药信息咨询（上海）有限公司的以上行为属于不正当竞争行为，并没收其 1142.70 万余元的违法所得，处以罚款 18 万元。

总体来看，现有的制药企业的代理商所成立的 CSO 公司并没有真正的销售行为，也没有医药配送企业必须的药品流通 GSP[④] 资质，这并非实质的 CSO，更倾向于商业性服务提供商（简称 CSP）。药品销售必须从“潜规则制”向合法合规过度。正因如此，M 医药企业必须对其现有的营销渠道模式进行全新的改革，把“灰色地带”摒除，有效地将企业的销售引导至“合法合规”化。

综上所述，“新医改”政策的执行对医药行业营销渠道模式产生了较大的影响，但是同样面临很大的机会。制药企业有必要对其营销渠道模式进行创新，以适应新的政策和市场环境，这样才能在变革中寻找机会，才能立于不败之地。

第三节　M 医药企业渠道战略转型的方案设计

作为企业管理创新的主要构成成分，营销渠道模式创新是依照市场现状及

① 合规，即符合规定，是指公司建立和实施合规的企业管理制度，培养合规的企业文化，防范企业出现不合规行为的风险。

② 营改增，即营业税改增值税，是指将原有应税时缴纳营业税的方式改为缴纳增值税。

③ 泰凌医药信息咨询（上海）有限公司是中国泰凌医药集团有限公司的子公司，并于 2011 年中国香港证券交易所主板上市，药品分销成为其主要的业务形式。

④ GSP 是英文 Good Supply Practice 的简称，也被称为中国版的《药品经营质量管理规范》。

进展，针对目前的营销渠道模式重新规划，设计出愈发迎合企业长足发展的营销渠道模式。

随着近几年国家执行“两票制”和“营改增”等政策，给医生“回扣”这种传统的药品促销模式即将被彻底摒除，制药企业只能选择加强药品专业学术推广，提高自身药品质量，加大药品临床安全及有效性来促进药品的销售。

为此，针对这样的一个现状和背景，在营销渠道模式的创新上，M 医药企业从医药行业自身的属性和特点出发，设计了一套更为适合的创新营销渠道模式。

一、M 医药企业营销渠道战略转型的目标与原则

（一）变革目标

1. 战略思考全局，做顶层规划

外部环境巨变下的中国医药企业营销体系变革与代理商的变革都势在必行，但所谓的变革并不是单单做个财务培训可以应对的，没有销售部门、市场部门、内务部门、原有代理商等的配合是不可能成功的。未来制药企业对于营销渠道模式的创新一定是从上到下的概念，需要从董事长、总经理就开始思考这个问题，并从全局出发，做顶层规划。

2. 建立合法合规的营销渠道体系

在“两票制”刚开始的时候，很多制药企业设计了相关方案，然后让原有的代理商自行开设咨询推广性质的 CSO 公司，但是代理商设立公司后却发现，费用到了代理商的账上，而下一级代理商的费用却下不去。而代理商一旦转成 CSP，就是合法的企业和组织，而它的资金流、票据流、信息流和资金从上游到下游，甚至是下下游的时候，整个资金流向的规划和处理，以及公司组织构架和体系设计是需要重新规划的，需要建立一整套合法合规的新的营销渠道体系。

3. 改造业务流程，提高各方的效益

制药企业营销渠道的整个商务体系要重新建设，代理商是个难题。而内务体系又是整个代理商改造和变革当中最重要的部分，内务的作用是承上启下、左右逢源的，上对财务、下对代理商，左右逢源是针对销售组织和其他部门。整个供应链的价值可以细分为九个模块：雄厚的资金实力、政府事务部门公关实力、新产品研发实力、批文报批实力、产品生产效率、配送商的物流配送实

力、进院开发实力、临床推广专业性、广泛的分销渠道，九个价值模块与终端医疗机构一起构建了一个完整的医药产业链。M医药企业一直本着加强自身实力，提高自己的行业知名度和竞争力为目标，紧跟国家政策的步伐，试图打通营销渠道的所有环节，以确保自身在医药行业的地位。

（二）变革原则

1. 有效性原则

有效性原则这也是M医药企业在营销渠道创新发展过程中应该遵循的一个最为基本的原则。M医药企业的营销渠道必须是有效的，而这一个有效的内含也是依据市场大环境的变化以及整个医药行业的整体发展形势的变化而做出的，其有效性是针对某一个发展时期而言的。当然如果这种有效性能够维持更长的时间，那么对于M医药企业营销渠道的发展则会是更有益的，其营销渠道模式的创新是必须与整个营销环境的发展相互契合的。随着我国“新医改”相关政策的推进，M医药企业营销渠道的创新既要符合相关的法律法规，也要有利于长远的发展。因此，应该谨慎地进行营销渠道模式的创新优化和发展，以其能够切实地帮助M医药企业进一步深入市场，从而获得更大的利益。

2. 多方共赢的发展原则

在M医药企业的营销渠道的发展以及整体战略发展目标的实现过程中，仅仅依靠M医药公司单方面的力量是完全不够的，M医药企业有必要与整个医药行业供应链条上的上下游之间都建立一种友好的、良性的和谐关系，平衡好资金、政府公关、产品研发、批文报批、产品生产、配送物流、进院开发、临床推广、产品分销等多方面之间的关系、业务流程、利益分配等问题。因此，从这一个层面上来看，M医药企业在营销渠道创新中的多方共赢的发展原则，主要是以整个供应链的全局为出发点，致力于建立一套多模块化的创新营销渠道体系，为客户提供优质的医药产品和服务。这一个原则的实现也是存在着一定的困难的，要想打造多方共赢的发展态势，就要在整个营销渠道的链条中，对不同的环节和成员的职责及权力给与明确界定。这也就意味着，M医药企业在自身营销渠道的开拓、创新、发展中，在自身的营销策略的优化中，还需要全面地进行考量和分析，保证自身的营销渠道模式的优化不但不会触及到其他各方的利益关系，同时还要尽可能地通过自身营销渠道的优化为周边的供应商、代理商以及资源客户创造更多的机会。为此，在进行营销渠道的优化创新设计的过程当中，首先就是要保证渠道的合理性和科学性，只有这样，才能够将风险控制在可控的范围之内，才能够切实地提升整个营销产业链条上，每一个环节和终端的信任度、满意度和忠诚度。

3. 可持续性原则

可持续发展原则，顾名思义，就是M医药企业对营销渠道的设计要根据大趋势和大环境进行，其营销渠道是要保证长期适用的，而不能够频繁地进行营销渠道和营销模式的变更，否则对于企业整体稳定性的发展而言是极为不利的。

一方面，在“新医改”的背景之下，医药行业的行业集中程度呈现出不断攀升的态势，以仁和药业、修正药业等为主导的几家大型医药生产企业，在整个市场上占据着很高的份额，这些龙头企业甚至在某些药物的生产和销售领域处于垄断的地位。为此，M医药企业在进行营销渠道模式的创新中，要在结合自身实际情况的基础上，尽可能地选择那些业务能力强且具有专业资源的各相关模块组成员，这对于创建自身产品品牌而言也是一个良好的契机。

另一方面，随着“新医改”政策推行力度的不断加强和”两票制”的彻底贯彻及推行，也会使得原有营销渠道中的主要角色进一步细分化、模块化，取而代之的是各个模块之间的产生联动效应。因此，为了保障可持续发展原则的实现，M医药企业要紧紧地抓住我国医疗体制改革这个重要的契机，从而使自身营销策略的制定和营销渠道的开拓能够与医药行业的整体发展趋势紧密结合，为自身的发展创造更大的空间和机遇。

二、M医药企业渠道战略转型方式和方向的选择

简单来说，M医药企业营销渠道模式创新的目的，就是为了更好地适应市场的发展和满足营销渠道体系中各成员实际的和潜在的双重需求，同时提高营销渠道的效率。所以对于M医药企业来说，其营销渠道模式创新的关键就是考虑公司发展的现状，选择合适的方法和方向，制定合适的渠道模式，协调好提高服务目标满意度与控制企业成本两者之间的关系，既能够满足营销环节中每个成员的需求，并取得预期的市场份额，又能实现合理的经济效益，从而保证M医药企业的长期发展。

（一）变革方式选择

1. 系统再造创新

系统再造创新是指在开发新的营销系统时，充分利用原有营销系统的有效

信息，并根据当前的需求再造营销系统中主要成员的功能。在对 M 医药企业营销渠道模式进行分析后，发现现有的省级代理营销模式对于代理商的掌控力度不够，有必要对现有的代理商系统进行调整，筛选出优质的代理商继续留用并稍加调整，对于不合适的代理商直接舍弃。然后根据 M 医药企业的发展现状重新塑造“代理商”的角色，与其融为一个整体。在此基础上，深入关注和参与到“代理商”所负责的相关工作，并将工作进一步细化，从而更好地了解终端市场状况，及时反馈信息并做出营销策略调整。当然，系统再造不应该从一开始就整体转换，而有必要先选取部分区域市场进行试点，待取得一定成效并被评估为扩大范围推广后，再整体进行转换。

2. 模块组合创新

模块组合创新是指利用创新思维将已知的多个模块组合成一个新生体系，让原有模块的功效发生转变，以创造新的价值。以营销渠道模式创新为例，可根据市场需求分析比较，将原有模式中的各项功能细分为多个功能模块，然后再有创新性地将各功能模块有效地结合为新的组合的过程。在对 M 医药企业营销渠道模式进行分析后发现，现有的省级代理营销模式中，代理商承担着诸多价值功能，如雄厚的资金实力、政府事务部门公关实力、物流配送实力、进院开发实力、临床推广专业性、广泛的分销渠道等，且普遍存在对代理商能力期望值过高的问题。所以在进行模块组合创新时，首先应该明确相应的价值模块，再分类进行价值开发，最后再有效地组合在一起，以形成共赢状态，这样也更有利于找到问题并解决问题。

（二）变革方向选择

1. 渠道成员结构重构

M 医药企业采用的省级代理营销渠道模式中渠道成员的结构呈金字塔式分布，这种结构具有较强的区域辐射能力，且能够帮助企业产品迅速占领目标市场。然而，现在的外部市场环境存在着供大于求且竞争异常激烈的情况，使得省级代理营销渠道模式存在着诸多问题，如营销渠道难以把控、营销结构效率低下、渠道层级较多导致信息反馈不及时和无法有效实施营销激励政策等。

缩减营销渠道的层次是降低营销渠道成本最简单的方法，即营销渠道结构扁平化。营销渠道的层次越多，营销渠道的费用也就越高。企业营销渠道结构扁平化将有助于降低企业的运营成本，提高企业的市场竞争力。因此，M 医药企业也需要将原有的营销渠道优化为扁平化的结构，以实现销售渠道越来越短的目标。

这样有助于增加 M 医药企业对其营销渠道的控制力；进而增加药品的销量。

2. 渠道成员关系重构

在 M 医药企业原有的省级代理营销渠道体系中，各渠道成员之间并无直接联系，每个渠道中的环节都是以自我为中心的，他们把自我利益最大化视为目标，不管用任何的手段，即使损伤了其他渠道成员或者 M 医药企业的利益都无所谓。所以，原有的渠道成员关系不能延续，需要找到一种新的合作型的关系渠道模式。

在合作型营销渠道中需把渠道中每个环节的利益都捆绑在一起，这样才能实现共同利益的最大化，实现 M 医药企业与原有代理商一体化经营。营销渠道由 M 医药企业控制，将原来分散的代理商与 M 医药企业组成一个体系，那么各大代理商都在为实现同一个目标而共同奋斗，真正的实现双赢。如将原有的营销渠道体系由 M 医药企业到患者的全过程分解为几个功能，即新药研发、药品生产、资金筹集、药品分销、政府事务、医院开发、商业配送、临床推广。除了新药研发和药品生产这两个部分是由 M 医药企业完成以外，其他六个部分则都是由代理商完成的。那么，M 医药企业就可以将资金筹集、药品分销、政府事务、医院开发、商业配送这五个部分与相关的机构或个人进行合作，将临床推广这一个部分交由原有代理商来完成，与相关的机构或个人和代理商搭建出一种全新的“深度营销系统”模式，共同合作共同开拓消费者市场。

3. 渠道成员搭建创新

目前，M 医药企业的营销渠道体系中各成员组织还是独立存在的，由于各种渠道的冲突，很难形成整体效应。而在未来，M 医药企业营销渠道发展的方向应该是将原有渠道中发挥各种作用的相关机构或者个人联合在一起，针对渠道的变化进行公司各部门组织架构的调整，使每个环节各司其责发挥所长，搭建起崭新的平台化①运营的商业模式来满足企业顺畅的运营。

三、M 医药企业营销渠道的创新设计

（一）调整产品战略

在过往几年里，M 医药企业成立了心脑血管事业群，即将研究出一种新药上市。该药品（简称 FJ）从植物中提取的活性成分，通过有关技术处理，经过有效

① Emmanuel Chao. Marketing Platform Strategy，IntechOpen，2018.

的分离而提炼出来。FJ 是自主研发的创新型新药，目前刚通过了国家食品药品监督管理总局（CFDA）的审核，正处在批文核发阶段，它将成为市场上不可多得的超级明星品种，临床应用范围非常广，将为 M 医药企业提供无限的市场商机。

通过产品战略的调整，M 医药企业不会再延用以往的代理商模式来操作 FJ 的营销运营，而是以全新的模式来进行尝试和调整推广该产品（见表 9－1），以适应新的战略目标。

表 9－1　　创新营销渠道模式参数简介

序号	参数名称	渠道角色	备注
1	X	制药企业	生产企业
2	Y	医药投资公司	隶属于 M 医药企业的医药投资公司
3	Z	分公司	Y 医药投资公司在某区域与合伙人合资成立的分公司
4	LM	合伙人	类似原来具有当地资源的代理商，现变革为合伙人
5	FJ	产品	M 医药企业研发的新产品

（1）经过几年的磨合及搭建，将原有的心脑血管事业部升级为“事业群”，其中包括新产品研发、新批文报批、政府事务公关，该事业群在集团公司的构架内，但不隶属于上市公司范畴。如今，已在该事业群的工作基础上成立隶属于 M 医药企业的 Y 医药投资有限公司（见图 9－6）。

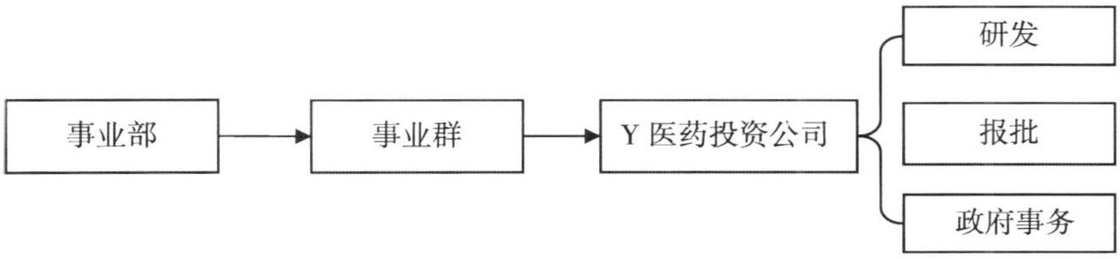

图 9－6　事业部升级流程图

（2）组建一支由资深律师、人力资源（HR）经理、产品经理、财务经理以及投资银行的投资专家组成的专业团队，以新产品为核心资源来进行团队的调整和重组，使得新品顺利地推向市场。这支专业的团队将通过投资、并购、招募供应链上每一个有价值的法人机构或者自然人，通过新产品的上市将各大环节的资源为己所用，最终实现产品战略（见图 9－7）他们在当地具有强大的进院开发能力，无懈可击的政府事务公关能力，有丰富的心脑血管相关药品临床推广操作经验、有全面可靠的心脑血管专家资源。

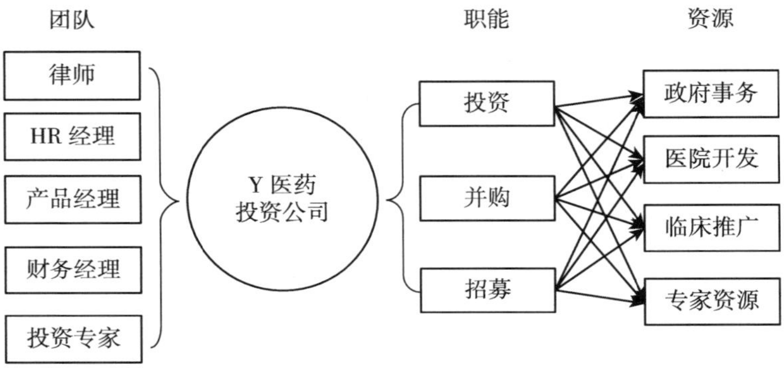

图 9－7　Y 医药投资公司团队及职能

（3）在完善各环节整合的同时，M 医药企业应该及时与资本市场积极对接，通过资本运作，汇集充足的资金和优质的资源，为将来企业可能面对的 IPO 做好充分的准备。

如此一来，M 医药企业将借新产品 FJ 作为整合的支点，使得资本市场顺利介入。通过结合产品战略和资本战略，进行集团战略的调整，以适应不断变化的市场现况。

（二）整合资源及建立新的渠道成员关系

隶属于 M 医药企业的 Y 医药投资有限公司在整个营销团队整合后全面突击，撒网式调研考察，确定了几个重点销售区域，在当地建立了分公司，用全新的营销渠道模式来操作和运营。

（1）在经过 Y 医药投资公司整合团队的评估后，经验丰富的销售团队领导人员（LM）及其团队被认为在上海具有深厚的人脉基础，具有 6 家大型三甲医院的进院开发能力和临床推广能力。这几家大型三甲医院的年药品采购金额均超过了 25 亿元，床位数均超过 3000 张，日平均门诊量均超过 1 万人次，其中有 2 家医院具有心脑血管国家临床重点专科，且该领域的大牌专家大多在此集中，这正是产品 FJ 最佳的目标医院。

（2）Y 医药投资有限公司与 LM 达成共同组建分公司 Z 的共识，Y 医药投资公司以产品 FJ 评估作价 150 万元入股 Z 公司（占 60% 股份），LM 以现金 100 万元入股 Z 公司（占 40% 股份，见图 9－8）。上海分公司 Z 在法律上隶属于总公司，没有独立法人资格，LM 虽然是 Z 公司的负责人，但 Y 医药投资公司的总经理还是 Z 公司的法人代表。分公司 Z 现有的人员框架结构较 LM 之前的团队成员更强大，除了 LM 原有的团队外，总公司还派遣了财务人员，为了加强专业学术推广，Z 公司还单独招募了产品经理。分公司 Z 只有推广职能，是 Y 医药投资公司在当地的一个产品推广公司，负责产品的推广和咨询。

图 9－8　上海分公司 Z 的股权结构

（3）LM 在 Z 公司做职业经理人的同时，也与 Y 医药投资公司签订了“对赌协议”，LM 投资现金 200 万元，不仅占有 Z 公司 40% 的股份，还可作为 Y 医药投资有限公司的期权，但必须满足 Y 医药投资公司提出的以下所有条件，否则，将视为 LM 自动终止持有部分或全部股权：①LM 及其团队全部被纳入 Y 医药投资公司，由 Y 医药投资公司归入人事档案缴纳社会及医疗保险，在职期间不得同时存在与其他任何组织机构或自然人的劳务－利益关系。②LM 及其团队必须在合同规定的时间内，完成指定医院的进院开发和协助达成药品销量。③LM 及其团队必须组建合同规定数量的专家顾问团队，并配合专家团队举行规定数量以上的学术会议及药品推广，协助专家完成所代理药品相应约定论文的数量。如果 LM 能满足以上条件，Y 医药投资公司会将上海市内的其他医院市场，一并归入 Z 公司的管理。

（三）构建运营平台及形成多价值模块的交易闭环

传统的药品供应链（见图 9－9）是：药品经新药研发报批后，由制药企业生产，出厂后进入流通渠道，代理商代理的药品经过“过票公司”（过票公司只高开发票，无实际业务）高开后，物流配送到商业配送公司，相关票货手续齐全后，再由商业配送公司将药品配送到各个医院终端。这其中经历了：商务洽谈、政府事务、物价议价、招标投标、进院开发、临床推广、放货分销，从而使得药品能有量的突破。但是 M 医药企业在全国区域内不可能拥有所有的资源，故只能将药品的市场销售权转交给每个区域的代理商，而刚刚 Y 医药投资公司与 LM 成立的分公司 Z，已经取代了代理商的角色。

而在新的供应链（见图 9－10）中，整个营销渠道体系由原来的以代理商为主要切入点变为以 Y 医药投资公司及其分公司 Z 为主要切入点，由原来寄希望于代理商解决资金、政府事务、商业配送、医院开发和临床推广等所有问题的模式转变为以 Y 医药投资公司为主导的且分别与具备雄厚的资金、政府公关能

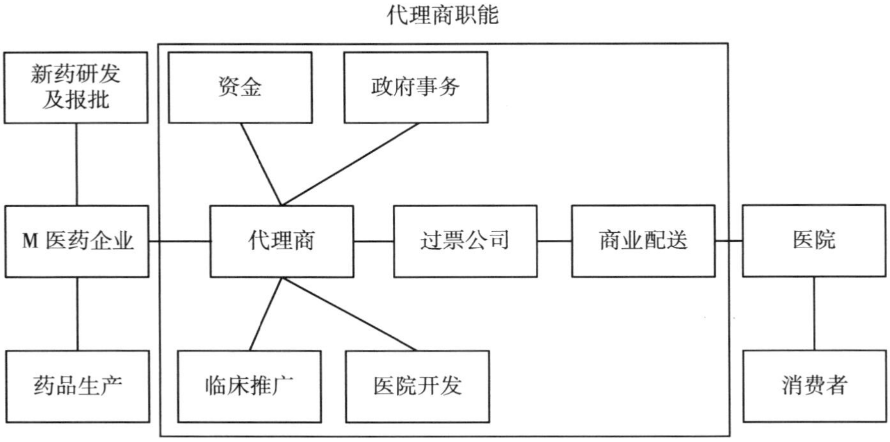

图 9－9　传统的药品供应链

力、齐全的商业配送、进院开发实力和全面的临床推广能力的自然人和团队合作的模式。具体如下：

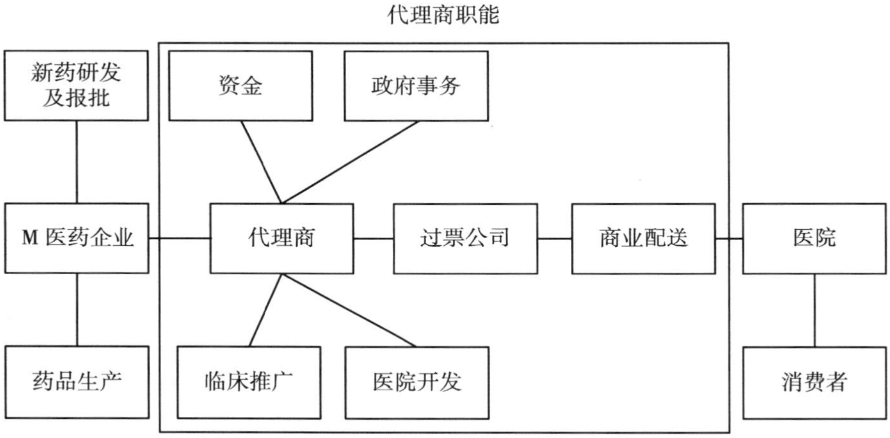

图 9－10　新的药品供应链

（1）在资金上，有很多拥有大量资本的公司和雄厚资金资本但是苦于没有好的投资项目的自然人，只用作为投资商，把资金投入项目，不参与具体的操作即可赚取分红利益。

（2）在政府事务上，有大量具备较强政府事务公关能力的自然人或者专门的公关公司，由他们在企业与政府部门间传递信息，搭建桥梁，为企业争取到了很多的政策和时间。

（3）在商业配送上，“新医改”后，全国都存在“大鱼吃小鱼”的现象，处于行业垄断地位的国有企业所有的商业配送企业的网络及医院覆盖率高，仓储部门完善，配送及时的优势相对于一些小的配送企业显而易见。所以生产厂商可参考自身产品特点、商业公司配送覆盖率、回款周期、服务情况等因素综合考虑选择合适的商业配送公司。

（4）医院开发方面，在各个医院市场本身就存在着大量具备医药专业知识的个人或者机构，当然这其中也不乏只具有公关进院能力的个人或者机构，他们都可以成为专门进行医院开发的“开发商”。

（5）临床推广方面，有两种方案：一种是由 Y 医药投资公司成立的分公司 Z 组建一支具有临床专家资源和具备专业知识的专业化推广团队，覆盖其所属区域；二是所在区域的部分或重点医院市场由分公司 Z 的自建专业化推广团队负责，剔出其自建团队覆盖不了的区域或者市场，与具有临床专家资源的专业化推广团队或个人进行合作。

在新的营销渠道模式中，M 医药企业已经将角色定位由原来的生产厂家转变成了“产品运营公司”。为了达成公司的整体营销战略，作为医药产业链顶层的产品运营公司，有必要结合自身的市场需求来协调各环节之间的关系，使得公司能够在整个药品销售市场中纵观全局，运筹帷幄。由产品运营公司整体操盘，将产业链上的各个环节包括投资方、制造企业、进院开发商、政府公关公司、商业配送公司、临床推广团队等进行合理的利益分配。当然，各个价值模块之间可交叉参与，如机构或个人即有资金实力又有医院开发能力，便可赚取这两个环节相应的佣金。同时，成立的分公司 Z 也作为公司整体的一部分，不同于以往单纯的代理商，可控性更高，更适用于长期发展，在一定程度上也避免了“两票制”所带来的政策及财务风险。

第四节　M 医药企业渠道战略转型的保障措施

一、M 医药企业营销渠道模式创新的预期效果

（一）业务沟通更加高效

M 医药企业在改变原有的省级代理营销模式后，转为与“代理商”共同成

立合资公司，并通过估值调整机制①来巧妙地解决磨合期的问题。在每个合资公司中，成立包括律师、HR 经理、产品经理、财务经理以及投资银行的投资专家在内的专业团队，明确各部门的工作内容和职权范围，使得区域内的业务无须再经层层上报到总公司来进行相关项目的处理，有效地提高了业务反应的速度。通过分析 M 医药企业原有的省级代理营销渠道模式，将整个营销渠道模式的功能细分化为九个功能模块：雄厚的资金实力、政府事务部门公关实力、新产品研发实力、批文报批实力、产品生产效率、配送商的物流配送实力、进院开发实力、临床推广专业性、广泛的分销渠道等，将原本这些全部由代理商承担的工作分解为多个价值模块，明确各价值模块的职能定位，且分别与具有相应资源和能力的机构或个人进行合作，并做好各价值模块的衔接工作，极大地提高了沟通和运营的效率。

（二）终端市场更加可控

M 医药企业要持续发展，就必须重视终端市场。M 医药企业创新的营销渠道模式，运用整合营销的理念对公司原有的营销渠道模式进行重建，使区域终端的营销导向与公司的整体营销战略相一致。改变以往重点与代理商沟通终端市场的状况，取代为合资公司“内部沟通”终端营销策略的方式，明确各终端市场中相关价值模块的开发进度，保证产品平台运营效率最大化，解决终端市场营销可能存在的不合理现象，明确开发目标的达成。如此一来，M 医药企业将以其组建的合资公司为核心、以多价值模块为重点、以产品运营平台为支撑、以 CSP 服务体系为保障，目的在于更好地了解终端市场、服务终端客户，实现真正的终端管理。

（三）业务发展更加良性

良性的业务发展能有效地增加企业的品牌价值。M 医药企业创新的营销渠道模式使得每个价值模块及相关的机构或个人都能够清楚地认识自己的职权范围。而将这些价值模块有效地组合在一起所形成的产品运营平台，是企业合理的营销战略和高效执行营销任务的基石。在产品平台运营的过程中，要保障 M 医药企业的营销战略和各价值模块的合理的利益分配，必须建立符合 M 医药企业营销战略的 CSP 服务体系。只有科学的营销渠道模式，才能实现 M 医药企业的整体优化，才能使平台有效地运营。这样，将会有利于品牌价值的增值，除

① 估值调整机制（Valuation Adjustment Mechanism），即 VAM，俗称“对赌协议”，是指业绩承诺及经济补偿条款的方式。

了产品本身，高效的运营平台会吸引更多具有相关价值模块功能的机构或个人与之合作，如此循环下去，将使M医药企业的业务得到更加良性的发展。

二、M医药企业营销渠道模式创新的保障措施

（一）建立富有凝聚力的企业文化及防止人员流失的措施

企业的核心是“人”，随着企业逐步做大做强，“人”的问题会变得尤为突出，必须用企业文化来解决。要想为员工创造一个融洽的工作氛围，首要条件是建立适合企业自身的企业文化，帮助员工树立正确的价值观和责任感，避免员工流动过大。M医药企业要想建立企业文化可以通过以下几个方面来实现：

（1）建立企业文化，就必须制定适合企业自身发展的企业管理制度，使得企业和员工的管理能够有条不紊地进行。在企业的发展进程中，人性化管理是前提，除了需要使用相关的奖惩机制对员工的行为进行约束之外，还需要关心员工日常的学习、生活和工作。在工作中有明确的奖罚制度，这样才能规避员工为了蝇头私利而使企业蒙受巨额损失。

（2）建立和完善企业文化，就必须坚持“以人为本”的原则。M医药企业有必要从员工的视角为出发点，考虑员工之所想及不敢想，从生活中的点滴小事到工作中的帮助和激励，给员工创造舒适和谐的工作环境，使员工在工作中能够全情投入，保证其工作的稳定性，并为企业的长期发展储备更多的人才。

（3）建立企业文化，就必须适应企业的个性化发展。M医药企业作为国内知名的药品生产厂商，需要根据不同区域的市场特性，制定整体的发展战略和分阶段性的短期目标，从而企业制定的企业文化也需要“因企业的不同而不同”，企业文化需要适应自身行业的特点。

（二）建立产品运营平台及持续拓展企业品牌效应

传统制药企业的思维固化，只会考虑“点的挖深”，在已有的产品中找寻可能继续扩大销售量的产品，把某个产品更深一步拓展，争取能将产品的销售量增长到极致。而具有前瞻性全局观、战略格局高的制药企业应该思考企业在哪些方面能够构建优势产品群，从而形成长久的竞争力，或者说，还能为终端消费者提供哪些更优质的产品，还能为供应链中的各个环节服务商提供哪些更专

业的服务和更大利益的保障，黏住消费者和服务商，从而获得更大更长久的收益。

传统制药企业必须开拓思维、打破禁锢，从医药营销产业直线式价值链中另辟蹊径，向新的医药企业经营模式彻底转变。新的医药企业经营模式会积极响应国家相关政策，根据消费者的需求来重组新型的商业销售模式，全面取代代理商，将医院终端或OTC药店作为制药企业主要的营销渠道。将具有雄厚的资金实力、政府事务部门公关实力、新产品研发实力、批文报批实力、产品生产效率、配送商的物流配送实力、进院开发实力、临床推广专业性、广泛的分销渠道的组织机构或自然人吸纳为产品运营平台的一个部分。传统的制药企业需要改变原有的盈利模式即生产、售卖药品，进而寻找医药产业链中其他各个环节点的商业机会。在新的营销渠道模式中，获取利润的关键不再只是药品本身，还需要通过资金、政府公关、批文报批、物价议价等来决定。通过平台运营各个价值模块，相关的机构或个人可能具备一个或多个价值模块的功能，各取所需，从而形成联动效应，这种平台效应将会转化为新的企业品牌效应（见图9－11）。

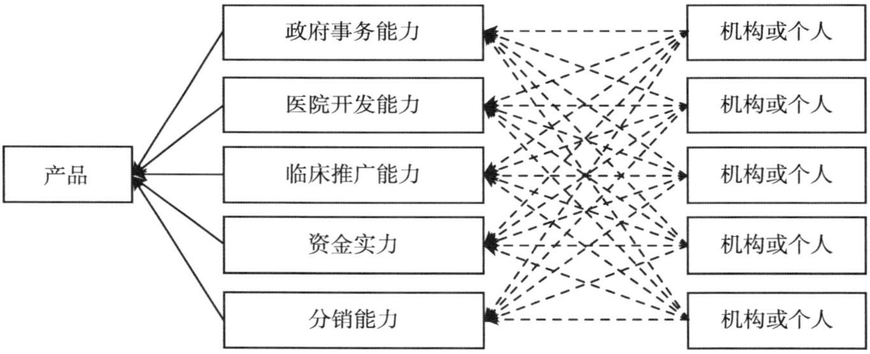

图9－11　医药营销渠道模块化运营平台

医药生产企业的品牌效应在企业发展过程中发挥的重要作用不可小视。药品生产企业的品牌直接代表着药品生产企业的形象和药品的质量水平。随着人们生活水平的不断提高，对于药品这种特定商品，很多消费者在购买药品时更多关注的是药品的品牌和疗效，而不会过多的在意价格高低。同时，由于药品在购买过程中会产生特定的连锁反应。因此，如果能够持续拓展药品生产企业的品牌效应，那么将会在平台的运营上，吸引更多的服务商，在终端销售上也会极大程度地提高产品的销量，实现企业利润的提升。

（三）建立 CSP 服务体系及合理规划利益分配

对于医药生产企业来说，根据企业产品的属性，确定需要渠道承担的功能，然后根据渠道模块，确定满足这些模块所需要的服务机构。在透彻分析的基础上按需选择，而最终选定的服务机构也将必须为该药品提供相应的服务，发挥其应有的服务功能。之前我们已经提到“平台运营”的概念，与之相匹配的就是整套的 CSP 服务体系。在新的运营服务平台中（见图 9－12），每一个模块都相当于是服务提供商，而各模块的机构或个人就是服务商角色，服务商与医药生产企业之间是服务采购关系，服务商赚取的是服务费。在这种关系下，服务商在法律意义上已经脱离了药品的流通购销环节，成为了制药企业商业性服务的提供商（如政府事务服务、医院开发服务等），医药生产企业对服务商的管理应该是基于服务采购的管理思路。同时，基于各价值模块所提供的服务类型，需要合理地分配其利润比例，并制定好相应的投入和退出机制。这样，才能让平台更好地运营下去，企业也才能走的更长远。

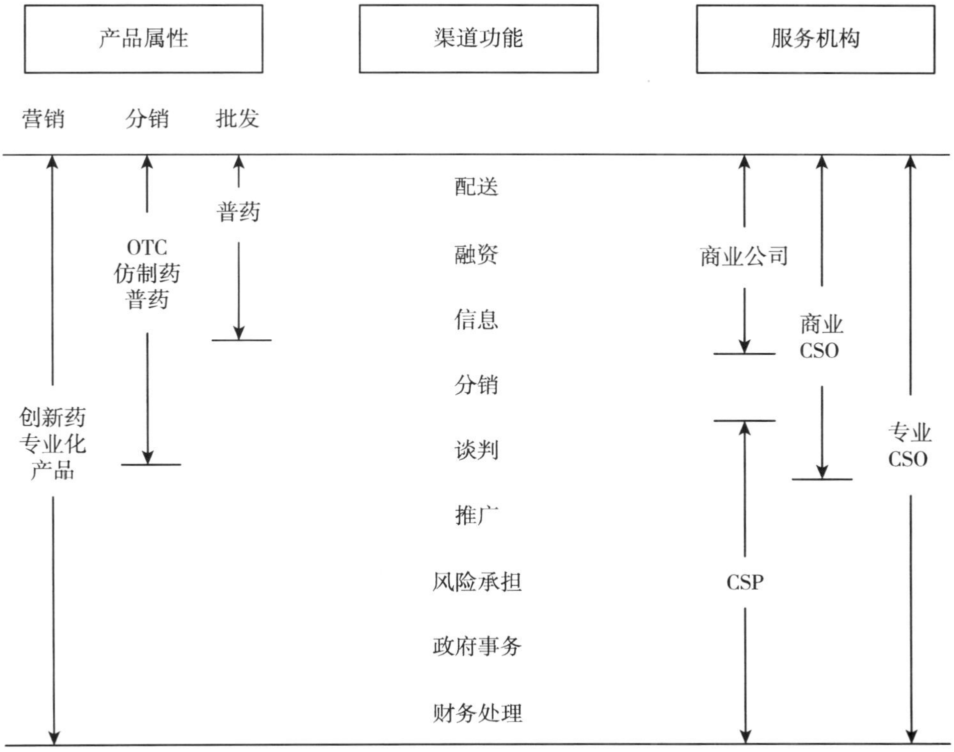

图 9－12　医药营销渠道模式服务平台

第五节 案例结论与启示

医药行业作为一个关系着国民生命健康安全的重要行业，目前在政府的引导和社会公众的关注之下，获得了较为快速的发展。随着我国制药企业的不断增多，医药行业的市场竞争也变得更加激烈。因此，如何在激烈的市场竞争当中为自己争取到更多的优势和份额，如何能够吸引到更多的潜在客户，成为了当前制药企业管理者关注的核心问题。实现营销渠道模式的创新，不断地优化制药企业的营销渠道，无疑是帮助制药企业开拓市场的一个好方法。本章在应用了文献分析方法和案例分析方法的基础之上，以 M 医药企业作为主要的调研对象，对其营销渠道模式的现状进行了分析。本章的研究结论主要可以从以下的两个方面进行分析：

第一，对 M 医药企业营销渠道模式的现状进行了调研，分析出该制药企业现有的佣金代理营销模式存在终端销售行为不透明、产品竞争力降低、销售效率低下、缺乏团队意识等问题。另外，通过对“新医改”相关政策的回顾，分析出“新医改”政策对于 M 医药企业在营销战略、竞争成本、招标竞争机制等方面的影响，同时该制药企业还面临产品所有权回归、商务推广体系重建、销售费用升高、“合规”等问题，进一步阐明了其营销渠道模式创新的必要性。

第二，针对 M 医药企业营销环境的现状对其营销渠道模式的创新化发展进行了重新设计，从目标、原则和组织架构的层面对其营销模式的发展与创新进行了重构，提出了以该制药企业为主导的顶层设计，通过所设立的医药投资有限公司来搭建新的营销平台，并与相关区域的资源方成立分公司。同时，将原有代理商的相关工作职能拆分为资金实力、政府公关实力、物流配送实力、进院开发实力、临床推广专业性、分销渠道等多个价值模块，并建立相应的 CSP 服务体系和利益分配制度。最终，形成“多价值模块平台化运营”的新的医药营销渠道模式。

参考文献

［1］陈佳贵. 关于企业生命周期与企业蜕变的探讨［J］. 中国工业经济，1995（11）：5－13.

［2］崔志，王吉发，冯晋. 基于生命周期理论的企业变革路径模型研究［J］. 预测，2006（6）：22－27.

［3］邓大伟. WM集团战略变革研究［D］. 安徽财经大学，2016.

［4］韩洋之. 苏宁云商战略变革动因及绩效分析［D］. 河南财经政法大学，2016.

［5］侯嘉政. 企业动态能力与创业管理之研究［J］. 创业管理研究（台湾），2008，3（2）：1－28.

［6］胡固淮. 价值链重构视角下的战略变革［D］. 河南工业大学，2016.

［7］胡勇强. 动态环境下企业战略转型的影响因素研究［J］. 商场现代化，2018（11）：103－104.

［8］姜勇，修国义. 企业战略变革的本质及其影响因素分析［J］. 科技与管理，2007（2）：51－53.

［9］焦豪，焦捷，高远深，等. 基于动态能力视角的国有中小企业战略变革过程机制［J］. 技术经济，2017，36（6）：59－65＋108.

［10］蓝海林. 企业战略管理［M］. 2版. 北京：科学出版社，2013.

［11］雷斌斌. 我国上市公司跨行业转型影响因素及绩效实证研究［D］. 南京航空航天大学，2010.

［12］李小玉，薛有志，牛建波. 企业战略变革研究述评与基本框架构建［J］. 外国经济与管理，2015，37（12）：3－15.

［13］李业. 企业生命周期的修正模型及思考［J］. 南方经济，2000（2）：47－50.

［14］李志强. 基于价值重构的企业变革研究［D］. 复旦大学，2004.

［15］卢珂. YT集团公司变革成长策略研究［D］. 山东大学，2014.

[16] 唐健雄，王国顺. 中国企业战略变革能力与绩效关系的实证研究 [J]，系统工程，2008，26 (1)：15-19.

[17] 唐孝文，刘敦虎，肖进. 动态能力视角下的战略变革过程机理研究 [J]. 科研管理，2015，36 (1)：90-96.

[18] 王炳成. 企业生命周期研究述评 [J]. 技术经济与管理研究，2011 (4)：52-55.

[19] 徐豪. 南京高科集团变革期财务战略选择研究 [D]. 南京审计大学，2017.

[20] 薛有志，周杰，初旭. 企业战略变革的概念框架：内涵、路径与模式 [J]. 经济管理，2012，34 (7)：39-48.

[21] 杨万铭，李海明. 探析中国经济变革之谜 [J]. 财经科学，2004，(4)：29-33.

[22] 叶一军. 企业集团战略变革研究 [D]. 武汉理工大学，2005.

[23] 俞枫. 以动态能力为中介的信息技术驱动的企业战略变革研究 [D]. 同济大学，2008.

[24] 臧树伟，胡左浩. 动态能力视角下的企业变革研究：从市场驱动到驱动市场 [J]. 科学学与科学技术管理，2017，38 (12)：84-96.

[25] 张淮民. 企业战略变革研究及应用 [D]. 重庆大学，2003.

[26] 张伦琼. 移动互联网背景下 M 公司的战略变革研究 [D]. 华南理工大学，2018.

[27] 张学平. 基于企业生命周期的财务战略研究 [D]. 首都经济贸易大学，2004.

[28] 朱晓红，陈寒松，张腾. 知识经济背景下平台型企业构建过程中的迭代创新模式——基于动态能力视角的双案例研究 [J]. 管理世界，2019，35 (3)：142-156+207-208.

[29] 李烨，李传昭，陈升. 不确定环境下企业战略性业务变革的一个决策链模型 [J]. 科技管理研究，2004，No. 4：87-90.

[30] 王德鲁，宋学锋. 管理者认知偏差业务变革与企业绩效——基于中国上市公司的实证检验 [J]. 山西财经大学学报，2015，37 (6)：57-68.

[31] 曹小春. 业绩衰退企业实现反转研究综 [J]. 商业经济与管理，2013 (11)：45-53.

［32］陈收，舒晴，杨艳．环境不确定性对企业战略转型与绩效关系的影响［J］．系统工程，2012，30（9）：1－7．

［33］陈伟宏，钟熙，宋铁波．TMT异质性、期望落差与企业冒险变革行为［J］．科学学与科学技术管理，2018，39（1）：84－97．

［34］陈伟宏，钟熙，宋铁波．经营期望落差、董事会特征与战略转型［J］．软科学，2018，32（2）：76－79．

［35］陈莹润．高管异质性对企业多元化战略影响的研究［D］．江苏：南京财经大学，2016．

［36］古家军，胡蓓．企业高层管理团队特征异质性对战略决策的影响——基于中国民营企业的实证研究［J］．管理工程学报，2008，22（3）：30－35．

［37］郭敏．高管团队异质性对多元化战略选择的影响—创业导向的调节作用［D］．江苏：南京师范大学，2017．

［38］贺小刚，朱丽，杨婵，等．经营困境下的企业变革："穷则思变"假说检验［J］．中国工业经济，2017，9（1）：135－154．

［39］贾晓霞，张瑶．资源视角下中小制造企业跨行业转型风险识别研究［J］．资源与产业，2012，14（5）：147－152．

［40］江艳楠，路世昌．主营业务变革与企业绩效的相关性研究［J］．产业与科技论坛，2009，8（4）：76－77．

［41］雷斌斌．我国上市公司跨行业转型影响因素及绩效实证研究［D］．南京：南京航空航天大学，2010．

［42］李辉．高管团队特征与决策效果研究：行为整合的中介作用［D］．辽宁：辽宁大学，2014．

［43］李晶．高管认知对企业战略转型的影响研究［D］．甘肃：甘肃政法学院，2016．

［44］李卫宁，李莉．TMT异质性、战略转型与绩效改善的关系研究——基于绩效下滑的非多元化企业的数据实证［J］．中国管理科学，2015，23（6）：153－161．

［45］李烨，李传昭，罗婉仪．战略创新、业务变革与民营企业的持续成长——格兰仕集团的成长历程及其启示［J］．管理世界，2005（6）：126－135．

［46］李烨，李传昭，王涛．不确定环境下企业脱胎换骨式业务变革的一个优化决策模型［J］．科技管理研究，2006（3）：208－211．

[47] 李烨，彭璐. 民营企业变革综述 [J]. 管理观察，2009 (2)：98 - 101.

[48] 连燕玲，贺小刚，高皓. 业绩期望差距与企业战略调整——基于中国上市公司的实证研究 [J]. 管理世界，2014 (11)：119 - 131.

[49] 连燕玲，周兵，贺小刚，等. 经营期望、管理自主权与战略转型 [J]. 经济研究，2015，(8)：31 - 44.

[50] 刘丝雨，负向绩效反馈对企业战略转型方向的影响 [J]. 科技进步与对策，2017，34 (19)：92 - 97.

[51] 刘婷婷. 中国房地产行业高层管理团队与战略选择关系研究 [D]. 辽宁：东北财经大学，2012.

[52] 宋铁波，钟熙，陈伟宏，等. 董事会资本、经营期望落差与战略转型 [J]. 经济与管理评论，2018 (4)：82 - 94.

[53] 苏丹. 高层管理团队特征与战略转型关系研究——以我国医药制造类上市公司为例 [D]. 成都：西南财经大学，2011.

[54] 王德鲁，宋学锋. 公司特征、行业特征和产业变革类型的实证研究 [J]. 经济理论与经济管理，2008 (1)：64 - 69.

[55] 王莎莎，陈进. 环境动态性、研发投入与企业绩效关系研究——以TMT 异质性为调节变量 [J]. 物流工程与管理，2016，38 (9)：83 - 89.

[56] 王宇. 企业外部环境驱动下的战略变化及其绩效的关联性研究 [D]. 西安：西安交通大学，2007.

[57] 吴利华. 上市公司跨行业转型研究 [D]. 江苏：河海大学，2004.

[58] 谢凤华，姚先国，古家军. 高层管理团队异质性与企业技术创新绩效关系的实证研究 [J]. 科研管理，2008 (6)，65 - 73.

[59] 杨勇. 企业变革研究：动因、路径与绩效——基于西水创业案例研究 [D]. 内蒙古：内蒙古大学，2016.

[60] 袁丽. 房地产企业高管团队异质性对多元化程度和企业绩效关系的影响研究 [D]. 新疆维吾尔族自治区：新疆大学，2018.

[61] 张璐. 跨行业转型、财务战略与企业绩效——基于双案例对比研究 [D]. 内蒙古：内蒙古大学，2017.

[62] 张平. 高层管理团队异质性研究的综述 [J]. 科技管理研究，2006 (8)，143 - 148.

[63] 张志强. 企业高管团队特征异质性与企业战略转型关系的实证研究

[D]. 内蒙古：内蒙古财经大学，2014.

[64] 赵锡斌，鄢勇. 企业与环境互动作用机理探析 [J]. 中国软科学，2004 (4)：93－97.

[65] 郑丽，陈志军. 绩效下滑公司摆脱困境的决策机制 [J]. 山西财经大学学报，2017，39 (9)：89－103.

[66] 周建，张双鹏，刘常建. 发展困境一定会导致战略转型吗？[J]. 科学学与科学技术管理，2015，36 (7)：93－105.

[67] 周晓东. 基于企业高管认知的企业战略变革研究 [D]. 浙江：浙江大学，2006.

[68½] 董保宝. 资源整合过程，动态能力与竞争优势：机理与路径 [J]. 管理世界，2011 (3)：92－101.

[68⅔] 寇元虎. 企业动态能力与绩效关系研究 [D]. 2017.

[69] 冯军政，魏江. 国外动态能力维度划分及测量研究综述与展望 [J]. 外国经济与管理，2011 (7)：26－33.

[70] 贺小刚，李新春，方海鹰. 动态能力的测量与功效：基于中国经验的实证研究 [J]. 管理世界，2006，(3)：94－103.

[71] 胡钢，曹兴. 知识视角下动态能力对多元化战略影响的研究 [J]. 科研管理，2014，35 (9)：98－105.

[72] 蒋洁，张启航，冯俊文，等. 企业动态能力与商业模式的构建、创新与运行 [J]. 技术经济与管理研究，2019 (5)：47－54.

[73] 唐健雄，王国顺. 中国企业战略转型能力与绩效关系的实证研究 [J]. 系统工程，2008，26 (1)：15－19.

[74] 唐孝文，李允尧，黄健柏，等. 组织学习对企业战略转型能力的影响研究 [J]，管理世界，2012 (9)：182－183.

[75] 唐孝文，刘敦虎，肖进. 动态能力视角下的战略转型过程机理研究 [J]. 科研管理，2015，36 (1)：90－96.

[76] 曹磊，陈灿等. 互联网＋跨界与融合 [M]. 机械工业出版社. 2015.

[77] 陈佳贵. 关于企业生命周期与企业蜕变的探讨 [J]. 中国工业经济，1995 (11)：5－13.

[78] 长城企业战略研究所. 产业价值链运动三规律. 高科技与产业化，2014 (3).

[79] 崔志，王吉发，冯晋. 基于生命周期理论的企业变革路径模型研究 [J]. 预测，2006（6）：22－27.

[80] 封卫强. 以价值创造为导向的现代产业价值链重构 [J]. 商业经济研究. 2015（8）.

[81] 冯雪飞，董大海，张瑞雪. 互联网思维：中国传统企业实现商业模式创新的捷径 [J]. 当代经济管理，2011.

[82] 胡固淮. 价值链重构视角下的战略转型 [D]. 河南工业大学，2016.

[83] 姜铸，张冬梅，凌旭. 服务价值链视角下制造业企业商业模式创新方式 [J]. 现代商贸工业. 2017（3）.

[84] 李海舰等. 互联网思维与传统企业再造 [J]. 中国工业经济，2014（10）.

[85] 李业. 企业生命周期的修正模型及思考 [J]. 南方经济，2000（2）：47－50.

[86] 李志强. 基于价值重构的企业变革研究 [D]. 复旦大学，2004.

[87] 卢彦. 互联网思维 2.0：传统企业互联网变革 [M]. 机械工业出版社，2015.

[88] 钱勇，曹志来. 从脱嵌入到再嵌入：企业组织变革的过程——基于铁煤集团主辅分离改革的案例分析 [J].

[89] 苏静，王宇静. 电商时代传统企业 O2O 之道 [M]. 电子工业出版社. 2014.

[90] 孙艳霞. 基于不同视角的企业价值创造研究综述 [J]. 南开经济研究，2012（1）.

[91] 滕明慧，汪戎. 企业技术创新行为风险管理研究——以云铜股份为例 [J]. 中国企业改革发展三十年，2008（6）.

[92] 王炳成. 企业生命周期研究述评 [J]. 技术经济与管理研究，2011（4）：52－55.

[93] 王东升. 商业模式、财务战略与企业价值 [D]. 山西财经大学，2015.

[94] 王茜. IT 驱动的商业模式创新机理与路径研究 [J]. 管理学报，2011（1）.

[95] 吴瑶，谢康，等. 互联网环境下的理论发展与创新——2014“中国·实践·管理”论坛观点综述 [J]. 管理学，2014.

［96］徐梦阳．经济新常态下中国经济迈入工业4.0时代的路径探寻［J］．商业经济研究，2017（21）．

［97］杨成名．价值分析视角的利益相关者理论创新：一个研究框架［C］．管理创新、智能科技与经济发展研讨会论文集，2012．

［98］叶开．O2O实践［M］．机械工业出版社，2015．

［99］俞东慧，黄丽华，方针．企业变革管理模型框架及其实证研究［J］．系统工程理论方法应用，2004（4）．

［100］原磊．商业模式分类问题研究［J］．中国软科学，2008（5）．

［101］张学平．基于企业生命周期的财务战略研究［D］．首都经济贸易大学，2004．

［102］张志元，李兆友．我国制造业发展模式、变革方式、目标取向及预期收益［J］．管理现代化，2013（6）．

［103］周永亮．价值链重构［M］．北京：机械工业出版社，2016．

［104］David Bovet．价值网——打破供应链，挖掘隐利润［M］．钟伟俊，等，译．北京：邮电出版社，2002．

［105］Michael E. Porter. Competitive Advantage：Creating and Sustaining Superior Performance［M］．陈丽芳，译．北京：中信出版社，2014．

［106］陈蔚珠．企业业务：IT战略匹配研究［M］．北京：经济管理出版社，2012．

［107］郭全中．基于生态系统的“互联网+跨界”转型战略［J］．青年记者，2019（7）：52－56．

［108］黄宏磊．传统制造企业互联网战略转型路径研究［J］．商业经济研究，2018（24）：105－108．

［109］侯家艺．“互联网+”时代的汽车及其O2O模式发展［J］，中国新通信，2015（19）．

［110］胡晶．企业组织结构扁平化问题研究——基于交易费用理论和委托代理理论的思考［J］．财经界（学术版），2010（10）：41－42．

［111］林东华．长尾理论下的中小企业网络化生存机理与策略［J］，北京工业大学学报，2009（4）．

［112］刘金露．工业4.0时代企业内部供应链管理优化——以红领集团为例［J］．现代商业，2016（16）：130－131．

［113］柳士顺，凌文辁. 论组织战略与组织环境的协同演进［J］. 企业经济，2006（1）.

［114］吕尚彬，戴山山. "互联网+"时代的平台战略与平台媒体构建［J］. 山东社会科学，2016（4）：13-18.

［115］马蕾. "互联网+"时代下的传统企业战略转型研究［J］. 湖北社会科学，2016（8）：88-90.

［116］马翔. "互联网+"战略背景下企业转型升级模式研究［J］. 北京印刷学院学报，2018，Vol. 26（7）：1-7.

［117］施炜. 不确定时代的自组织管理［J］. 中国人力资源开发，2015（8）：9-11.

［118］徐晋. 平台经济学：平台竞争的理论与实践［M］. 上海交通大学出版社，2007.

［119］王绍凯. 大转型：互联网时代的传统企业进化之道［M］. 清华大学出版社，2015.

［120］王蔷，任庆涛. 扁平化组织的组织模式架构［J］. 经济管理，2004（5）：14-17.

［121］文巧甜，张哲宇. 银行平台化转型：路径与对策［J］. 银行家，2019（6）：21-23.

［122］徐婧. 电子商务平台从C2B向C2M模式变革的机遇与挑战［J］. 企业改革与管理，2017（4）：58.

［123］杨元龙. 互联网自组织的组织结构及其传播演化过程研究［D］. 中国科学技术大学，2014.

［124］张祥建. 平台经济学初探［J］. 中国工业经济，2006（5）：40-47.

［125］张鑫雨. 基于服务型制造理念的传统制造业转型研究［D］. 北京交通大学，2011.

［126］《经理人》杂志部. 造血变革：中国企业战略转型的8大模式［M］. 科学出版社，2013.

［127］陈朝晖. 企业战略转型基本模式研究［J］. 商业时代，2005（30）：30-30.

［128］邓少军，焦豪，冯臻. 复杂动态环境下企业战略转型的过程机制研究［J］. 科研管理，2011，32（1）：60-67.

[129] 丁艳丽. 人才引领创新驱动的珠三角探索 [J]. 中国人才, 2015 (9): 24-26.

[130] 方建中. 现代企业管理前沿问题研究 [M]. 北京: 人民出版社, 2003.

[131] 巩娜, 郭翠菱. 民营高科技企业战略转型与公司持续发展 [J]. 经济体制改革, 2017 (1): 116-122.

[132] 胡查平, 汪涛. 制造业服务化战略转型升级: 演进路径的理论模型——基于3家本土制造企业的案例研究 [J]. 科研管理, 2016, 37 (11): 119-126.

[133] 胡海波, 黄涛. 企业成长中的战略转型演化模型: 瑞原案例解析 [J]. 科技进步与对策, 2016, 33 (18): 100-106.

[134] 蓝海林. 迈向世界级企业——中国企业战略管理研究 [M]. 北京: 企业管理出版社, 2001.

[135] 李红卫, 蒋兴华, 邓飞其, 等. 动态不确定环境下企业核心竞争力培育机理的系统分析及过程管理研究 [J]. 科技进步与对策, 2007, 24 (3): 94-97.

[136] 李小玉, 薛有志, 牛建波. 企业战略转型研究述评与基本框架构建 [J]. 外国经济与管理, 2015 (12): 3-15.

[137] 李烨, 李传昭, 罗婉议. 战略创新、业务变革与民营企业持续成长——格兰仕集团的成长历程及其启示 [J]. 管理世界, 2005 (6): 126-135.

[138] 凌捷. 大数据时代高新技术企业管理战略转型研究 [J]. 改革与战略, 2015 (5): 143-146.

[139] 罗文钦, 朱学兵. 基于价值链再造的企业战略转型研究 [J]. 理论界, 2007 (6): 57-58.

[140] 马蕾. "互联网+" 时代下的传统企业战略转型研究 [J]. 湖北社会科学, 2016 (8): 88-90.

[141] 芮明杰, 胡金星, 张良森. 企业战略转型中组织学习的效用分析 [J]. 研究与发展管理, 2005, 17 (2): 99-104.

[142] 孙金云. 战略转型: Strategic transformation: 中小企业变革之八大法则 [M]. 格致出版社上海人民出版社, 2014.

[143] 唐孝文, 刘敦虎, 肖进. 动态能力视角下的战略转型过程机理研究 [J]. 科研管理, 2015, 36 (1): 90-96.

[144] 唐孝文，刘敦虎，肖进. 企业战略转型过程、要素及作用机制研究[J]. 科技管理研究，2015，v.35；No.332（10）：120-126.

[145] 王国顺，唐健雄. 企业战略转型能力的整合构架剖析[J]. 预测，2008，27（3）：23-28.

[146] 夏云风. 商业模式创新与战略转型[M]. 新华出版社，2011.

[147] 徐礼伯，沈坤荣. 双重战略导向、创新模式组合与企业战略转型[J]. 江海学刊，2015（1）：84-91.

[148] 杨俊刚，张洁，秦威，等. 面向半导体制造的大数据分析平台[J]. 计算机集成制造系统，2016，22（12）：2900-2910.

[149] 张戟. 破译中国企业战略转型成功密码[M]. 光明日报出版社，2015.

[150] 陈元. 后经济危机阶段：加速发展路径的强制性变迁[J]. 管理世界，2009（9）.

[151] 戈登·鲍易斯. 现代商务发展史[M]. 北京：中国社会科学出版社，2004.

[152] 桂雁军. 汽车售后O2O电子商务解决方案[J]. 经营管理者，2014（26）.

[153] 侯家艺. "互联网+"时代的汽车及其O2O模式发展[J]. 中国新通信，2015（19）.

[154] 胡莹，李蓉. 汽车行业电子商务O2O模式研究[J]. 科技创业月刊，2014（11）.

[155] 黄吉丽，彭菊生，马萍，等. 汽车行业O2O模式分析及趋势预测[J]. 现代商贸工业，2015（27）.

[156] 黄玉珊. 微信技术下的O2O汽车服务营销探讨[J]. 商场现代化，2015（13）.

[157] 金碚. 中国企业核心竞争力报告（企业版）[M]. 北京：社会科学文献出版社，2003.

[158] 李靖，易建湘. 电子商务在中国[M]. 北京：中国经济出版社，2001.

[159] 李耀东，马清梅. 基于价值让渡系统理论的汽车O2O营销模式[J]. 现代企业，2016（1）.

[160] 林东华. 长尾理论下的中小企业网络化生存机理与策略[J]. 北京

工业大学学报，2009（4）.

［161］罗军舟，金嘉晖，宋爱波，等. 云计算：体系架构与关键技术［J］. 通信学报，2011（7）.

［162］罗巍. 基于位置服务的移动电子商务平台构建［J］. 中国科技信息，2010（2）.

［163］马莉. 基于微信技术的O2O汽车服务营销［J］. 中国电子商务，2014（7）.

［164］曼纽尔·卡斯特. 网络社会的崛起［M］. 北京：社会科学文出版社，2001.

［165］孟小峰，慈祥. 大数据管理：概念、技术与挑战［J］. 计算机研究与发展，2013（1）.

［166］聂规划，游怀杰，桂雁军. 汽车售后O2O服务商合作行为演化博弈分析［J］. 武汉理工大学学报（信息与管理工程版），2014（3）.

［167］彭惠，吴利. O2O电子商务：动力、模式与前景分析［J］. 华南理工大学学报（社会科学版），2014（6）.

［168］托夫勒. 第三次浪潮. 北京：中信出版社，2006.

［169］汪洋，童双品. 基于SWOT分析法的汽车4S店售后服务O2O商业模式的可行性分析［J］. 商业经济，2015（8）.

［170］王波. 汽车保养O2O：4S店的“冰与火之歌”［J］. 市场研究，2015（6）.

［171］维克托·迈尔·舍恩伯格. 大数据时代［M］. 上海：浙江人民出版社，2012.

［172］吴吉义，平玲娣，潘雪增，等. 云计算：从概念到平台［J］. 电信科学，2009（12）.

［173］许赤瑜. O2O + P2P汽车后市场金融创新［J］. 互联网经济，2014（2）.

［174］于淼. 电子商务论［M］. 北京：经济科学出版社，2001.

［175］余娟. 成本领先战略模式探析云计算［J］. 管理探索，2007（4）.

［176］张文明. O2O商业模式浅析［J］. 中国电子商务，2012（3）.

［177］朱志军，闫蕾. 变革时代丛书：大数据、大价值、大机遇、大变革［M］. 北京：电子工业出版社，2012.

［178］Efraim Turban，David King，Jace Lee，梁定彭，等．电子商务管理与社交网络视角［M］．北京：机械工业出版社，2014．

［179］Martin Klubeck．量化：大数据时代的企业管理［M］．北京：人民邮电出版，2013．

［180］安祥林，迟桂华，宁伟东，等．新医改形势下医药营销渠道构建研究［J］．物流科技，2013，(6)：27－28．

［181］鲍娜．新环境下医药营销策略与渠道管理研究［J］．现代营销（下旬刊），2015，(11)：84．

［182］蔡萌，崔友洋．医药企业营销策略优化研究——以正大天晴为例［J］．中国市场，2016，(44)：17－18＋28．

［183］曹娟娟．新医改背景下对医药营销渠道的构建［J］．医疗装备，2016，29（3)：82－83．

［184］陈科迪，袁芳．中国药品营销渠道发展对策研究——以云南白药集团为例［J］．商场现代化，2018，(19)：63－64．

［185］菲利普·科特勒，凯文·莱恩·凯勒．营销管理［M］．梅清豪，译．上海：上海人民出版社，2006．

［186］付忠航．营销渠道整合与企业管理创新［J］．企业改革与管理，2017，(1)：107－107＋127．

［187］葛新艳．浅析医药分销渠道的管理［J］．现代商业，2016，(13)：20－21．

［188］国家卫生计生委：在公立医疗机构药品采购中推行“两票制”［J］．中国数字医学，2017，12（1)：99．

［189］何鑫渠．国内医药行业营销策略的现状与优化研究——基于案例对比分析［J］．上海经济，2016，(3)：101－109．

［190］何志坚．医药 CSO 最受益［N］．医药经济报，2018，(4)：009．

［191］胡雪峰，吴晓明．医药企业营销模式合规性简论［J］．生产力研究，2014，(8)：144－146．

［192］黄敏，干荣富．新医改政策对医药行业影响分析［J］．中国医药工业杂志，2011，42（5)：396－399．

［193］黄伟文，张海涛．药企 2017 十大变化［N］．医药经济报，2017，(8)：004．

[194] 蒋吉德. 我国医药行业营销渠道问题分析 [J]. 现代营销 (下旬刊), 2014, (10): 58.

[195] 李端, 常悦, 周戈耀, 等. 新医改下贵州省制药企业营销渠道现状及对策研究 [J]. 中国卫生事业管理, 2018, 35 (2): 117 – 119.

[196] 李姣, 侯艳红. 医改背景下药品流通企业发展路径分析 [J]. 价格月刊, 2015, (6): 91 – 94.

[197] 李俊. 新医改背景下医药企业市场营销策略研究 [J]. 中小企业管理与科技 (下旬刊), 2014, (5): 167 – 168.

[198] 李维. 浅谈新医药政策背景下的医药营销模式 [J]. 中外企业家, 2018, (13): 29.

[199] 李永强, 齐文静, 郑丽梅, 等. 新医改后药品营销模式的变革研究 [J]. 中外企业家, 2016, (20): 11 – 11 + 13.

[200] 李宇. 惯有营销渠道资产管理模式的思考 [J]. 赤峰学院学报 (自然科学版), 2017, 33 (24): 80 – 81.

[201] 林延珊. "新医改" 背景对医药营销的影响及营销策略研究 [J]. 太原城市职业技术学院学报, 2014 (11): 173 – 174.

[202] 林延珊. 新医改背景对医药营销的影响及营销策略研究 [J]. 太原城市职业技术学院学报, 2014 (11): 173 – 174.

[203] 刘兰凤. 市场营销渠道管理的途径分析 [J]. 经贸实践, 2018 (19): 226.

[204] 刘丽. 中国渠道理论发展进程 [J]. 全国流通经济, 2017 (6): 14.

[205] 刘亚芹, 邵光岩. 新医改政策对医药经营行业的影响 [J]. 齐鲁药事, 2011 (1): 56 – 57.

[206] 刘煜. CSP 重新定义代理商 [N]. 医药经济报, 2017 (4): 004.

[207] 雒觉悟. 我国医药营销模式发展趋势 [J]. 商场现代化, 2014 (30): 48.

[208] 吕红霞. 药品营销渠道创新和管理探讨 [J]. 中国医疗管理科学, 2017, 7 (6): 16 – 18.

[209] 毛建跃. 企业市场营销渠道创新研究 [J]. 全国商情, 2016 (7): 3 – 4.

[210] 牟琼, 乐平. 合规推广的现实考量 [N]. 医药经济报, 2017 (11): 006.

［211］秦银兵．供应链重构的理想与现实［N］．医药经济报，2017（3）：003.

［212］施能进，罗文华．“合规”背景下宁波生物医药产业营销模式创新研究［J］．亚太传统医药，2014，10（10）：5－8.

［213］史占中．企业战略联盟［M］．上海，上海财经大学出版社，2001.

［214］宋雨佳．论我国医药市场现状与发展［J］．赤峰学院学报（自然科学版），2014，30（19）：65－66.

［215］万晓，王耀球．市场营销学［M］．北京，中国铁道出版社，2000.

［216］王方华．工商企业营销管理［M］．山西，山西经济出版社，2003.

［217］吴冠之．渠道网络的竞争与合作［J］．经济管理，2001，(8)：43－46.

［218］徐辉，李长华，彭万程．浅析我国医药企业营销渠道存在的问题及应对策略［J］．对外经贸，2015（6）：129－130.

［219］焉萌萌．浅析医药营销渠道的现状及创新［J］．现代商业，2016（30）：190－191.

［220］闫巍．关于我国医药营销渠道研究［J］．黑龙江经济科苑，2014（36）：295.

［221］杨静．营销渠道整合理论研究分类［J］．今日财富（中国知识产权），2018（8）：85.

［222］杨民民．浅析估值调整机制的中国化前景［J］．商，2016（8）：263＋190.

［223］杨玉奇．新医改背景下医药企业市场营销策略研究［J］．中小企业管理与科技（上旬刊），2017（5）：26－28.

［224］姚旭东．浅谈我国医药营销的发展趋势［J］．世界最新医学信息文摘，2017，17（48）：18－19.

［225］叶忠康，迟桂华．我国医药营销渠道模式现状分析及改进对策［J］．物流科技，2012（6）：41－43.

［226］医药卫生体制改革近期重点实施方案（2009－2011）［J］．司法业务文选，2009（15）：19－26.

［227］尤丽丽，滕巍．新医改政策对医药经营行业的影响［J］．产业经济，2018（18）：67－68.

［228］张斗胜．医药行业营销渠道的重构和监管［J］．农村经济和科技，2017，28（24）：85－85＋110.

［229］张给智．制药企业药品营销模式比较及发展方向探讨［J］．黑龙江科技信息，2015（4）：85.

［230］张津．市场营销渠道的冲突与管理［J］．内蒙古煤炭经济，2016（21）：66－67＋69.

［231］张玩涛．我国医药营销渠道模式现状分析及其对策［J］．经济研究导刊，2017（26）：133－134.

［232］赵娟．现代营销之父：菲利普·科特勒［J］．施工企业管理，2017（9）：25.

［233］赵力．市场经济体制下医药营销研究［J］．现代营销（下旬刊），2018（1）：73.

［234］郑吉昌．网络经济环境下企业经营模式与营销渠道变革［J］．北京工商大学学报（社会科学版），2003（1）：23－26.

［235］郑胜华，张沙沙．营销渠道整合研究综述及启示［J］．现代物业（中旬刊），2011（11）：51－52.

［236］郑莹莹．合规为王 代理转身［N］．医药经济报，2014（12）：004.

［237］中共中央 国务院 关于深化医药卫生体制改革的意见［J］．中国中医药现代远程教育，2009，7（5）：2－8.

［238］庄贵军，周筱莲，王桂林．营销渠道管理［M］．北京，北京大学出版社，2010.

［239］庄贵军．中国企业的营销渠道行为研究［M］．北京，北京大学出版社，2007.

［240］Adizes I. Corporate lifecycles：How and why corporations grow and die and what to do about it［M］. NJ：Prentice Hall，1989.

［241］Boeker W. Strategic change：The effects of founding and history［J］. The Academy of Management Journal，1989，32，（3）.

［242］Carpenter M A. The price of change：The role of CEO compensation in strategic variation and deviation from industry strategy norms［J］. Journal of Management，2000，26（6）：1179－1198.

［243］Dutton J E.，Duncan R B. The influence of the strategic planning process on strategic chang［J］. Strategic Management Journal，1987，8，（2）.

［244］Eisenhardt K.，Martin J. Dynamic capabilities：What are they?［J］.

Strategic Management Journal, 2000, (21): 1105 - 1121.

[245] Gersick J C. Revolutionary change theories: A multilevel exploration of the equilibrium paradigm [J]. Academy of Management Review. 1991, (16): 10 - 36.

[246] Haire M. Biological models and empirical histories in the Growth of Organizations [D]. New York: John Wiley, 1959: 1 - 5.

[247] Helfatce, Finkelsteins, Mitchellw, et al. Dynamic capabilities: Understanding strategic change in organizations [M]. Oxford: Blackwell, 2007.

[248] Lavy A., Merry U. Organizational transformation: Revitalizing organization for a competitive world. Jessey - Bass Inc. 1988.

[249] Mintzberg H. Patterns in strategy formation [J]. Management Science, 1978, 24 (9): 934 - 948.

[250] Snow C C. and Hambrick D C. Masuring organizational strategies: Some theoretical and methological problem, Academy of Management Review [J]. 1980 (15): 527 - 538.

[251] Teece D J., Pisano G. The dynamic capability of firms: An introduction [J]. Industrial and Corporate Change, 1994, 3 (3): 537 - 556.

[252] Teece D J., Pisano G., Shuen A. Dynamic capabilities and strategic management [J]. Strategic Management Journal, 1997, 18 (7): 23 - 36.

[253] Tushman M B., Virany, E. Romanelli. Executive succession, strategy reorientation, and organizational evolution [J]. Technology in Society, 1985, (7).

[254] Wang C L, Ahmed P K. Dynamic capabilities: A review and research agenda [J]. International Journal of Management Reviews, 2007, 9 (1): 31 - 51.

[255] Zajac E J, et al. Modeling the dynamics of strategicfit: A normative approach to strategic change [J]. Strategic Management Journal, 2000, 21 (4): 429 - 453.

[256] De Bondt W, Thaler R H. Financial decision - making in markets and firms: a behavioral perspective [R]. Finance - Handbooks in Operations Research and Management Science, New Yor.

[257] Forbes D P. Are Some Entrepreneurs More Overconfident than Others. Journal of Business Venturing, 2005, 20 (5): 623 - 640.

[258] Friedman H. Does Overconfidence Affect Entrepreneurial Investment

[J]. Wharton Research Scholars Journal, 2007 (42): 1 – 29.

[259] Galasso A., Simcoe T S. CEO Overconfidence and Innovation [J]. Management Science, 2011, 57 (8): 1469 – 1484.

[260] Hackbarth D. Managerial Traits and Capital Structure Decisions [J]. Journal of Financial and Quantitative Analysis, 2008, 43 (4): 843 – 881.

[261] Hannan, M. T., Freeman J. Structural inertia and organizational change. American Sociological Review, 1984, 49: 149 – 164.

[262] Haveman, H. A. 1992. Between a rock and a hard place: Organizational change and performance under conditions of fundamental environmental transformation. Administrative Science Quarterly.

[263] Heaton J B. Managerial Optimism and Corporate Finance [J]. Financial management, 2002, 31 (2): 33 – 45.

[264] Herz H., Schunk D., Zehnder C. How Do Judgmental Overconfidence and Overoptimism Shape Innovative Activity [J]. Games and Economic Behavior, 2014 (83): 1 – 23.

[265] Hirshleifer D., Lim S S., Teoh S H. Limited Investor Attention and Stock Market Misreactions to Accounting Information [J]. Review of Asset Pricing Studies, 2011, 1 (1): 35 – 73.

[266] Hirshleifer D., Low A., Teoh S H. Are Overconfident CEOs Better Innovators [J]. The Journal of Finance, 2012, 67 (4): 1457 – 1498.

[267] Hoskisson P E, et al. Managerial risk taking: A multitheoretical review and future research agenda [J]. Journal ofManagement, 2017, 43 (1): 137 – 169.

[268] Jean – Sebastien M. Does Managerial Optimism Lead to Long – run Underperformance? Evidence from Venture Capital – backed IPOs HEC Montreal [R]. Berlin: Working Paper, 2010.

[269] Kiesler, S., Sproull L. Managerial response to a changing environment: Perspectives on problem sensing from social cognition. Administrative Science Quarterly, 1982, 27: 548 – 570.

[270] Lant T K, Milliken F J, Batra B. The role of managerial learning and interpretation in strategic persistence and reorientation: An empirical investigation Knight F H. Risk, 1992.

[271] Larwood L, Whittaker W. Managerial myopia: self – serving biases in organizational Locke E A. , Latham G P. A theory of goal setting and task performance. Englewood Glif, 1990.

[272] Miller D. , Ghen M – J. Sources and consequences of competitive inertia. Administrative Science Quarterly, 1994, 39: 1 – 23.

[273] Prahalad G. K. , Bettis R A. The dominant logic: A new linkage between diversity and performance. Strategic Management Journal, 1986, 7: 485 – 501.

[274] Roll R. The Hubris Hypothesis of Corporate Takeovers [J] . Journal of Business, 1986, 59 (02): 197 – 216.

[275] Romanelli E, Tushman M. Organizational trans – formation as punctuated equilibrium: an empirical test [J]. Academy of Management Journal, 1994, 37 (5): 1141 – 1166.

[276] Alexiev A. S. , Jansen J. J. P. , Van Den Bosch, et al. Top management team advice seeking and exploratory innovation: The moderating role of TMT heterogeneity. Journal Of Management Studies, 2010, 47 (7), 1443 – 1364.

[277] Amason A C, Sapienza H J. The effects of top management team size and interaction norms on cognitive and affective conflict [J]. Journal of management, 1997, 23 (4): 495 – 516.

[278] Amason A C. Distinguishing the effects of functional and dysfunctional conflict on strategic decision making: Resolving a paradox for top management teams. Academy of management journal, 1996, 39 (1): 123 – 148.

[279] Amburgey T L, Dacin T. As the left foot follows the right? The dynamics of strategic and structural change [J]. Academy of Management Journal, 1994, 37 (6): 1427 – 1452.

[280] Athanassion N. , Nigh D. The impact of U. S. company internationalization On top management team advice network [J]. Strategy Management Joumal. 1999, 20 (1): 83 – 92.

[281] Balcaen S. , S. Manigart, H. Ooghe. From Distress to Exit: Determinants of the Time to Exit [J]. Journal of Evolutionary Economics, 2011, 21 (3): 407 – 428.

[282] Bantel K A, Jackson S E. Top management and innovations in banking:

does the composition of the top team make a difference? [J]. Strategic Management Journal, 1989, 10 (S1): 107 -124.

[283] Bantel K A. Top team, environment, and performance effects on strategic planning formality [J]. Group & Organization Management, 1993, 18 (4): 436 -458.

[284] Bowman E. H. Content Analysis of Annual Reports for Corporate Strategy and Risk. 1984, 14 (1): 61 -71.

[285] Bpeker W. 1997. Strategic change: the influence of managerial characteristics and organizational growth [J]. The Academy of Management Journal, 40 (1): 152 -170.

[286] Bromiley P. Testing a Causal Model of Corporate Risk Taking and Performance [J]. Academy of Management Journal, 1991, 34 (1): 37 -59.

[287] Carpenter M A. The implications of strategy and social context for the relationship between top management team heterogeneity and firm performance [J]. Strategic Management Journal, 2002, 23 (3): 275 -284.

[288] Chatterjee S., Wernerfelt B. The link between resources and type of diversification: theory and evidence [J]. Strategic Management Journal, 1991, 12: 33 -48.

[289] Cyert R. M., March J. G. A Behavioral Theory of the Firm, Prentice Hall, Englewood Cliffs, NJ. 1963.

[290] Duhaime I. M., Grant, J. H. Factors influencing divestment decision-making: Evidence from a field study [J]. Strategic Management Journal, 1984, 5: 301 -318.

[291] Dutton J, Duncan R. The creation of momentum for change through the process of strategic issue diagnosis [J]. Strategy Management Journal, 1987, (8): 279 -296.

[292] Fama E. Agency Problem and the Theory of the Firm. Journal of Political Economy, 1980, 88 (2): 288 -298.

[293] Finkelstein S., Hambrick D. C. Strategic leadership: Top executives and their effects on organizations [M]. Minneapolis/St. Paul: West Educational Publishing, 1996.

[294] Ferrier W J, Mac Fhionnlaoich C, Smith K G, et al. The Impact of Performance Distress on Aggressive Competitive Behavior: A Reconciliation of Conflicting Views [J]. Managerial and Decision Economics, 2002, 23 (4): 301 -316.

[295] Fiegenbaum A, Hart S, Dan S. Strategic Reference Point Theory [J]. Strategic Management Journal, 1996, 17 (3): 219 - 235.

[296] Finkelstein S, Hambrick D. C. Top management team tenure and organizational outcomes: The moderating role of managerial discretion [J]. Administrative Science Quarterly, 1996, 35: 481 -503.

[297] Fredrickson J W. The comprehensiveness of strategic decision processes: Extension, observations and future directions. Academy of Management Journal, 1984, 27 (3): 445 -466.

[298] Geiger S. , Cashen L. A Multidimensional Examination of Slack and Its Impact on Innovation. Journal of Managerial Issues, 2002, 14 (1): 68 -84.

[299] George G. Slack Resources and the Performance of Privately Held Firms. Academy of Management Journal, 2005, 48 (4): 661 -676.

[300] Goll I, Rasheed A A. The relationships between top management demographic characteristics, rational decision making, environmental munificence and firm performance. Organization Studies, 2005, 26 (7): 999 -1023.

[301] Greve H. R. Organizational Learning from Performance Feedback: A Behavioral Perspective on Innovation and Change, Cambridge University Press: New York. 2003.

[302] Hambrick D. C. , Mason P. A. The organization as a reflection of its top managers [J]. The Academy of Management Review, 1984, 9 (2): 193 -206.

[303] Hawawini G. Subramanian V. Verdin P. Is performance driven by industry or firm specific factors? A new look at the evidence [J]. Strategic Management Journal, 2003, 24: 1 -16.

[304] Herold D. M. , Jayaraman N. , Narayanaswamy C. R. What is the Relationship between Organizational Slack and Innovation? [J]. Journal of Managerial Issues, 2006, 18 (3): 372 -392.

[305] Huang W, Chen K C. Asset sales, asset exchanges, and shareholder wealth in China [J]. Review of Development Finance, 2012, 2 (1): 1 -8.

[306] Jehn K A, Chadwick C, Thatcher S M B. To agree or not to agree: The effects of value congruence, individual demographic dissimilarity, and conflict on workgroup outcomes [J]. International journal of conflict management, 1997, 8 (4): 287 - 305.

[307] Kaiser K, Stouraitis A. Value creation through corporate restructuring European divestitures [J]. European Management Journal, 1995, 13 (12), 164 - 174.

[308] Katz R. The effects of group longevity on project communication and performance [J]. Administrative Science Quarterly, 1982: 81 - 104.

[309] Keck S L. Top management team structure: Differential effects by environmental context [J]. Organization science, 1997, 8 (2): 143 - 156.

[310] Ken G Smith, Curtis M Grimn. Environmental variation, strategic change and firm performance: a study of railroad deregulation [J]. Strategic Management Journal Chichester: Jul - Sep 1987, 8 (4): 363.

[311] Kevin'C, Patrick'M. TMT Potency and Strategic Decision - Making in High Technology Firms [J]. Organization Science, 2012, 49 (7): 1168 - 1193.

[312] Klevorich A. K. R. C, Levin. R. R. , Nelson S. G. Winter. On the sources and significance of interindustry differences in technological opportunities [J]. Research Policy, 1995, 24: 185 - 205.

[313] Kraatz M. S. , E. J. Zajac. Exploring the Limits of the New Institutionalism: The Causes and Consequences of Illegitimate Organizational Change [J], American Sociological Review, 1996, Vol. 61, 812 - 836.

[314] Lee D, Madhavan R. Divestiture and Firm Performance: A Meta - Analysis [J]. Journal of Management, 2010, 36 (6): 1345 - 1371.

[315] Matsusaka. J. Corporate diversification, value maximization and organizational capabilities [J]. The Journal of Business, 2001, 74 (3): 409 - 431.

[316] Mc Dougall. P. P. , J. G. Covin, R. B. Robinson Jr, et al. The effects of industry growth and strategic breadth on new venture Performance and strategy content [J]. , Strategic Management Journal, 1994, 15 (7): 537 - 554.

[317] Palmer T. , R. Wiseman. Decoupling Risk Taking from Income Stream Uncertainty: A Holistic Model of Risk [J]. Strategic Management Journal, 1999, 20 (11): 1037 - 1062.

[318] Panagiotou G. Reference theory: strategic groups and competitive bench marking [J]. Management Decision, 2007, 45 (45): 1595 – 1621.

[319] Pearce. J. A. II, K. Robbins. Toward improved theory and research on business turnaround [J]. Journal of Management, 1993, 19: 613 – 636.

[320] Shelley. S. Gordon, Wane H. Stewqrt. Convergence Versus Strategic Reorientation: The Antecedents of Fast – paced Organizational Change [J]. Journal of Management, 2000, 26 (5): 911 – 945.

[321] Staw B. M. , L. E. Sandelands, J. E. Dutton. Threat Rigidity Effects in Organizational Behavior: A Multilevel Analysis [J]. Administrative Science Quarterly, 1981, 26 (4): 501 – 524.

[322] Staw B. M. , Sandelands L. E. , Dutton, J. E. Threat – rigidity effects in organizational behavior: Amultilevel analysis [J]. Administrative Science Quarterly, 1981 (26): 501 – 524.

[323] Vincent. L. Barker, Irene. M. Duhaime. Strategic change in the turnaround process: Theory and empirical evidence [J]. Strategic Management Journal, 1997 (18): 13 – 38.

[324] Y. E. Panos. G. Zaralis, S. Lioukas, Strategy. Industry Effects On Profitability: Evident From Greece [J]. Strategic Management Journal, 2004, 25 (1): 139 – 165.

[325] Zajac, E. J. , M. S. Kraatz, A Diametric Forces Model of Strategic Change: Assessing the Antecedents and Consequences of Restructuring in the Higher Education Industry [J]. Strategic Management Journal, 1993, 14: 83 – 102.

[326] Argyris C. Single – loop and double – loop models in research on decision – making [J]. Administrative Scinece Quarterly, 1976, 21: 363 – 377.

[327] Barreto I. Dynamic Capabilities: A Review of Past Research and an Agenda for the Future [J]. Journal of Management, 2010, 36 (1): 256 – 280.

[328] Drnvich P L, Kriauciunas A P. Clarifying the conditions and limits of the contributions of ordinary and dynamic capabilities to relative firm performance [J]. Strategic Management Journal, 2011, 32 (3): 254 – 279.

[329½] Ducan N. , Farley J. U. , Hoenig S. Determinants of financial performance: a meta – analysis [J]. Management Science 1972, 36, 1143 – 1159.

[329½] Hamel, G. The concept of core competence, in competence – based competition, edited by Gary Hamel and Aime Heene, John Wiley & Sons, 1994: 11 – 33.

[330] Eisenhardt KM, Martin JA. Dynamic capabilities: what are they? [J]. Strategic Management Journal, 2000, special issue 21 (10 – 11): 1105 – 1121.

[331] Helfat CE, Peteraf MA. The dynamic resource – based view: capability lifecycles [J]. Strategic Management Journal, 2003, 24 (10): 997 – 1010.

[332] Huber M, Swedberg R. The sociology of economic life [M]. American Journal of Sociology, 1993, 31 (2): 170.

[333] Levit., Mascarenhas, B. The need for strategic flexibility [J]. Journal of Business Strategy, 1984, 5: 74 – 82.

[334] Karim S., Mitchell W. Path – dependent and Path – breaking Change: Reconfiguring Business Resources Following Acquisitions in The U. S. Medical Sector, 1978 – 1995 [J]. Strategic Management Journal, 2000, 21 (10 / 11): 1061 – 1081.

[335] Nonaka. The knowledge – creating company [J]. Harvard Business Review, November/December, 1991, 96 – 104.

[336] Nonaka. Strategic flexibility and performance the requirement for the degree of doctor of philosophy [M]. London: Oxford University Press, 1995. Prahalad & Hannel J. C., Gerbing, D. W. Structural equation modeling in practice: a review and recommended two – step approach [J]. Psychological Bulletin, 1994, 103 (3), 411 – 423.

[337] Porter M. The competitive advantage of nations [M]. New York: Free Press. 1990.

[338] Sanchez R, Mahoney JT. Modularity, Flexibility, and Knowledge Management in Product and Organizaiton Design [J]. Strategic Management Journal, 1996, Winter Special Issue 17: 63 – 76.

[339] Senge P. The leader's new work: building learning organizations. Sloan Management Review, Fall. 1990.

[340] Teece T., Weston J. F. A note on the evaluation of cancellable operating leases [J]. Financial Management, 2000. 11, 60 – 67.

[341] Winter SG. Understanding dynamic capabilities [J]. Strategic Management Journal, 2003, 24 (10): 991 – 995.

[342] Zollo M, Winter SG. Dliberate learning and the evolution of dynamic capabilities [J]. Organizational Science, 2002, 13 (3): 339 –351.

[343] Zott C. Dynamic capabilities and emergence of intraindustry differential firm performance: insights from a simulation study [J]. Strategic Management Journal, 2003, 24 (2): 97 –120.

[344] Amit R. , Zott C. Value Creation in E – business [J]. Strategic Management Journal, 2001, Vol 22, No. 6; 7: 493 –520.

[345] Jeffrey F. Rayport, John J. Sviokla. Exploiting the virtual value chain [J]. Harvard Business Review, 1995 (11, 12): 75 –85.

[346] Sundbo J. Extended value chain innovation: an actor network theory approach to innovation at the interface between the service and other economic sectors. User – based Innovation in Services, 2011: 71.

[347] Henry W Chesbrough. Open Business Models: How to thrive in the new innovation landscape [J]. Harvard Business School Press, 2006.

[348] Osterwalder A. , Pigneur Y. An e – Business ontology for modeling e – Business. 15th Bled Electronic commerce Conference Bled Slovenia, 2002: 20 –55.

[349] Ranjay Gulati, Nitin Nohria, Akbar Zaheer. Strategic Networks [J]. Strategic Management Journal, 2000, Vol 21, No. 3: 21 –23.

[350] Flecker J, Schonauer A. Messenger – cross – border software development organizational: Case study on software development in the IT Industry of Austrial [J]. Software Business, 2007, 182: 16 –26.

[351] [1] Armstrong M. Competition in two – sided markets [J]. The RAND Journal of Economics, 2006, 37 (3): 668 –691.

[352] [2] Evans D S, Schmalensee R. Failure to Launch: Critical Mass in Platform Businesses [J]. Social Science Electronic Publishing, 2010, 9 (4): 1 –28.

[353] [3] Annabelle Gawer, Rebecca Henderson. " Platform Owner Entry and Innovation in Complementary Markets: Evidence from Intel. " Journal of Economics and Management Strategy 16, 1 (spring 2007): 1 –34.

[354] Barker V L, Duhaime I M. Strategic Change in the Turnaround Process: Theory and Empirical Evidence [J]. Strategic Management Journal, 2015, 18 (1): 13 –38.

[355] Bernard Y, Godard L, Zouaoui M. The Effect of CEOs' Turnover on the Corporate Sustainability Performance of French Firms [J]. Journal of Business Ethics, 2016: 1 -2.

[356] Boisot M, Meyer M W. Which Way through the Open Door? Reflections on the Internationalization of Chinese Firms [J]. Management & Organization Review, 2008, 4 (3): 3.

[357] Fombrun C J, Ginsberg A. Shifting Gears: Enabling Change in Corporate Aggressiveness [J]. Strategic Management Journal, 2010, 11 (4): 297 -308.

[358] Ginsberg A. Measuring and Modeling Changes in Strategy: Theoretical Foundations and Empirical Directions [J]. Strategic Management Journal, 2010, 9 (6): 559 -575.

[359] Jr J J C, Stanwick P, Taylor S A. A Model of the Relationship Between the Environment, Strategy, and Performance [M]. Proceedings of the 1992 Academy of Marketing.

[360] Katsikeas C S, Samiee S, Theodosiou M. Strategy fit and performance consequences of international marketing standardization [J]. Strategic Management Journal, 2010, 27 (9): 867 -890.

[361] Nakauchi M, Wiersema M F. Executive succession and strategic change in Japan [J]. Strategic Management Journal, 2015, 36 (2): 298 -306.

[362] Vegter R J K, Hartog J, Groot S D, et al. Early motor learning changes in upper - limb dynamics and shoulder complex loading during handrim wheelchair propulsion [J]. Journal of Neuroengineering & Rehabilitation, 2015, 12 (1): 26.

[363] Y Rajagopalan N. Once an outsider, always an outsider? CEO origin, strategic change, and firm performance [J]. Strategic Management Journal, 2010, 31 (3): 334 -346.

[364] Garfinkel T, Matthews J, Hoff C, et al. Virtual machine contracts for data center and cloud computing environments. Proceedings of the 1st Workshop on Automated Controlfor Data centers and Clouds, ACM, New York, 2009.

[365] Kalakota R, Robinson M. Electronic Commerce: A Manager's Guide. Winston: Addison Wesley Longman, 1997.

[366] Kamoun F. Virtualizing the data center without compromising server per-

formance. ACM Ubiquity 2009, 2009.

[367] Porter M. E. Competitive strategy: techniques for analyzing industries and competitors. Free Press. New York, 1980.

[368] Schiller J H, Voisard A. Location – Based Service. San Francisco: Morgan Kaufmann, 2004.

[369] Sun Corporation. The white paper on cloud computing architecture, 2009.

[370] Weill P, Vitale M. From Place to Space: Migrating to Atomic e – Business Modele. Boston: Harvard School Press, 2001.